BIBLIOTHÈQUE

SCIENTIFIQUE INTERNATIONALE

PUBLIÉE SOUS LA DIRECTION

DE M. ÉM. ALGLAVE

LXIII

AUTRES OUVRAGES DE SIR JOHN LUBBOCK

L'HOMME
PRÉHISTORIQUE

ÉTUDIÉ D'APRÈS LES MONUMENTS ET LES COSTUMES

RETROUVÉS DANS LES DIFFÉRENTS PAYS DE L'EUROPE

SUIVI

D'UNE ÉTUDE SUR LES MŒURS ET COUTUMES DES SAUVAGES MODERNES

PAR

Sir JOHN LUBBOCK, Bar^t

Membre de la Société royale de Londres,
Membre du Parlement britannique, Président de l'Institut anthropologique
et de la Société linnéenne de Londres, etc.

TROISIÈME ÉDITION REVUE ET AUGMENTÉE

AVEC 228 GRAVURES DANS LE TEXTE

TOME PREMIER

PARIS

ANCIENNE LIBRAIRIE GERMER BAILLIÈRE ET Cie

FÉLIX ALCAN, ÉDITEUR

108, BOULEVARD SAINT-GERMAIN, 108

1888

AVIS DE L'ÉDITEUR

Cette édition française de l'*Homme préhistorique* a été traduite d'après la quatrième édition anglaise. L'auteur nous a en outre donné de nombreux ajoutés qui ont mis l'ouvrage au courant des plus récentes découvertes. C'est donc véritablement une cinquième édition qui est offerte aux lecteurs de la Bibliothèque scientifique internationale.

L'HOMME
PRÉHISTORIQUE

CHAPITRE PREMIER

INTRODUCTION

L'homme habite l'Europe depuis une époque si reculée, que ni l'histoire, ni la tradition, ne jettent la moindre lumière sur son origine ou sur ses premières coutumes. Dans ces circonstances, beaucoup ont pensé qu'un voile cache le passé au présent, voile que le temps ne pourra probablement qu'épaissir sans jamais le déchirer. Aussi, les restes de l'antiquité préhistorique ont-ils été appréciés comme des monuments de l'habileté et de la persévérance de nos ancêtres, mais jamais on n'a supposé qu'on pût les regarder comme des pages d'histoire ancienne : ce sont, dit-on, d'intéressantes vignettes, ce ne sont pas des peintures complètes. Quelques écrivains nous ont affirmé que, pour employer les paroles de Palgrave : « Il nous faut l'abandonner, ce passé silencieux; que ce soit faits ou chronologie, doctrine ou mythologie; que ce soit en Europe, en Asie, en Afrique ou en Amérique; à Thèbes ou à Palenque; sur la côte de la Lycie ou dans la plaine de Salisbury : ce qui est perdu, est perdu; ce qui est passé, est passé à jamais. » Si d'autres, plus audacieux, ont essayé de reconstruire l'histoire du passé, ils n'ont que trop souvent permis à leur imagination de remplacer les recherches sérieuses, et ils ont employé la plume du romancier bien plus que celle du philosophe.

Pendant ces dernières années, cependant, une nouvelle science a, pour ainsi dire, surgi au milieu de nous. Cette science s'occupe de temps et d'événements bien plus anciens qu'aucun de ceux dont s'était jusqu'à présent occupée l'archéologie. Le géologue ne compte ni par jours, ni par années; les six mille ans qui, tout dernièrement encore, représentaient la somme totale de l'âge du monde, ne sont pour lui qu'une unité de temps dans la longue succession des époques passées. Nos connaissances géologiques sont certainement encore très incomplètes; sur bien des points, il nous faudra, sans doute, modifier nos opinions; mais, en somme, les conclusions que la géologie indique sont aussi définies que celles de la zoologie, de la chimie, ou des autres sciences exactes. Pourquoi les méthodes d'examen, qui ont si bien réussi à la géologie, ne seraient-elles pas appliquées à jeter quelques lumières sur l'histoire de l'homme préhistorique? L'archéologie forme le lien entre la géologie et l'histoire. Il est vrai que nous pouvons, à l'inspection des ossements et des dents des animaux, nous faire une idée de leurs habitudes et de leur genre de vie, tandis que, dans l'état actuel de nos connaissances, nous ne pouvons pas toujours distinguer le squelette d'un sauvage de celui d'un philosophe. Mais, alors que les animaux disparus ne laissent après eux que leurs ossements et leurs dents, pour étudier les hommes du passé il nous reste leurs œuvres : les maisons qu'ils habitaient, les tombeaux où ils enfermaient leurs morts, les instruments dont ils se servaient, les ornements dont ils aimaient à se parer.

Pour étudier avec profit les restes qui nous sont parvenus, on pourrait diviser l'archéologie en quatre grandes périodes.

Premièrement, celle du diluvium, époque pendant laquelle l'homme se partageait l'Europe avec le Mammouth, l'Ours des cavernes, le *Rhinoceros tichorhinus* et d'autres animaux disparus. Nous pourrions appeler cette époque : l'époque « palæolithique ».

Secondement, l'âge de la pierre polie; époque caractérisée par de belles armes, par des instruments faits en silex et d'autres sortes de pierre, mais pendant laquelle les hommes ne connaissaient aucun métal, sauf l'or, qui paraît avoir été quelquefois employé en ornements. Nous pourrions appeler cette époque : l'époque « néolithique ».

Troisièmement, l'âge du bronze, pendant lequel ce métal a

été employé à la fabrication des armes et des instruments tranchants de toutes sortes.

Quatrièmemement, l'âge du fer, pendant lequel ce métal a remplacé le bronze dans la fabrication des armes, des haches, des couteaux, etc. Le bronze est encore, cependant, communément employé pour les ornements, et aussi pour les *poignées* d'épée et d'autres formes, mais jamais pour la lame.

On continua toutefois de se servir des armes en pierre pendant l'âge du bronze et même pendant l'âge du fer. Aussi, la seule présence de quelques instruments en pierre n'est-elle pas une preuve suffisante pour qu'une « trouvaille », quelle qu'elle soit, appartienne à l'âge de la pierre.

Afin d'empêcher les malentendus, je constaterai ici, une fois pour toutes, que je n'applique cette classification qu'à l'Europe, quoique, très probablement, elle puisse s'appliquer aussi aux parties avoisinantes de l'Asie et de l'Afrique. Quant aux autres contrées civilisées, la Chine et le Japon, par exemple, nous ne savons encore rien de leur archéologie préhistorique, bien que de récentes recherches aient beaucoup fait pour prouver que, dans ces pays aussi, le fer a été précédé par le bronze, et le bronze par la pierre. Il est évident aussi que quelques peuples, tels que les naturels de la Terre de Feu et ceux des îles Andaman, en sont encore à présent à l'âge de la pierre.

Il est probable que l'or a été le premier métal remarqué par l'homme. On trouve l'or dans beaucoup de rivières, et sa brillante couleur a dû certainement attirer l'attention des plus grossiers sauvages, toujours passionnés pour les ornements. L'argent ne paraît avoir été découvert que longtemps après l'or ; très probablement même, le cuivre et l'étain ont été découverts d'abord, car on trouve rarement des ornements en argent, si jamais on en trouve (1), dans les tumuli de l'âge du bronze. Quoi qu'il en soit, le cuivre semble avoir été le premier métal réellement utile à l'homme. C'est, peut-être, parce que les minerais de cuivre abondent dans bien des pays, se fondent sans difficulté, et que le cuivre natif se rencontre fréquemment et peut immédiatement recevoir une forme, tandis que le fer ne se présente jamais que sous la forme de minerais. Ainsi, par

(1) *Horæ ferales*, page 60.

exemple, les Indiens de l'Amérique du Nord se procuraient le cuivre dans les mines situées près du lac Supérieur et dans quelques autres, et le martelaient immédiatement pour en faire des haches, des bracelets et d'autres objets.

L'étain attira aussi l'attention à une période très reculée, à cause probablement du poids considérable de son minerai. Quand les métaux étaient très rares, il devait nécessairement arriver que, pour compléter une quantité requise, on ajoutait de l'étain au cuivre, ou *vice versâ*. On dut remarquer que les propriétés de l'alliage étaient tout à fait différentes de celles de chaque métal pris séparément, et quelques expériences durent être suffisantes pour déterminer les proportions les plus avantageuses, qui sont environ 9 parties de cuivre pour 1 partie d'étain. On n'a encore trouvé en Europe aucun instrument, aucune arme en étain pur, et ceux en cuivre pur sont extrêmement rares : d'où l'on a conclu que l'on connaissait, en dehors de l'Europe, l'avantage de la combinaison des deux métaux avant qu'aucun d'eux fût connu dans cette partie du monde. La plupart des prétendues « haches en cuivre », etc., contiennent une petite proportion d'étain, et les quelques exceptions indiquent probablement, non pas que ce métal était inconnu, mais qu'il faisait temporairement défaut.

Les minerais de fer, tout en étant bien plus communs, attirent beaucoup moins l'attention que ceux de cuivre ou d'étain. En outre, quoique plus facilement réductible peut-être, le métal est beaucoup plus difficile à travailler que le bronze. Ce précieux alliage se fond très facilement ; aussi toutes les armes, tous les instruments faits en bronze pendant l'antiquité, étaient-ils coulés dans des moules en sable ou en pierre. L'art de couler le fer est resté inconnu jusqu'à une période comparativement récente.

Les premiers poëtes attribuent souvent au fer l'épithète πολύχρητος, et l'adjectif σιδήρεος s'emploie métaphoriquement pour impliquer la plus grande dureté.

Cela semble expliquer comment il se fait qu'une substance composée et comparativement dispendieuse, telle que le bronze, a été employée généralement avant un métal aussi commun que le fer. Il n'en faut pas moins chercher autre part des preuves de cette assertion, qui peut tout d'abord paraître improbable.

Hésiode, qui vivait, croit-on, environ 900 ans avant Jésus-Christ, et qui est le plus ancien auteur européen dont les ouvrages nous soient parvenus, affirme positivement que le fer a été découvert après le cuivre et l'étain. En parlant de ceux qui étaient les anciens, pour son époque, il dit qu'ils employaient le bronze et non pas le fer :

τοῖς δ' ἦν χάλκεα μὲν τεύχεα' χάλκεοι δέ τε οἶκοι
χαλκῷ δ' εἰργάζοντο μελας δ' οὐκ ἔσκε σίδηρος.

Les poëmes d'Hésiode, aussi bien que ceux d'Homère, prouvent que le fer, il y a près de trois mille ans, était connu et apprécié à sa juste valeur. Il est vrai que, comme le dit le docteur Smith dans son *Dictionnaire des antiquités grecques et romaines*, le bronze, « dans l'*Iliade* et dans l'*Odyssée*, est toujours la matière première des armes, des instruments, des vases de toute espèce; le fer n'est cité que beaucoup plus rarement. » Tout en admettant ce qu'on vient de lire comme strictement correct, il faut se rappeler cependant que, chez les Grecs, le mot fer (σίδηρος) était employé, même au temps d'Homère, comme synonyme d'épée, et qu'on paraît avoir aussi connu l'acier sous le nom d'αδάμας et peut-être aussi de κύανος, au temps d'Hésiode. Nous pouvons donc dire que la guerre de Troie a eu lieu pendant l'époque de transition entre l'âge du bronze et l'âge du fer.

Le bronze ou, comme on l'a malheureusement traduit, l'airain, se trouve cité trente-huit fois dans le Pentateuque, à l'exception toutefois du Deutéronome, tandis que le fer n'y est cité que quatre fois.

Lucrèce mentionne distinctement les trois âges. Il dit :

Arma antiqua, manus, ungues, dentesque fuerunt
Et lapides, et item sylvarum fragmina rami,
Posterius ferri vis est, ærisque reperta,
Sed prior æris erat, quam ferri cognitus usus (1).

Pour en arriver à des temps plus modernes, Eccard (2) en 1750, et Goguet en 1758 (3), indiquent clairement les trois der-

(1) Vers 1282.
(2) Eccard, *De origine et moribus Germanorum*.
(3) Goguet, *De l'origine des lois, des arts et des sciences*. Voy. chap. IV et la Préface.

niers âges (1). La même idée se retrouve dans l'*Histoire de Cornouailles,* par Borlase. Sir Richard Colt Hoare exprime aussi
l'opinion que les instruments en fer « dénotent une période
beaucoup plus récente » que ceux en bronze, mais c'est surtout
aux archéologues du Nord, principalement à M. Thomsen, fondateur du musée de Copenhague, et au professeur Nilsson que
revient le mérite d'avoir élevé ces suggestions au rang d'une
classification scientifique.

Il est fort difficile à présent d'assigner une date à l'introduction
du fer dans le nord de l'Europe; il est néanmoins probable que
l'emploi de ce métal s'est rapidement répandu. Une découverte
aussi importante devait certainement se propager avec rapidité;
n'est-il pas évident, d'ailleurs, que la même organisation com-
merciale, qui avait transporté l'étain de la Cornouailles sur tout
notre continent, devait également faciliter la propagation du
fer aussitôt que ce métal bien plus utile a été découvert? Quoi
qu'il en soit, les soldats de Brennus portaient des épées en fer,
et, quand plus tard, les armées de Rome mirent en contact la
civilisation du Sud avec celle du Nord, la valeur du fer était
déjà bien connue des peuples septentrionaux; l'excellente qualité des armes de ces peuples indiquait même des progrès considérables dans l'art métallurgique. Il n'y a pas lieu de penser
que les armes en bronze fussent encore, à cette époque, en
usage dans le Nord, car, s'il en avait été ainsi, les écrivains
romains en eussent certainement parlé. La description que
nous fait Tacite des armes calédoniennes nous prouve que les
épées en bronze n'étaient plus en usage en Écosse au temps où
il écrivait. On a retrouvé, d'ailleurs, des dépôts considérables,
appartenant à la période romaine, et toutes les armes, tous les
instruments sont en fer. Ce sujet est, par sa nature même,
susceptible de longs développements, mais je ne puis entrer
ici dans tous les détails, et je dois me contenter de citer quelques exemples.

Il y a quelques années, M. Jahn a décrit un vieux champ de bataille qu'il a découvert à Tiefenau, auprès de Berne. On y trouva
un grand nombre d'objets en fer, tels que des fragments de
chariots, des mors, des roues, des morceaux de cottes de mailles

---

(1) Voy. Rhind, dans *Arch. ins. Journ.,* vol., XIII.

et des armes de différentes sortes, comprenant plus de cent
épées à deux mains. Tous ces objets étaient en fer; mais on
retrouva avec ces objets plusieurs *fibulæ* en bronze et plusieurs
pièces de monnaie, dont environ trente en bronze, frappées à
Marseille, et représentant une tête d'Apollon d'un côté et un
taureau de l'autre, très bons spécimens de l'art grec. Les autres
pièces de monnaie, frappées aussi à Marseille, étaient en argent. Ces pièces de monnaie, l'absence de toute trace romaine,
indiquent suffisamment l'antiquité de ces restes intéressants.

On a retrouvé dans un ancien village lacustre, près de La Tene,
sur lac de Neuchâtel, une quantité d'objets à peu près semblables. Je parlerai à nouveau de ce lieu intéressant dans le
chapitre sur les habitations lacustres de la Suisse. Je me contenterai d'observer ici qu'on y a découvert 50 épées, 5 haches,
4 couteaux et 23 lances, mais pas une seule arme en bronze.
On y a aussi trouvé neuf pièces de monnaie, alors qu'on n'en a
pas trouvé une seule dans les villages datant de l'âge de la
pierre ou de l'âge du bronze. Cependant, il existait en Gaule
des monnaies indigènes 300 ans avant Jésus-Christ, et en Angleterre, environ 150 ans plus tard, comme M. Evans l'a si parfaitement démontré (1).

Quelques trouvailles très intéressantes d'objets appartenant
à l'âge du fer ont été faites dans les tourbières du Sleswig, et
décrites par M. Engelhardt, curateur du musée de Flensbourg.
Une de ces trouvailles, dans la tourbière de Nydam, comprend
des vêtements, des sandales, des broches, des pinces, des colliers, des casques, des boucliers, des bossettes de boucliers,
des cuirasses, des cottes de mailles, des boucles, des ceintu-
rons, des fourreaux d'épée, 100 épées, 500 lances, 30 haches,
40 poinçons, 160 flèches, 80 couteaux, différents objets de
harnachement, des râteaux en bois, des maillets, des vases,
des roues, des poteries, des pièces de monnaie. Sans une seule
exception, toutes les armes, tous les instruments tranchants
sont en fer, quoique les broches et autres objets semblables
soient en bronze (2).

(1) *The coins of the Ancient Britons.* 1864, par John Evans, F. R. S.
(2) Voyez Lubbock, dans le *Nat. Hist. Rev.*, octobre 1863, et Stephens,
dans le *Gent. Mag.*, décembre 1863. — Sur l'une des flèches se trouvent
quelques caractères runiques. J'ai eu le plaisir de visiter cet endroit intéres-

Pendant l'été de 1862, M. Engelhardt a trouvé, dans le même champ, un navire, ou plutôt un grand bateau à fond plat, de 70 pieds de longueur, de 3 pieds de profondeur au milieu, et de 8 ou 9 pieds de largeur. Les côtés de ce bateau sont formés de planches de chêne se recouvrant l'une l'autre et assemblées au moyen de chevilles en fer. Sur le côté intérieur de chaque planche se trouvent plusieurs saillies, laissées à dessein quand la planche a été façonnée. Dans chacune de ces saillies, il y a deux petits trous à travers lesquels passaient des cordes faites avec de l'écorce intérieure d'arbres; ces cordes étaient destinées à fixer les côtés du bateau sur les membrures. Les tolletières consistent en une sorte de corne de bois sous laquelle se trouve un orifice, de telle sorte qu'une corde attachée à la corne et passant par l'orifice laisse un espace assez considérable pour le libre mouvement de la rame. Il paraît y avoir eu sur ce bateau cinquante paires de rames; on en a déjà découvert seize. Le fond du bateau était recouvert d'une natte. Je visitai cet endroit une semaine environ après que ce bateau avait été découvert, mais je ne pus l'examiner aussi bien que je l'aurais voulu, car on l'avait démonté, et les planches, etc., étaient couvertes de paille et de tourbe, pour les faire sécher lentement. M. Engelhardt espère que, de cette façon, quelques-unes des parties tout au moins conserveront leur forme. Le chargement du bateau consistait en haches en fer, une hache creuse avec son manche, des épées, des lances, des couteaux, des broches, des pierres à aiguiser, des vases en bois, et, chose assez singulière, deux balais de bouleau, et beaucoup d'autres petits objets. On n'a retrouvé encore que ce qui restait dans le bateau; or, comme en s'enfonçant, il s'était presque retourné sur le côté, il y a tout lieu de croire que bien d'autres objets récompenseront les nouvelles recherches que M. Engelhardt se propose de faire. Il est évident qu'on a fait couler exprès ce bateau, car on a trouvé dans le fond un trou carré d'environ 6 pouces de diamètre. Il est possible que ces objets aient été engloutis en guise d'offrande faite au lac, mais il me semble beaucoup plus probable que, dans quelque moment de panique

sant avec M. Engelhardt, en 1862. Voir aussi *Denmark in the Early Iron age,* par C. Engelhardt.

ou de danger, les objets contenus dans ce bateau ont été ainsi cachés par leur propriétaire, qui n'a jamais pu les retrouver. A des époques même récentes, pendant des troubles, comme par exemple au commencement de ce siècle et en 1848, beaucoup d'armes, d'ornements, d'ustensiles, etc., ont été si bien cachés dans les lacs et dans les tourbières, qu'on n'a jamais pu les retrouver. Un intérêt considérable s'attache à ce bateau et à son contenu, car nous pouvons fixer presque exactement leur date. Le bateau a été trouvé, comme je l'ai dit, à quelques mètres de l'endroit où les découvertes précédentes de Nydam ont été faites; comme toutes les armes et tous les ornements correspondent exactement, il n'y a pas lieu de douter qu'ils appartiennent à la même époque. Or la collection précédente comprenait près de cinquante pièces de monnaies romaines portant différentes dates depuis 67 avant Jésus-Christ jusqu'en 217; nous ne croyons pas être loin de la vérité en assignant ces restes au IIIe siècle.

Une découverte presque semblable a été faite à Thorsbjerg, dans le même voisinage; mais, dans ce cas, à cause de quelque différence chimique dans la constitution de la tourbe, le fer a presque entièrement disparu. On pourrait assez naturellement se demander pourquoi je cite ce cas comme un exemple de l'âge du fer? La réponse me semble concluante. Toutes les épées, toutes les pointes de lance, toutes les haches, ont disparu, tandis que les poignées en bronze ou en bois sont parfaitement conservées; et, comme les ornements et autres objets en bronze sont en bon état, il est évident que les épées, etc., n'étaient pas faites avec ce métal : il est donc raisonnable de conclure qu'elles étaient en fer, d'autant plus que tous ces objets ressemblent beaucoup à ceux trouvés à Nydam, et que les pièces de monnaie, qui sont presque aussi nombreuses que celles trouvées à ce dernier endroit, vont de 60 A. D. à 197; on peut donc regarder ces deux amas comme contemporains.

Non seulement toutes les armes trouvées dans ces dépôts sont en fer, mais la forme des armes et leur ornementation diffèrent de celles de l'âge du bronze. Ces armes ressemblent beaucoup, dans quelques cas, aux armes romaines; d'autres fois, elles sont différentes, et représentent évidemment l'art septentrional.

Une grande partie des flèches portent la marque de leur propriétaire (fig. 1 et 3); ces marques ressemblent à celles que les
Esquimaux modernes font aussi sur leurs flèches (fig. 2). Les
épées trouvées à Nydam portent aussi sept inscriptions; trois
sont indéchiffrables, les autres sont : « *ricus, riccim, cocillus* et
unored. » Sur le pourtour de l'un des boucliers se trouvent

FIG. 1.   FIG. 2.   FIG. 3.

Pointe de flèche da-
noise antique

Pointe de flèche es-
quimau moderne.

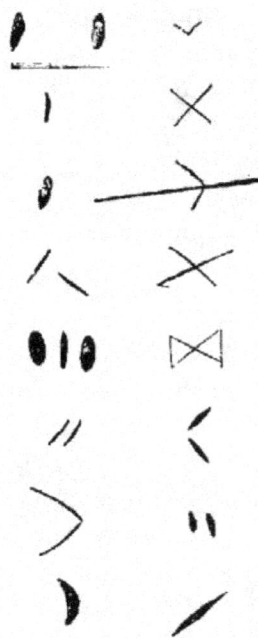

Marques des propriétaires copiées sur
d'antiques flèches danoises.

tracées en caractères poinçonnés, les lettres romaines AEL,
AELIANUS. Un autre bouclier porte une courte inscription runique (1) que M. Haigh lit ainsi : Aisc Ah, *Aisc possède* (2). Une
épée porte deux figures, ressemblant à des lettres runiques,
incrustées sur la lame avec du fil d'or. Un fourreau, trouvé à

(1) Voir appendice, n° 1.
(2) *Archæological journal*, 1865.

Thorsbjerg, porte aussi une inscription runique en deux lignes, chacune d'elles contient dix lettres.

Je m'appesantis particulièrement sur ces faits parce qu'on n'a encore trouvé aucune inscription, ni aucune pièce de monnaie, dans les antiquités appartenant à l'âge du bronze.

L'abondance des objets en argent est, pour la même raison, très significative. Sur deux cents boucles de ceinturon et autres ornements carrés, le plus grand nombre est en bronze plaqué d'argent; on employait aussi l'argent pour orner le bord des boucliers, les sandales, les broches, les cuirasses, les poignées d'épée, les fourreaux, les harnais, etc., aussi bien que pour faire des boucles, des pendants, des boîtes, des pinces; un casque tout entier est fait avec ce métal comparativement rare.

L'ornementation des boucliers, etc., a un caractère qui ne ressemble en rien à celui de l'âge du bronze.

On a aussi trouvé dans le « Vimose », ou tourbière du Temple, un amas d'objets très semblables à ceux de Nydam et de Thorsbjerg. Il comprend 1 500 pointes de lance, 40 haches et 30 épées, le tout en fer; une grande quantité d'argent; une inscription romaine et trois inscriptions runiques; une pièce de monnaie, à l'effigie de Faustina Junior. Dans cet endroit aussi les armes en bronze font absolument défaut, bien que le bronze soit employé pour les ornements, etc.

Ces découvertes, et d'autres semblables, prouvent que l'usage des armes en bronze avait cessé dans le Nord avant et probablement longtemps avant le commencement de notre ère. La facilité avec laquelle se travaille le bronze le faisait encore employer pour les broches et les ornements; mais il avait été entièrement remplacé par le fer pour la fabrication des épées, des lances, des haches et des instruments semblables. Souvent, on a trouvé des épées en fer avec des poignées et des fourreaux en bronze, mais c'est à peine s'il existe un exemple du contraire.

Réciproquement, de même qu'on ne trouve jamais d'armes en bronze dans les grands dépôts de l'âge du fer, on ne trouve pas non plus d'armes en fer dans les endroits où, comme par exemple à Nidau, sur le lac de Bienne, et à Estavayer, sur le lac de Neuchâtel, on a découvert de grands amas d'outils et d'armes en bronze.

Pour conclure : quoique les découvertes d'armes en bronze

et en fer aient été très nombreuses, on pourrait à peine cependant citer un seul cas dans lequel des épées, des haches, des dagues ou autres armes, faites de ces deux différents métaux, aient été trouvées réunies. Les pièces de monnaie, la poterie, ou d'autres restes d'origine romaine, n'accompagnent jamais non plus les armes en bronze.

De même aussi, bien que, sans aucun doute, on ait employé des armes en pierre pendant l'âge du bronze, on a trouvé, dans bien des endroits, un grand nombre d'instruments et d'armes en pierre sans un seul objet en métal.

A l'appui de ce que j'avance ici, j'appelle l'attention sur le tableau suivant. Les objets trouvés isolément nous enseignent fort peu de chose; quand, au contraire, on en trouve de grandes quantités réunies en un seul lieu, on peut tirer de ce fait de graves inductions.

Les dix premières localités indiquées dans le tableau suivant sont des villages lacustres suisses que je décrirai dans le sixième chapitre de cet ouvrage; la onzième récapitule la trouvaille de Nydam dont je viens de parler.

Or l'ancien village lacustre situé dans la tourbe de Moosseedorf nous fournit une liste comprenant 75 rognons de silex, 25 pointes de flèche, 90 grattoirs, 30 scies, 96 haches, 310 longs éclats et environ 2000 petits, 25 marteaux, 45 pierres à aiguiser, etc., 71 poinçons en os, 12 côtes affilées, 160 ciseaux en os, 18 dents de sanglier affilées, 8 dents de sanglier perforées, 2 dents d'ours perforées, 5 harpons en corne, 8 ciseaux et 4 poinçons en corne, outre 30 manches de hache, sans aucune trace de métal. Les résultats des recherches faites dans ces six stations sont condensés dans le tableau.

Si nous commençons, par exemple, par les objets découverts à Wangen, sur le lac de Constance, nous arriverons à des résultats plus remarquables encore. M. Lhôle y a trouvé plus de 1500 haches, 100 pierres à aiguiser, 150 boules à broyer le grain, et 2500 pointes de flèche, éclats de silex, etc.; en somme, plus de 4450 outils en pierre, outre 350 environ en os, faisant, avec 100 disques à filer en poterie, un grand total de près de 5000 objets, sans qu'on ait découvert aucune trace de métal. Le nombre des boules à broyer le grain et des disques à filer est fort intéressant quand on se rappelle que, sur ces quatre

	PIERRE					BRONZE								FER							PIÈCES DE MONNAIE
	Haches	Flèches	Éclats	Autres objets	Total	Haches	Couteaux	Lances	Faucilles	Hameçons	Ornements	Divers	Total	Épées	Haches	Couteaux	Lances	Ornements	Divers	Total	
SUISSE																					
Wangen	1500	..	2500	450	4150	…	…	…	…	…	…	…	…	…	…	…	…	…	…	…	⊖
Moosseedorf	100	25	2300	277	2702	…	…	…	…	…	…	…	…	…	…	…	…	…	…	…	⊖
Nussdorf	1000	100	100	30	1230	…	…	…	…	…	…	…	…	…	…	…	…	…	…	…	⊖
Wauwyl	43	36	200	147	426	…	…	…	…	…	…	…	…	…	…	…	…	…	…	…	⊖
Nidau	33	?	?	335	368	23	102	27	18	109	1420	345	2001	…	…	…	…	…	…	…	⊖
Cortaillod	…	…	…	Boules à broyer le grain, ?.?.?.	…	13	22	4	2	71	515	208	835	…	…	…	…	…	…	…	⊖
Estavayer	…	…	…	?	…	6	14	.	1	43	403	150	617	…	…	…	…	…	…	…	⊖
Corcelettes	…	…	…	?	…	1	19	2	7	.	465	16	510	…	…	…	…	…	…	…	⊖
Morges	.	.	.	Beaucoup de boules à broyer le grain, 12 Boules.	0	50	20	11	11	10	108	?	210	…	…	…	…	…	1	1	⊖
Marin	?	?	Quelques-uns.	?	…	1 Percée.	…	…	…	…	1	13	15	50	5	4	23	Plus de 100	61	250	9
DANEMARK																					
Nydam	…	…	…	Quelques pierres à aiguiser.	…	…	…	…	…	…	…	Très nombreux ornements.	…	100	30	86	500 au moins.	?	300 au moins.	1000 au moins.	31

localités, on n'a trouvé qu'à Wangen des spécimens de grains carbonisés et de tissus de lin.

Or, que le lecteur compare avec les quatre cas donnés dans le tableau, la liste des objets trouvés dans les villages lacustres datant de l'âge du bronze, Morges, Nidau, Estavayer, Cortaillod et Corcelettes. La façon dont les recherches ont été faites explique probablement l'absence de pierres à aiguiser et, dans une certaine mesure, celle des éclats de silex, etc. Je m'appuie donc fort peu sur ces points; mais l'absence totale de haches en pierre à Morges et leur rareté à Nidau et à Estavayer sont fort remarquables. Dans le premier de ces endroits, M. Forel, après les recherches les plus minutieuses, n'est parvenu à découvrir qu'un seul objet en fer. Le grand nombre de boules à broyer le grain et la présence de disques à filer sont aussi très significatifs.

La splendide collection du colonel Schwab, composée d'objets trouvés à Nidau, confirme ce que nous venons de dire. Il n'a que 33 haches en pierre et cependant il possède 335 boules à écraser le grain. Il n'a pas, paraît-il, recueilli les autres objets en pierre. Il a près de 200 disques à filer et beaucoup d'anneaux en terre cuite, dont quelques-uns ont été trouvés à Morges, mais qu'on ne rencontre jamais au pont de Thièle, à Wauwyl, à Moosseedorf et à Wangen.

Des civilisations très différentes ont pu coexister dans différentes parties du même pays, cela n'est pas douteux; mais nous devons nous rappeler, dans ce cas, que Nidau n'est guère qu'à une distance de 15 milles de Moosseedorf. Nous ne pouvons pas non plus supposer que ces différences soient entièrement une question de plus ou moins de richesses. En effet, la quantité considérable d'hameçons, de haches, de petits anneaux, d'épingles, etc., en bronze, prouve que non seulement on employait le bronze pour les objets de luxe, mais aussi pour les instruments ordinaires.

Ce n'est pas seulement par la présence ou par l'absence du bronze, que les villages lacustres diffèrent les uns des autres; il y a de nombreuses autres preuves de progrès. Nous ne pouvons guère nous attendre à remarquer ce progrès dans les instruments en pierre ou en os et, cependant, comme nous l'avons déjà dit, les plus belles formes de haches en pierre, et celles qui

sont perforées, sont très rares sinon tout à fait inconnues pendant
l'âge de la pierre; on n'en a trouvé aucune ni au pont de Thièle,
ni à Moosseedorf, ni à Wauwyl, et deux seulement à Wangen.

En outre, ce qui nous frappe le plus, ce n'est pas la seule
présence du bronze, c'est la beauté et la variété des objets faits
avec ce métal. Si l'on examine une collection d'objets de l'âge
de la pierre, on ne peut s'empêcher d'en remarquer la grande
uniformité. Les besoins semblent avoir été alors fort limités.
Pendant l'âge du bronze tout change. On trouve non seulement,
comme auparavant, des haches, des flèches, des couteaux, mais
on trouve aussi des épées, des lances, des faucilles, des boucles
d'oreille, des bracelets, des épingles, des anneaux et une foule
d'autres objets.

Cette catégorie de preuves n'est en aucune façon limitée aux
découvertes dans les stations lacustres suisses. Dans diverses
parties de l'Europe, des gisements plus ou moins étendus d'outils de bronze ont été découverts. On les peut diviser en deux
classes principales, des trésors qui avaient été cachés par leurs
propriétaires et n'avaient jamais été retrouvés, et des assorti-
ments de fondeurs. Les premiers consistent en instruments,
armes et ornements, entiers, et souvent presque neufs; les derniers consistent principalement en objets usés et brisés, mêlés
souvent à des lingots de métal brut. Dans la liste de la page
précédente j'ai donné la liste de deux de ces découvertes : l'une,
d'un trésor (Reallon), l'autre d'un assortiment de fondeur. Ces
trouvailles sont particulièrement instructives, parce que les
objets qui s'y trouvent sont évidemment contemporains. L'on
verra par les tableaux des pages 13 et 43 que le chiffre des
objets en bronze est très considérable ; pour la France et la
Suisse seules, il oscille entre 30 000 et 40 000 (1).

Il en est de même pour la poterie. Les hommes de l'âge du
bronze, pas plus que ceux de l'âge de la pierre, ne semblent
avoir connu le tour à potier, et les matériaux dont se servaient
ces derniers pour faire leur poterie sont très grossiers (2), ils

(1) Chantre, *Age du bronze*, t. II, p. 275.
(2) L'extrême grossièreté des poteries trouvées dans les lacs suisses provient peut-être de ce qu'elles étaient destinées aux usages culinaires, car les
matériaux trouvés dans les tumuli de l'âge de la pierre sont souvent préparés
avec plus de soin.

contiennent des morceaux de quartz assez gros ; les matériaux
dont se servaient les hommes de l'âge du bronze sont, au contraire, préparés avec beaucoup de soin. L'ornementation, pendant les deux périodes, offre aussi un grand contraste. Pendant
l'âge de la pierre, cette ornementation consiste en impressions
faites avec l'ongle ou avec le doigt, ou quelquefois avec une
corde serrée autour de l'argile molle. Les lignes sont ordinairement droites, ou, si quelquefois elles sont courbes, elles sont
alors irrégulières et mal dessinées. On retrouve, sur les poteries
de l'âge du bronze, tous les dessins de l'âge de la pierre ; en
outre, les cercles et les spirales commencent alors à paraître ;
les imitations des animaux et des plantes caractérisent les poteries de l'âge du fer.

Je le répète donc, la distinction à faire entre l'âge du bronze
et l'âge du fer ne repose pas entièrement sur la seule présence
du fer. Pendant l'âge du fer la poterie est différente, les formes
des outils et des armes sont différentes, l'ornementation est différente ; la métallurgie a fait des progrès, on connaît l'argent et
le plomb, les lettres sont inventées, on frappe des monnaies. Il
est fort remarquable qu'on ne trouve ni argent, ni monnaies,
ni inscriptions, pendant l'âge du bronze.

A la page 43 se trouve une liste des objets trouvés dans quelques-unes des stations lacustres suisses, tandis qu'en ce qui
concerne la France, M. Chantre donne les chiffres suivants : celts,
9153 ; sabres et poignards, 727 ; lances, 513 ; couteaux, 342 ; faux,
225 ; épingles, 1220 ; aiguilles, 204 ; bracelets, 1086 ; anneaux et
chaînes, 1372 ; pointes de flèche, 213 ; marteaux, 23 ; enclu-
mes, 5 ; ciseaux à froid, 58 ; vilebrequins, 31 ; rasoirs, 62 ; scies, 8 ;
hameçons, 172 ; moules, 74 ; et nombre d'autres objets variés :
en tout, pas moins de 20000 objets.

On appréciera mieux la valeur de cet argument après avoir lu
l'extrait suivant des *Essais* de M. Wright sur l'archéologie (1) :

« Tous les sites de villes romaines détruites que je connais,
présentent au chercheur une collection nombreuse d'objets,
s'étendant pendant une période qui finit abruptement avec ce
que nous appelons la fin de l'époque romaine ; les conditions
dans lesquelles on trouve ces objets ne peuvent laisser aucun

(1) *Essays on Archæology*, page 105.

doute que ce fut alors la période de destruction. Autrement, nous découvririons aussi des objets qui nous rappelleraient des époques subséquentes. Je ne parlerai que d'une classe d'objets trouvés ordinairement en nombre considérable, les pièces de monnaie. Elles représentent invariablement une série plus ou moins complète de monnaies romaines, finissant au plus tard avec les empereurs qui ont régné dans la première moitié du ve siècle. Il n'en est pas ainsi dans les villes romaines qui ont continué à exister après cette époque, car alors, au contraire, nous trouvons des restes qui nous rappellent les habitants postérieurs, tels que les Saxons. Je dois me contenter de citer un seul exemple, celui de Richborough, dans le comté de Kent. La ville de Rutupiæ semble s'être rendue aux Saxons, et a continué d'exister jusqu'à ce que les habitants, voyant la mer se retirer par degrés, aient été s'établir à Sandwich. Or les monnaies trouvées à Richborough ne finissent pas avec celles des empereurs romains; nous trouvons d'abord, au contraire, une grande quantité de ces singulières petites pièces, que l'on connaît ordinairement sous le nom de *minimi*, mauvaises imitations des monnaies romaines, et qui appartiennent à l'époque qui suivit immédiatement la période romaine et précéda celle des monnaies saxonnes. »

Nous pouvons donc considérer comme établi, en nous appuyant sur l'autorité de M. Wright, que, si toutes les armes en bronze, si abondantes dans nos musées, étaient réellement d'origine romaine, nous aurions dû, de temps en temps, retrouver avec elles d'autres preuves de la domination romaine; or les armes en bronze ne sont jamais accompagnées de pièces de monnaie, de poteries ou d'autres antiquités romaines.

M. Wright, il est vrai, met ce fait en doute, mais en dépit de sa profonde connaissance de la littérature archéologique, il n'a pu découvrir que trois cas à l'appui de son argumentation et aucun de ces cas ne me paraît entièrement satisfaisant.

Il faut consulter, si l'on veut avoir pleine et entière connaissance des opinions de M. Wright, son mémoire sur les armes en bronze », publié dans les *Transactions of the Ethnological Society* (1). De concert avec mon frère Frédéric, j'ai essayé de

(1) *Transactions of Ethnological Society*, nouvelle série, vol. IV, p. 176

réfuter ce mémoire devant la même société savante (1). Je me contenterai ici de discuter les trois cas que M. Wright a pu découvrir.

Il cite d'abord une épée en bronze représentée dans l'ouvrage de Stuart, *Caledonia Romana*, pl. V. « Cette épée, dit M. Wright, a été trouvée, dit-on, à la station romaine d'Ardoch, en Écosse, près le mur d'Antonin, et nous n'avons aucune raison de mettre cette assertion en doute. » La vérité est qu'on n'a jamais rien constaté de semblable. M. Wright s'est laissé induire en erreur par le fait que cette épée figure sur une planche où sont représentées quelques antiquités trouvées à Ardoch.

Le second fait cité par M. Wright a trait à une épée décrite par Mongez devant l'Institut de France, le 16 prairial an IX, 5 juin 1801. On dit que cette épée a été trouvée dans une tourbière à Heilly, près d'Abbeville, avec les squelettes d'un homme et d'un cheval et quatre pièces de monnaie à l'effigie de l'empereur Caracalla. « Cette épée, dit Wright, appartenait donc à un cavalier romain; elle n'est pas plus ancienne, peut-être même est-elle plus récente, que le règne de cet empereur; ce soldat a dû tomber dans le marais qui, dans la suite des temps, s'est transformé en tourbière. »

Mongez, au contraire, conclut que le squelette ne peut pas être celui d'un soldat de cavalerie, parce qu'un cavalier n'aurait pas été armé d'une épée courte. Bien loin de regarder l'épée comme une antiquité romaine, il dit : « On ne pourrait également pas l'attribuer aux Romains, si l'on ne raisonnait que d'après la matière dont elle est faite. » Et il ajoute dans la page suivante : « Nous voilà donc certains que l'épée des Romains, depuis la seconde guerre Punique, fut fabriquée en fer. »

Il est vrai que, cinq mois plus tard, Mongez changea d'opinion et en arriva à la conclusion qu'après tout, les épées en bronze étaient d'origine romaine; mais nous ne pouvons pas penser qu'il faille attribuer beaucoup de poids à cette opinion, en opposition directe avec celle que soutenait le savant antiquaire quelques mois auparavant.

M. Wright cite enfin une épée en bronze trouvée avec quel-

(1) *Transactions of the Ethnological Society*, nouvelle série, vol. V. p. 105.

ques monnaies romaines à l'effigie de Maxence, qui régna de
306 à 312. Cette épée fut découverte dans une tourbière à Pic-
quigny, près d'Abbeville, dans un grand bateau que, semblerait-
il, on avait fait couler à fond, et dans lequel se trouvaient plusieurs squelettes. Dans ce cas, comme dans le précédent, il
attribue l'épée en bronze à l'époque romaine à cause des pièces
de monnaie qui l'accompagnent. Mais il est asssez remarquable
que, dans les deux cas, les antiquaires qui se sont occupés de
la trouvaille, aient attribué si peu d'importance à la présence
de ces pièces de monnaie, qu'ils n'aient pas pris la peine de
spécifier la place qu'elles occupaient par rapport aux armes en
bronze; ils n'en parlent qu'en passant, que par hasard, dans
une note au bas de la page. Nous nous trouvons donc, en quelque sorte, autorisés à nous demander si ces pièces de monnaie remontent bien à la même époque que les armes en
bronze auprès desquelles on les a trouvées. D'autres peuvent
avoir une opinion différente; mais, en admettant même que,
dans ces deux cas, les armes en bronze accompagnaient certainement les monnaies romaines, et occupaient une position telle
que armes et monnaies ont dû être enfouies au même instant,
il n'en est pas moins vrai que, quand on en vient à considérer
la quantité considérable de monnaies romaines et d'armes en
bronze que l'on a découvertes de toutes parts, on ne peut pas
être surpris de les trouver réunies dans un ou deux cas.

M. Wright ajoute que, « si on n'a pas trouvé les épées en
bronze auprès d'autres antiquités romaines toutes les fois qu'on
a découvert quelques-unes de ces épées en Angleterre ou en
France, il n'en est pas moins vrai que, chaque fois que les détails de la découverte ont été observés avec soin, elle s'est
présentée dans des circonstances telles qu'on peut presque
affirmer leur origine romaine. » Nous avons vu cependant que,
malgré ses profondes connaissances archéologiques, M. Wright
n'a pu citer que trois cas; que l'un d'eux est fondé sur une
erreur, et que les deux autres sont à peine mieux établis.

En outre, la distribution géographique des armes et des instruments en bronze ne vient pas à l'appui de cette théorie.
Les Romains n'ont jamais pénétré dans le Danemark; il est
douteux qu'ils aient jamais débarqué en Irlande, car on n'a
trouvé dans ce pays ni routes, ni maçonneries, ni terrassements

qu'on puisse leur attribuer. Et, cependant, alors qu'on a trouvé plus de 600 épées en bronze au Danemark, plus de 400 en France et une quantité considérable en Irlande (1), je ne sache pas qu'on ait découvert plus de 100 épées en bronze en Italie. Les riches musées de Florence, de Rome et de Naples ne paraissent pas renfermer un seul spécimen de ces épées types en forme de feuille, faites en bronze, qui sont comparativement si communes dans le Nord. Je crois qu'il n'est pas possible de soutenir l'hypothèse que ces épées ont été introduites au Danemark par un peuple qui n'a jamais occupé ce pays et venant d'une partie de l'Europe où elles sont fort rares.

Je puis ajouter qu'on n'a découvert ni épées, ni celts en bronze, dans les excavations de Pompéi.

En outre, l'emploi du mot « ferrum » (fer), comme synonyme d'épée, prouve clairement que les épées romaines étaient faites avec ce métal.

J'ai déjà dit que ni argent ni plomb ne se rencontrent jamais dans les dépôts de l'âge du bronze, que ni monnaies ni inscriptions ne s'y rencontrent jamais non plus, et que l'ornementation de l'âge du bronze, quoique souvent fort belle, a un caractère tout différent de celle de l'époque romaine.

Enfin le bronze que les Romains employaient en si grande quantité pour les objets de parure, etc., contenait du plomb, tandis que le bronze de l'âge du bronze se compose uniquement de cuivre et d'étain. A l'analyse, on y trouve, il est vrai, d'autres métaux tels que le fer, l'argent, le nickel et le plomb lui-même, mais en quantité si minime qu'on doit seulement les regarder comme des impuretés.

Je pourrais donc résumer comme suit les raisons qui me portent à croire que nos armes en bronze n'appartiennent pas à la période romaine :

1° On ne les a jamais trouvées accompagnées de poteries, ou d'autres antiquités de la période romaine.

2° Elles sont très abondantes dans quelques pays, le Danemark et l'Irlande par exemple, qui n'ont jamais été envahis par les armées romaines.

---

(1) Le musée de Dublin contient 282 épées et dagues; malheureusement le nombre des épées n'est pas indiqué séparément.

HALLSTADT.

TOMBEAUX AVEC LES CORPS ENTERRÉS DE LA FAÇON ORDINAIRE.

NOMBRE DES TOMBEAUX	ORNEMENTS en or.	ANTIQUITÉS.										
		BRONZE.				FER.		AMBRE.	VERRE.	POTERIE.	PIERRE.
		Or-nements.	Vases.	Divers.	Armes.	Armes.	Autres objets.	Ornements.	Ornements.		
527	6	1471	3	35	18	161	33	165	38	334	57

TOMBEAUX AVEC LES CORPS BRULÉS.

NOMBRE DES TOMBEAUX	ORNEMENTS en or.	ANTIQUITÉS.										
		BRONZE.				FER.		AMBRE.	VERRE.	POTERIE.	DIFFÉRENTS objets.
		Or-nements.	Vases.	Divers.	Armes.	Armes.	Autres objets.	Ornements.	Ornements.		
453	58	1744	179	54	91	349	41	105	55	908	100

TOTAUX....												
980	61	3215	182	89	109	519	74	270	73	1242	157	5085

3° Les épées en bronze n'ont pas la même forme que celles portées par les soldats romains.

4° Le mot latin « ferrum » était employé comme synonyme d'épée, ce qui prouve que les Romains employaient toujours le fer pour la fabrication des épées.

5° L'ornementation des épées en bronze n'a pas le caractère romain.

6° Le bronze employé par les Romains contenait ordinairement une grande proportion de plomb, métal qui ne se trouve jamais dans le bronze de l'âge du bronze.

On ne pourrait pas non plus attribuer les armes en bronze à une période subséquente. On a examiné, et en Angleterre et sur le continent, quantité de tombeaux saxons, et nous savons que les épées, les lances, les couteaux et les autres armes de cette époque étaient en fer. En outre, si les instruments et les armes en bronze appartenaient à une période plus récente que la période romaine, on en aurait certainement, je crois, trouvé bien des spécimens dans les villes détruites, avec les poteries et les monnaies de cette époque. La similitude des armes trouvées dans des parties de l'Europe très éloignées les unes des autres implique, en outre, des relations beaucoup plus considérables que celles qui existaient après l'époque romaine. En somme donc, tous les témoignages semblent prouver que l'emploi des armes en bronze caractérise une phase particulière de l'histoire de la civilisation européenne, phase antérieure à la découverte, ou tout au moins à l'emploi général du fer pour les instruments tranchants.

Il me semble, en outre, parfaitement prouvé que le fer était généralement employé dans l'Europe septentrionale longtemps avant l'invasion de César.

Évidemment donc, la transition de l'usage des armes en bronze à l'usage des armes en fer a dû être graduel, et il a dû y avoir une époque où on se servait à la fois d'armes en bronze et d'armes en fer.

M. Ramsauer, directeur, pendant bien des années, des mines de sel à Hallstadt, près de Salzburg, en Autriche, a découvert un cimetière considérable appartenant à cette époque de transition. Il a ouvert 980 tombeaux, évidemment les sépultures de ceux qui, à cette époque reculée, travaillaient aux mines de sel encore si célèbres aujourd'hui. Les objets découverts sont décrits et reproduits dans un album qui, malheureusement, n'a jamais été publié, mais dont M. Evans et moi nous avons pu nous procurer une copie. Le tableau de la page 21 prouve suffisamment l'importance de cette découverte.

Il est évident que ces tombeaux appartiennent à la période de transition entre l'âge du bronze et l'âge du fer. Cela résulte de ce qu'on y a trouvé des instruments tranchants en fer aussi bien qu'en bronze, et aussi de ce que tous ces instruments sont quelque peu extraordinaires et offrent, pourrait-on presque dire, des types intermédiaires. La même remarque s'applique à l'ornementation. On y trouve de nombreuses figures d'animaux, mal exécutées il est vrai, tandis que les dessins géométriques sont bien dessinés. Les monnaies font absolument défaut. Il est clair que la transition se faisait du bronze au fer et non du fer au bronze, car là, comme dans bien d'autres endroits, tandis que les instruments en fer avec manches en bronze sont communs, il n'y a pas un seul exemple d'un outil en bronze ayant un manche en fer. Ceci prouve que, quand les deux métaux étaient employés, on se servait du fer pour les lames. Un autre point intéressant dans le bronze de Hallstadt, comme dans celui du vrai âge du bronze, c'est qu'il ne contient ni argent, ni plomb, ni zinc, excepté, bien entendu, sous forme d'impuretés. Ceci est d'autant plus significatif que la présence, non seulement de l'étain lui-même, mais aussi du verre, de l'ambre et de l'ivoire, indique l'existence d'un commerce considérable.

En outre, comme Morlot l'a si bien fait remarquer, l'absence d'argent ne peut pas être accidentelle, parce que le bronze de Hallstadt ne contient pas de plomb; or l'absence du plomb nécessite celle de l'argent, puisqu'en Europe, tout au moins, on ne peut pas obtenir le second sans le premier.

CHAPITRE II

DE L'EMPLOI DU BRONZE DANS L'ANTIQUITÉ

Les objets les plus communs et peut-être les plus caractéristiques de l'âge du bronze sont ce qu'on a appelé les *celts*
(fig. 4-16), employés probablement comme ciseaux, haches de

Fig. 4.   Fig. 5.   Fig. 6.

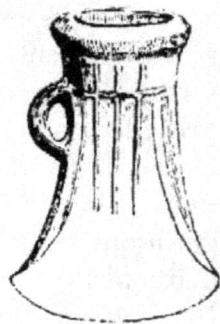

Celt en cuivre. — Waterford.   Celt à côtes. — Irlande.   Celt évidé. — Irlande.

guerre, etc. Des instruments semblables, mais en fer, au lieu
de bronze, sont encore employés en Sibérie et dans quelques
parties de l'Afrique (1). Les collections irlandaises en possèdent
plus de deux mille, sur lesquels le grand musée appartenant

(1) Klemm, *Culturgeschichte der Menschen*, vol. III, p. 160. *Hor færales*,
p. 77.

à l'Académie royale irlandaise à Dublin en contenait 688 en 1860 (1).

Aucun de ces celts n'a été coulé dans le même moule. Leur

FIG. 7.

FIG. 8.

FIG. 9.

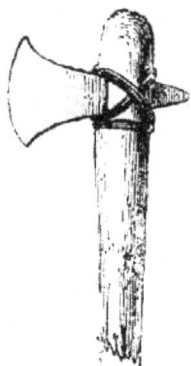

Les trois différents types de celts et la façon probable de les fixer au manche.

FIG. 10.

FIG. 11.

FIG. 12.

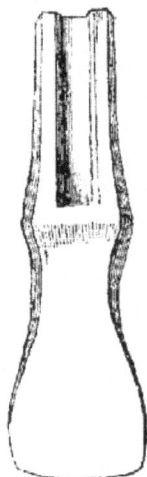

Hache kalmouck.

Celt en cuivre.
Irlande.

Moule à celt. — Irlande.

grandeur varie d'un pouce à un pied de longueur, et l'on peut les diviser en trois classes principales (fig. 7-9) selon la manière

(1) Il y en a plus de 100 dans le musée d'Édimbourg et 350 à Copenhague.

dont ils étaient emmanchés; nous devons nous rappeler, cependant, qu'il y avait bien des formes intermédiaires.

La première classe (fig. 4, 7, 11, 13, 14 et 15) a la forme la plus simple; quelques antiquaires, Sir W. R. Wilde, par exemple (1), les considèrent comme les plus anciens, parce

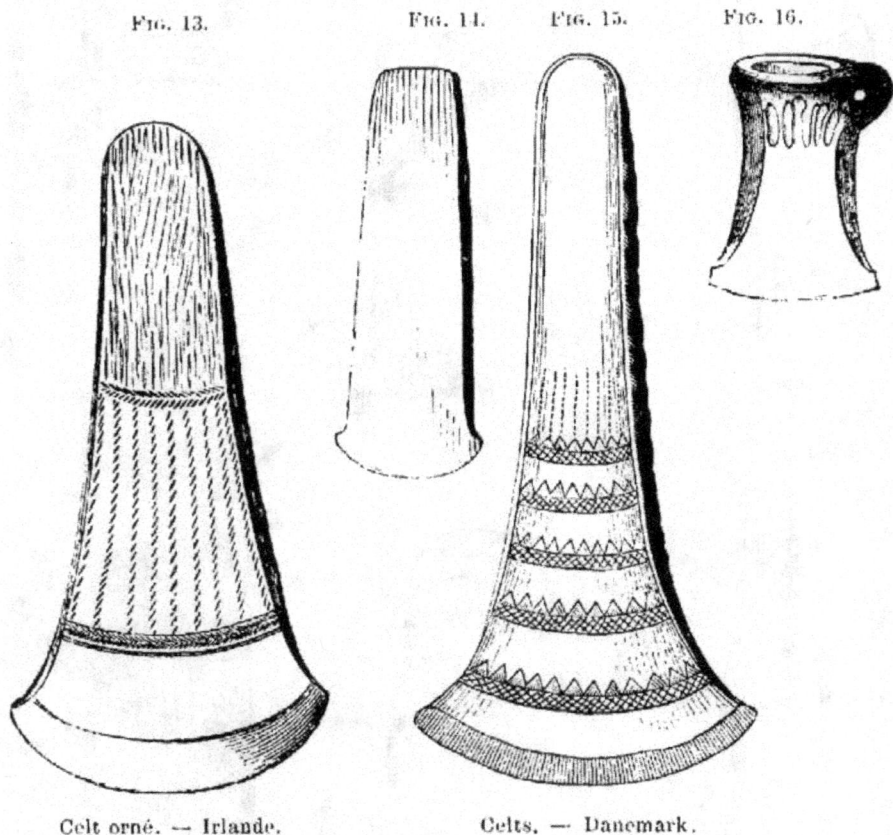

Fig. 13.   Fig. 14.   Fig. 15.   Fig. 16.

Celt orné. — Irlande.   Celts. — Danemark.

qu'ils sont évidemment faits sur le type des vieux celts en pierre (comp. fig. 14 et 18 avec fig. 19 et 160), que quelques-uns (près de trente, au musée de Dublin) sont en cuivre rouge presque sans alliage, et sont à peu près les seuls instruments antiques, quel que soit leur usage, faits avec ce métal pur et enfin parce que ceux en cuivre, au moins, sont toujours dépourvus d'ornements. D'un autre côté, la simplicité de forme qu'affectent

(1) *Cat. Ir. Acad.*, p. 361.

les celts en cuivre, simplicité qui se retrouve dans les celts des

FIG. 17.

FIG. 18.

FIG. 19.

Hache en bronze.
Le Puy.

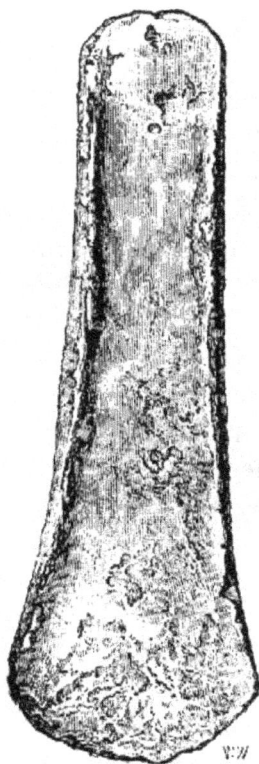

Hache en bronze. — Naples.

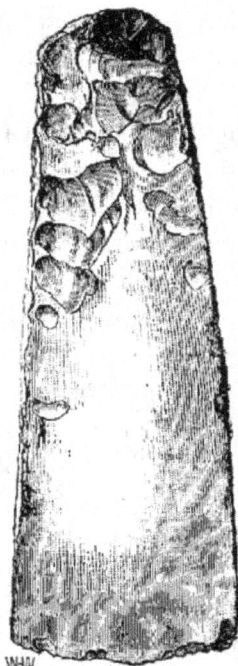

Hache en pierre.

FIG. 20.

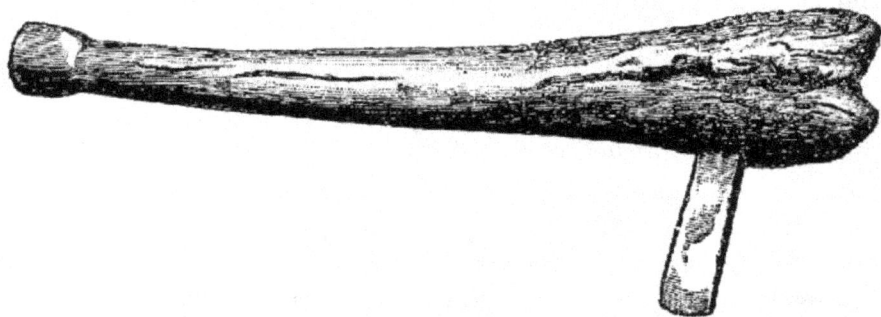

Hache africaine.

autres pays, aussi bien que dans ceux d'Irlande, peut avoir sa
raison d'être dans la grande difficulté qu'il y a à couler le cuivre;

de sorte que les fondeurs, quand ils employaient ce métal, devaient naturellement s'en tenir aux formes les plus simples. Il est presque certain que ces celts étaient fixés au manche comme nous l'avons indiqué plus haut (fig. 7).

La figure 20 représente une hache africaine moderne qui se trouve dans ma collection; la lame est en fer.

Il est évident toutefois qu'à chaque coup le celt devait tendre à fendre le manche dans lequel il était placé. Pour obvier à cet inconvénient, on plaça une sorte de point d'arrêt vers le centre du celt, et l'on agença le manche, de façon que bois et métal se renforçassent l'un et l'autre (fig. 5 et 8). On connaît cette seconde forme de celts sous le nom de *paalstab* ou *paalstave*; souvent il y a un petit anneau sur le côté, anneau dont l'usage supposé est indiqué dans la figure.

Puis on réalisa un progrès encore plus sensible (fig. 6, 9, 16), en changeant la position relative du manche et du métal, c'est-à-dire qu'on évida le celt à un bout et qu'on y inséra le manche.

Les celts de bronze sont ordinairement sans ornementation, mais quelquefois aussi ornés de côtes, de points ou de lignes, comme dans les figures 6, 9, 13, 15 et 16. La présence de moules (fig. 12) prouve qu'ils ont été fabriqués dans les pays où on les trouve. Il est difficile de comprendre pourquoi ces haches n'ont jamais la forme des nôtres, c'est-à-dire un trou transversal qui laisse passer le manche. Je ne sache pas, cependant, qu'on ait encore trouvé en Grande-Bretagne un instrument en bronze ayant cette forme; on en a rencontré quelques-uns au Danemark; ils sont alors d'une grande beauté et très magnifiquement décorés.

Les épées de l'âge du bronze (fig. 22-29) (1) affectent toujours plus ou moins la forme d'une feuille; elles sont à deux tranchants, très pointues, et l'on devait s'en servir pour porter des coups de pointe plutôt que de coupant. La forme générale et la condition des tranchants le prouvent jusqu'à l'évidence. Ces épées n'ont jamais de gardes; les poignées sont quelquefois solides (fig. 25-31) et presque toutes les épées trouvées au Danemark sont ainsi; quelquefois (fig. 22-24) les poignées sont plates,

_____

(1) La figure 21 représente une ancienne épée en fer; nous l'avons insérée pour montrer la différence de forme.

FIG. 21. FIG. 22. FIG. 23. FIG. 24. FIG. 25. FIG. 26.

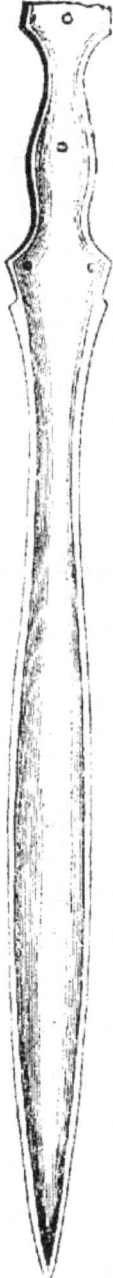

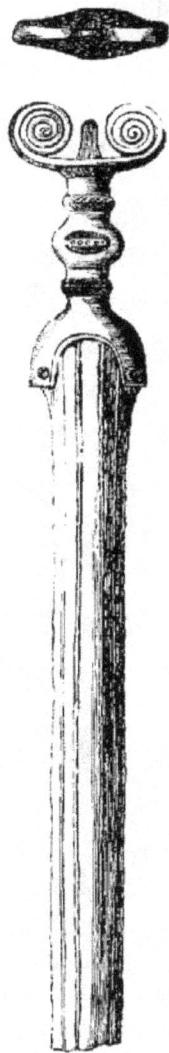

Irlande.

Épée en fer
trouvée dans
un tombeau
saxon.
Angleterre.

Suisse.

Scandinavie.

Suède.

Lac de
Neuchâtel.

ÉPÉES EN BRONZE.

minces et devaient être certainement recouvertes de bois ou
d'os; quelquefois aussi l'épée s'élargit à sa base et est attachée

FIG. 27.   FIG. 28.   FIG. 29.   FIG. 30.   FIG. 31.

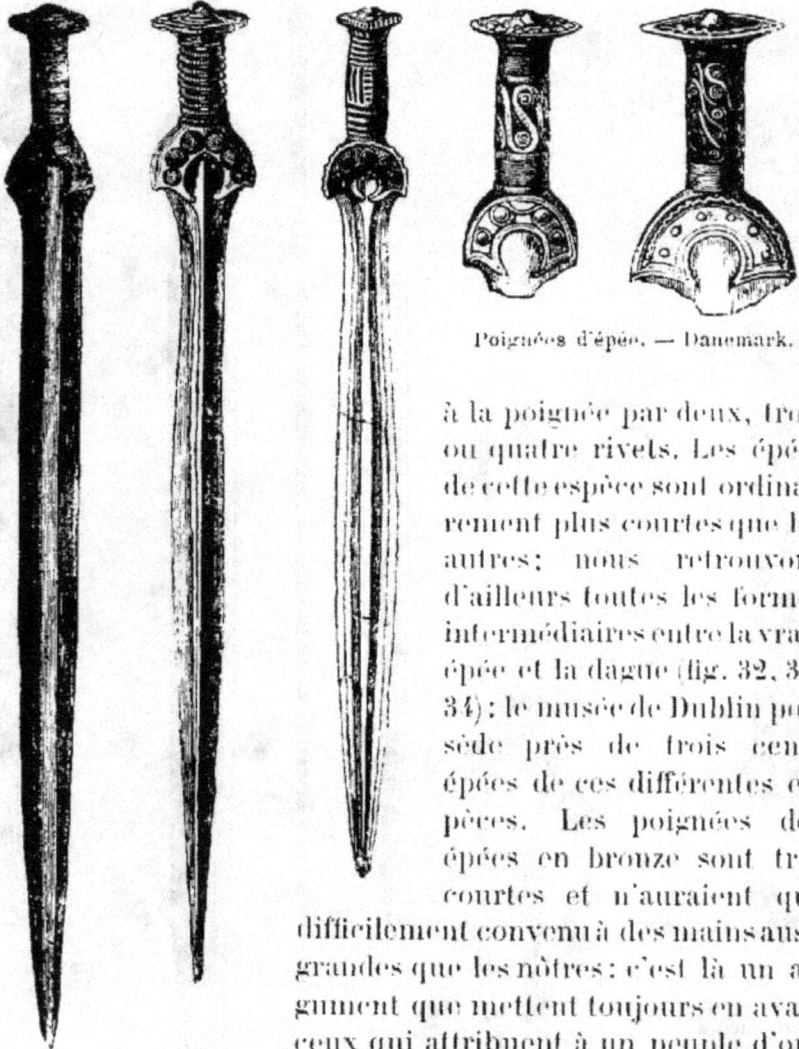

Poignées d'épée. — Danemark.

Épées en bronze. — Danemark.

à la poignée par deux, trois
ou quatre rivets. Les épées
de cette espèce sont ordinairement plus courtes que les
autres; nous retrouvons
d'ailleurs toutes les formes
intermédiaires entre la vraie
épée et la dague (fig. 32, 33,
34); le musée de Dublin possède près de trois cents
épées de ces différentes espèces. Les poignées des
épées en bronze sont très
courtes et n'auraient que
difficilement convenu à des mains aussi
grandes que les nôtres : c'est là un argument que mettent toujours en avant
ceux qui attribuent à un peuple d'origine asiatique l'introduction du bronze
en Europe. Le musée Danois contient
plus de 350 épées en bronze.

Une autre classe d'objets en bronze sont les pointes de *lance*
(fig. 35-36), de *javeline* et de *flèche* : le musée de Dublin en possède 276. Ces différents objets varient en longueur de 2 pieds

et demi à 1 pouce ; leur forme est très variée. Mais il n'est pas nécessaire de les décrire en détail, car ces armes sont restées les mêmes dans tous les temps, chez tous les peuples, et quelle que

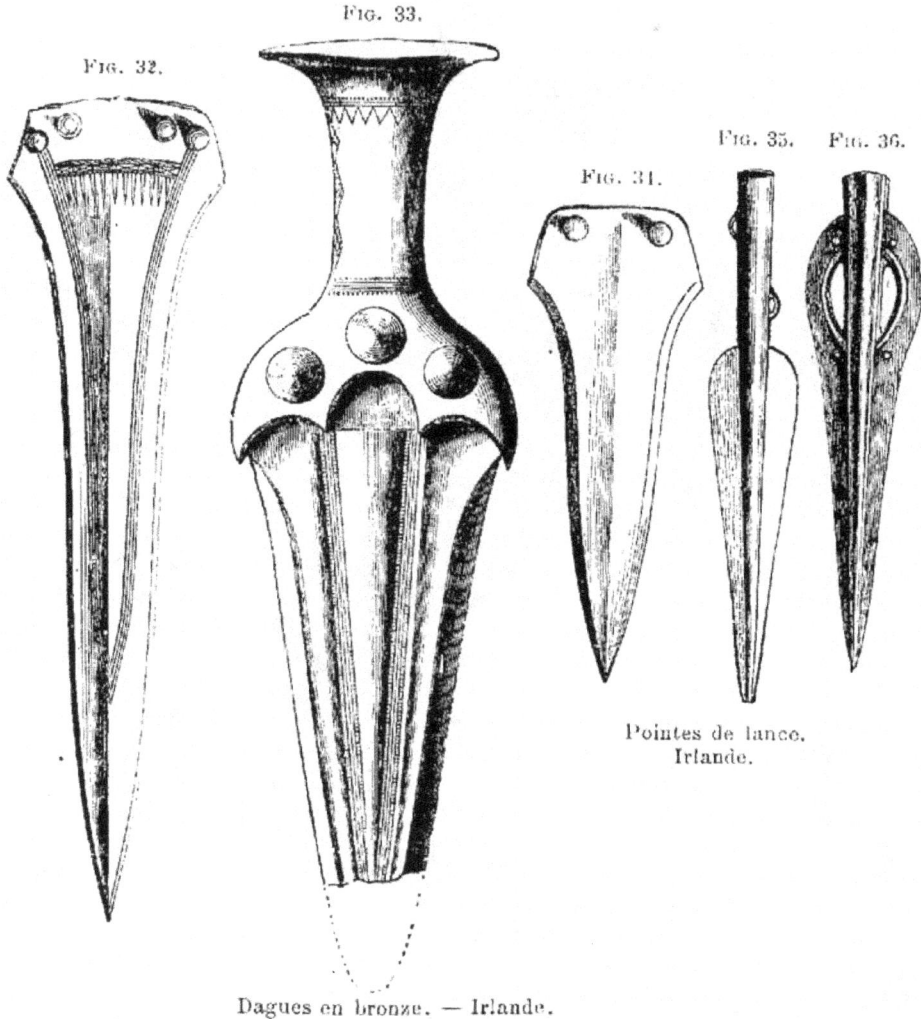

Dagues en bronze. — Irlande.

Pointes de lance.
Irlande.

soit la matière employée pour leur fabrication. Les pointes de flèche en bronze, cependant, ne sont pas très communes dans l'Europe septentrionale, probablement parce que le silex était de beaucoup meilleur marché et remplissait presque le même but.

On a trouvé à Nidau, dans le lac de Bienne, plus de cent *hameçons* en bronze, mais ils paraissent être rares partout ailleurs ;

le musée de Dublin n'en contient qu'un seul. Les *faucilles* sont plus nombreuses : il y en a 25 à Copenhague, et 11 à Dublin : on en a trouvé 11 dans le village lacustre de Morges, et 18 à

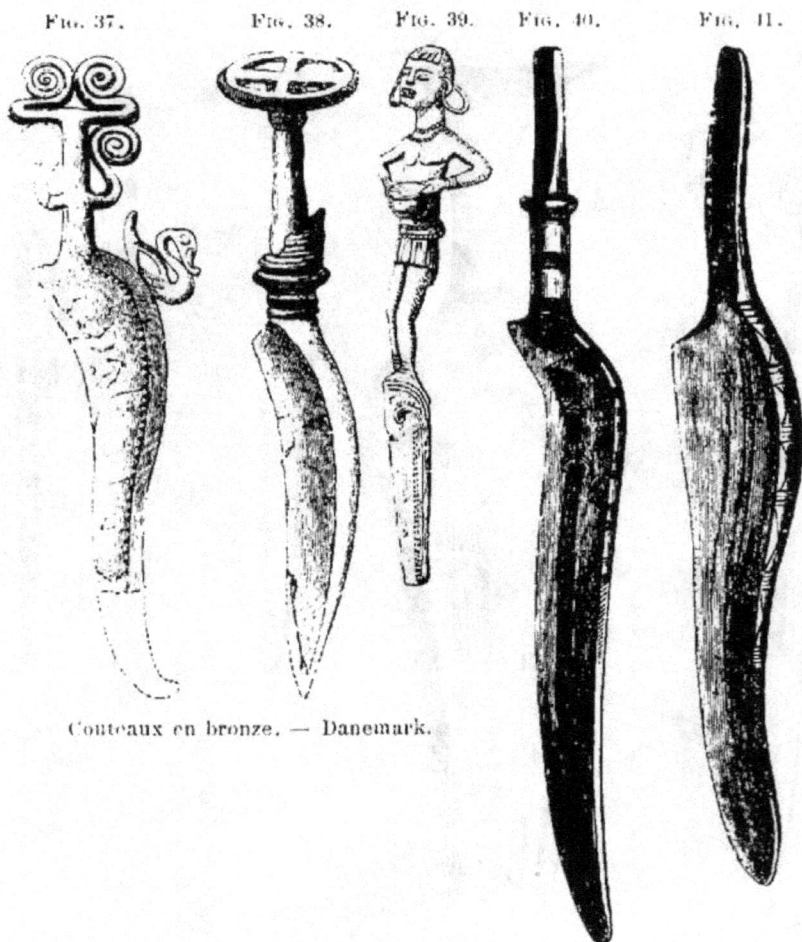

Fig. 37.　　Fig. 38.　　Fig. 39.　　Fig. 40.　　Fig. 41.

Couteaux en bronze. — Danemark.

Couteaux en bronze. — Suisse.

Nidau. Ces faucilles ont environ 6 pouces de longueur, elles sont plates d'un côté et bombées de l'autre ; elles sont toujours faites de façon à être tenues de la main droite.

On trouve fréquemment des couteaux en bronze (fig. 37-41) dans les tumuli danois, et dans les ruines des habitations lacustres de la Suisse : 20, par exemple, à Morges, 26 à Estavayer et une centaine à Nidau.

En Irlande, ils semblent très rares : le musée de Dublin n'en contient pas un seul. Ils sont ordinairement fixés à un manche en os, en corne ou en bois, et la lame est toujours plus ou

FIG. 42.   FIG. 43.   FIG. 44.   FIG. 45.

Couteaux-rasoirs. — Danemark.

FIG. 46.

FIG. 47.

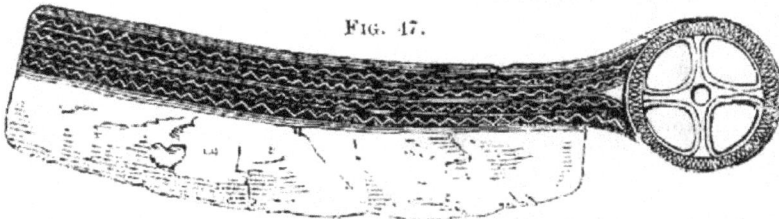

Petits couteaux. — Danemark.

moins recourbée, tandis que celle des couteaux en fer, au contraire, est ordinairement droite.

La figure 48 représente un couteau en bronze trouvé à Thèbes par Sir Gardner Wilkinson et reproduit dans la traduction de Keller par Lee, p. 276 (1).

Fig. 48.

Les petits *couteaux-rasoirs* en bronze (fig. 42-45) ont, il est vrai, des lames droites, mais ils ont un caractère tout différent de celui des couteaux en fer. Les ornements qui couvrent ces couteaux en bronze me font penser qu'ils appartiennent à une époque avancée de l'âge du bronze, ou même, dans quelques cas, au commencement de l'âge du fer. Le musée de Flensbourg possède un couteau-rasoir trouvé, dit-on, au milieu de nombreux objets en fer.

Les ornements en bronze ne caractérisent pas, au même titre que les armes faites avec ce métal, une période définie : ils peuvent appartenir à toutes les époques. Avant donc de pouvoir attribuer un ornement à l'époque du bronze, il nous faut connaître les circonstances dans lesquelles il a été trouvé. J'emprunte presque tous les exemples suivants aux villages lacustres de la Suisse.

Les objets de parure personnelle, ou bijoux que l'on peut certainement, je crois, attribuer à l'âge du bronze consistent principalement en bracelets (fig. 49, 50), en épingles (fig. 51, 53) et en anneaux.

Les bracelets sont soit de simples spirales, soit des anneaux ouverts d'un côté, décorés par cet ensemble de lignes droites et courbes qui dénotent si particulièrement l'âge du bronze.

De même que les armes, ils indiquent ordinairement des

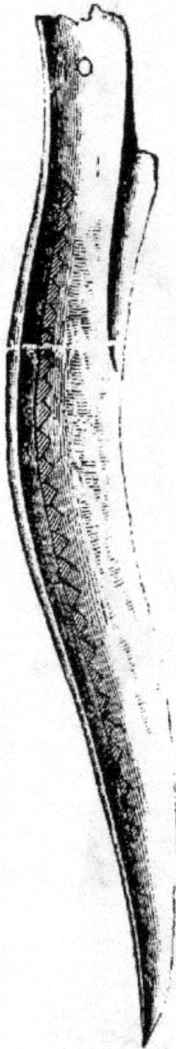

Couteau en bronze. Égypte.

(1. Voir aussi pour les instruments et pour les armes en bronze de l'Égypte le mémoire de M. A. Arcelin. *Matériaux pour servir à l'histoire primitive de l'homme*, 1869, p. 376.

petites mains, mais comme les bijoux en bronze de différentes
races sauvages modernes, de nombreuses tribus nègres, par

FIG. 49.

FIG. 50.

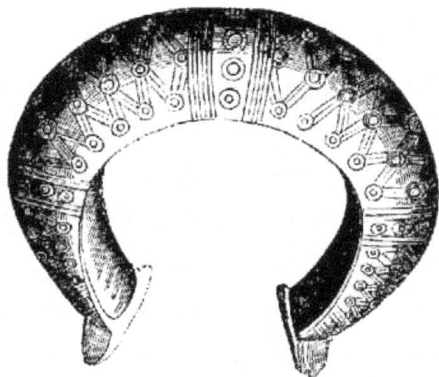
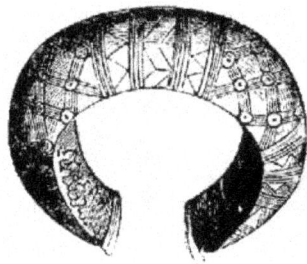

Bracelets en bronze. — Suisse.

FIG. 51.   FIG. 52.   FIG. 53.   FIG. 54.

Épingles à cheveux en bronze. — Suisse.

exemple, des Khonds d'Orissa, etc., ils sont souvent extrêmement lourds.

Beaucoup d'épingles en bronze ont été trouvés en Suisse :
57 à Morges, 239 à Estayer, et 600 à Nidau. On les trouve
très souvent aussi dans les tombeaux, où, comme l'a fait remarquer Sir R. C. Hoare, on les employait pour fixer le linceul qui
enveloppait les ossements. Quoique très communes, les broches

en bronze se trouvent généralement au milieu d'objets en fer, et l'on pourrait presque affirmer qu'elles étaient inconnues pendant l'âge du bronze, de simples épingles étaient alors employées à leur place. Cependant la plupart de ces épingles trouvées dans les lacs suisses semblent avoir été des épingles à cheveux. Quelques-unes ont un pied de longueur; on en a même trouvé deux, auprès de Berne, longues de 2 pieds 9 pouces. Beaucoup de ces épingles ont de grosses têtes, sphériques et creuses, comme dans les figures 51, 52; les autres varient si considérablement qu'il est impossible d'en donner une description générale. On ne saurait douter que ces épingles appartiennent à l'âge du bronze, mais il semble tout aussi certain qu'elles ont continué à être employées longtemps après l'introduction du fer. La figure 171 représente une de ces épingles en bronze plus récentes. Les

Fig. 55.   Fig. 56.   Fig. 57.   Fig. 58.

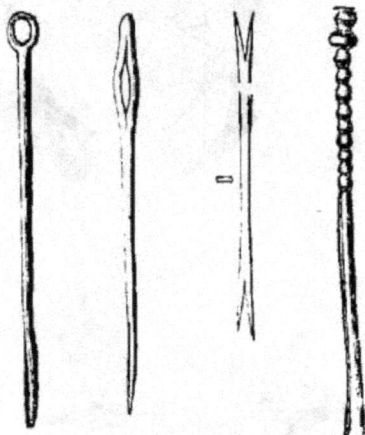

Fig. 59.

Fig. 60.

Petits objets en bronze. -- Suisse.

figures 55-60 représentent quelques autres petits objets en bronze, y compris deux aiguilles trouvées dans le lac de Neuchâtel. Les marteaux en bronze sont très rares, il est probable qu'on se servait de pierres en guise de marteaux. Les gouges sont plus communes. On a trouvé des petites scies en Allemagne et au Danemark, mais aucune encore dans la Grande-

Bretagne. On a découvert aussi des doubles boutons en Suisse et en Scandinavie, mais en petite quantité (1).

L'argent, le plomb et le zinc semblent avoir été inconnus pendant l'âge du bronze. On se servait alors de verroteries, mais on n'a découvert jusqu'à ce jour aucun vase en verre; il y a d'ailleurs, aujourd'hui encore, de nombreuses tribus barbares qui possèdent des verroteries européennes en grande quantité, mais qui n'ont aucun vase de verre.

Les armes et les ornements de l'âge du bronze sont tous coulés, et montrent que la métallurgie était avancée (2). On employait trois modes de coulage. L'une de ces méthodes consistait à couler l'alliage dans un moule en pierre ou en métal. Dans ce cas, bien entendu, le moule était en deux parties et la ligne de jonction se voyait ordinairement, comme dans la figure 61, représentant un celt qui a évidemment été coulé de cette matière. On a trouvé ce spécimen dans le comté de Kent; il m'a été offert par le docteur Dasent. Il est clair, cependant, que le couteau représenté fig.

Fig. 61.

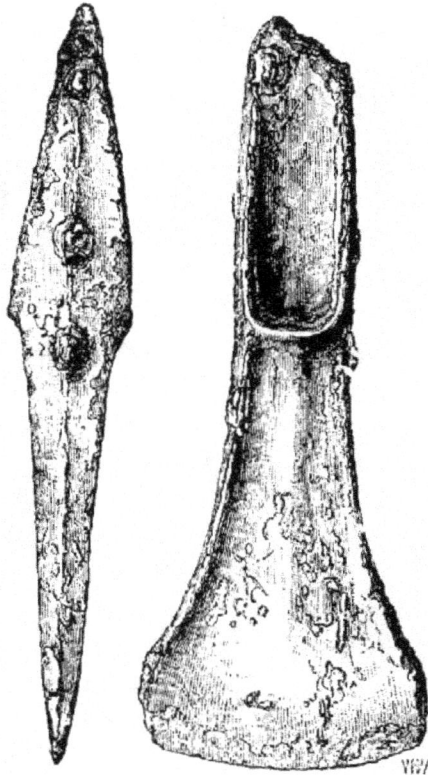

Celt. — Angleterre.

40 n'a pu être coulé de cette façon. Pas plus d'ailleurs que les épingles fig. 51-54, car si elles avaient été ainsi faites, la ligne de jonction entre les deux moitiés du moule se verrait certainement.

(1) On trouvera de plus amples informations sur les objets en bronze suisses dans le chapitre sur les habitations lacustres de la Suisse.

(2) Voir le mémoire intéressant de Morlot : *Sur le passage de l'âge de la pierre à l'âge du bronze et sur les métaux employés dans l'âge du bronze.* Copenhague, 1866.

La nature des objets, la rareté des moules, le fait qu'on trouve rarement deux objets en bronze exactement semblables, prouvent que ce mode de coulage était fort peu usité. Ainsi, sur les six cent quatre-vingt-huit spécimens que contient le musée de Dublin, il n'y en a pas deux qui aient été coulés dans le même moule, preuve évidente qu'on ne se servait pas de moules permanents.

Une seconde méthode de coulage consistait à faire un modèle de l'objet, en bois, ou avec quelque autre substance résistante et à presser ce modèle sur du sable fin afin d'obtenir un creux correspondant. Il fallait que le sable fût contenu dans deux boîtes ou cadres, se plaçant l'un sur l'autre comme les moules solides. Les objets coulés de cette façon porteraient donc aussi une ligne de jonction. L'avantage de cette méthode consiste en ce que le sable prend facilement la forme voulue, et que des modèles en bois sont beaucoup plus faciles à faire que des moules creux en pierre ou en métal. Mais on ne se servait de ce procédé que pour des objets extrêmement simples. Les spécimens dans lesquels nous voyons que la ligne de jonction n'est pas exactement centrale ou symétrique ont été probablement coulés de cette façon, le modèle ayant été enfoncé dans le sable un peu plus d'un côté que de l'autre.

La troisième méthode consistait à couler à la cire. Dans ce cas, comme dans le cas précédent, on faisait un modèle et on l'entourait d'argile mélangée de bouse de vache ou de quelque autre substance inflammable, afin que, soumise à la chaleur, cette terre devînt poreuse. On chauffait alors cette enveloppe pour que la cire pût fondre et s'écouler par le trou destiné à l'introduction du métal. Bien qu'il semble avoir été comparativement rare en Angleterre, M. Morlot considère que sur le continent c'est là le mode de coulage le plus communément employé pendant l'âge du bronze. Il nécessitait moins d'outils et ne donnait pas, comme les deux autres méthodes, une ligne de jonction; c'était un grand avantage, car, en l'absence d'outils en acier, cette côte était fort difficile à enlever, surtout quand les objets étaient ornés. M. Morlot a observé, sur un objet en bronze, la marque d'un doigt, résultant évidemment d'une impression faite sur la cire encore molle. Quelquefois aussi, la cire fondue trop vite ou surchauffée s'est enflammée et a laissé une couche charbonneuse qui se reproduit sur l'objet fondu.

Fig. 62.

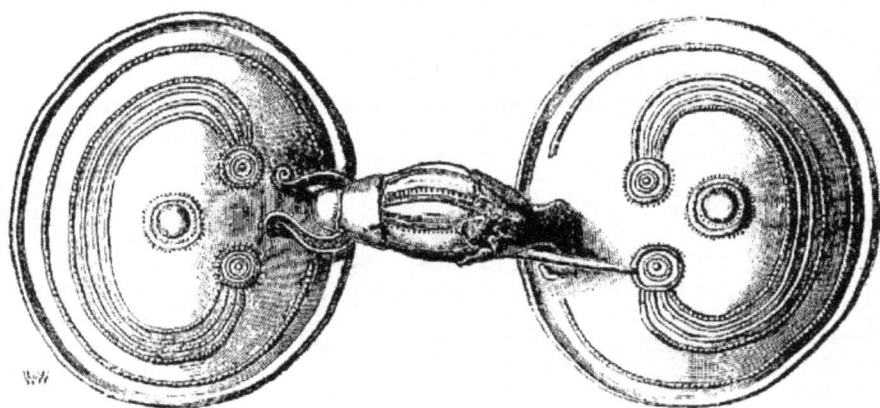

Broche réparée. — Mecklembourg.

Dans l'intérieur de quelques vases en bronze, on retrouve les traces de la spatule qui a servi à travailler la cire.

Il est aussi fort intéressant d'étudier les preuves des connaissances métallurgiques imparfaites et des outils incomplets alors en usage. M. Morlot a appelé l'attention sur un exemple frappant, une des grandes broches du Schwerin (fig. 62). C'était évidemment un chef-d'œuvre, mais l'arc intermédiaire reliant les deux grands disques a été accidentellement cassé. Afin de raccommoder ce bijou on en replace les deux morceaux dans leur position relative, et le lien brisé a été recouvert de cire. On a entouré alors le tout de la préparation ordinaire d'argile, etc., on a fait fondre la cire et on a coulé du bronze à la place.

Fig. 63.

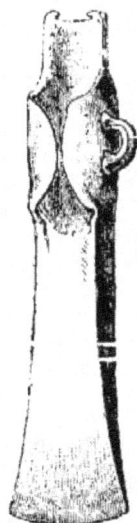

Outre l'orifice par lequel on introduisait le bronze dans le moule, il était nécessaire de ménager un ou plusieurs trous pour que l'air pût s'échapper. Le premier ayant la forme d'un entonnoir s'enlevait facilement, mais les seconds étaient fréquemment écrasés à coups de marteau, comme on le voit au sommet de la figure 63, car, sans outils en acier, il était presque impossible de les enlever. Les travailleurs en métal, pendant l'âge du bronze, semblent d'ailleurs n'avoir pas su percer le bronze, car les trous servant pour les rivets, dans les épées, etc., sont tous ménagés dans le moule.

Les ornements même en cercles ou en spirales, etc., sur les objets en bronze, sont toujours fondus, et, bien qu'admirable-

Fig. 61.

Torque en or. — Irlande.

ment dessinés, sont évidemment faits à la main; le compas n'était donc pas connu.

Dans quelques cas, toutefois, l'ornementation semble avoir été gravée sur les objets mêmes. Dans ce but, des instruments courts étaient employés, dans lesquels il y avait une bien plus grande proportion d'étain que d'habitude. Ces outils sont fort durs, mais en même temps très friables; ils ne sont donc pas adaptés à un emploi courant. Bien que rares, des instruments

FIG. 65.

FIG. 66.

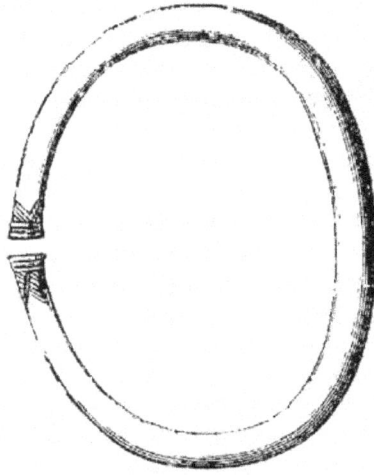

Ornements en or. — Irlande.

FIG. 67.

Ornement en or. — Irlande.

FIG. 67 a.

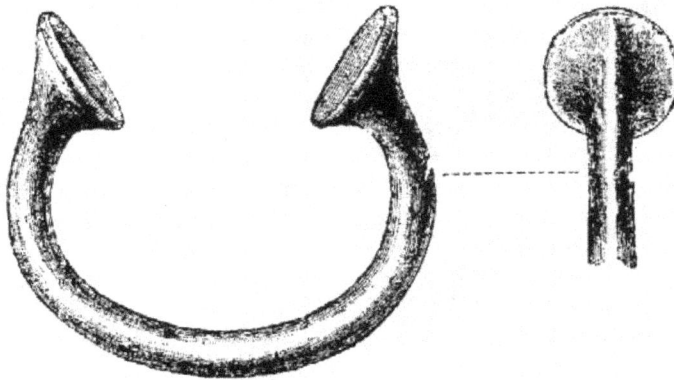

Section

Ornement en fer. — Afrique.

de ce genre ont été rencontrés dans le grand gisement d'outils de bronze à Larnaud et ailleurs.

Sur quelques-uns des vases de bronze l'ornementation a été produite par martellement. Toutefois ceci indique un progrès considérable dans la métallurgie.

L'art de souder semble avoir été entièrement inconnu pendant l'âge du bronze, et même pendant les premiers temps de l'âge du fer. Ainsi, quand les vases en bronze de Hallstadt venaient à se casser, on les réparait au moyen de rivets.

Les figures 64-67 représentent des bijoux irlandais en or.

Les plus anciens appartiennent probablement à l'âge du bronze : un collier tordu, comme celui qui est représenté dans la figure 64, faisait partie du grand gisement de Larnaud, mais ils paraissent avoir duré jusqu'à une période bien plus récente.

Il est à remarquer, et c'est un fait fort intéressant, que les indigènes de l'Afrique portent actuellement des bijoux presque semblables, si ce n'est qu'ils sont en fer au lieu d'être en or. La figure 67 a représente un de ces bijoux.

L'ornementation des objets en bronze a un caractère particulier et en même temps uniforme : elle consiste en de simples dessins géométriques et est formée par des combinaisons de spirales, de cercles et de lignes en zigzag; on trouve rarement des dessins représentant des plantes ou des animaux. Les quelques exceptions à cette règle sont peut-être même plus apparentes que réelles. Ainsi on n'en pourrait citer que deux exemples dans le catalogue du musée de Copenhague : l'un est une grossière figure de cygne (fig. 37), l'autre celle d'un homme (fig. 39). Cette dernière figure forme le manche d'un couteau dont la lame paraît être étroite, type caractéristique de l'âge du fer, et qui se trouve rarement pendant l'âge du bronze. Pour l'un de ces deux exemples, on peut donc donner des raisons indépendantes pour l'attribuer à la période de transition, ou tout au moins à la fin de l'âge du bronze. On trouve, il est vrai, sur les couteaux-rasoirs ordinairement, quelquefois aussi sur d'autres, un dessin destiné probablement à représenter un navire (fig. 42-45). En admettant que tel soit le cas, en admettant que ces objets appartiennent à l'âge du bronze, ils ne servent qu'à prouver combien peu de progrès avait fait jusqu'alors l'art de représenter les objets naturels.

LISTE D'OBJETS EN BRONZE.

	Nidau.	Mœrigen.	Estavayer.	Cortaillod.	Corcelettes.	Auvernier.	Autres endroits.	TOTAL.
Celts et fragments	23	7	6	13	1	6	11	67
Epées.	. . .	. . .	. . .	. . .	. . .	. . .	4	4
Marteaux	4	. . .	1	. . .	. . .	. . .	. . .	5
Couteaux et fragments . . .	102	19	11	22	19	8	9	193
Epingles à cheveux	611	53	239	183	237	22	22	1367
Petits anneaux	196	28	115	195	202	14	3	1053
Boucles d'oreille	238	42	36	116	. . .	3	5	440
Bracelets et fragments . . .	55	11	16	21	26	11	2	145
Hameçons.	189	12	43	71	9	2	1	248
Poinçons	95	3	49	98	17	. . .	. . .	262
Fils de métal en spirale. . .	. . .	. . .	46	50	5	. . .	. . .	101
Pointes de lance	27	7	. . .	4	2	5	2	47
Pointes de flèche.	. . .	. . .	5	1	. . .	. . .	. . .	6
Boutons.	. . .	1	28	10	10	. . .	. . .	49
Aiguilles	20	2	3	4	1	. . .	. . .	30
Ornements divers.	15	5	7	18	3	1	. . .	49
Scies	. . .	. . .	3	. . .	. . .	. . .	. . .	3
Dagues	. . .	. . .	. . .	. . .	. . .	. . .	2	2
Faucilles	18	12	1	2	7	1	4	45
Epingles à double pointe . .	75	. . .	. .	. . .	. . .	. . .	. . .	75
Petits bracelets.	20	. . .	. . .	11	. . .	. . .	. . .	31
Divers.	96	3	5	16	. . .	. . .	4	124
TOTAL	2004	208	618	835	539	73	69	4346

Le tableau ci-dessus que je dois à l'obligeance de M. Keller donnera une idée du nombre relatif des différents objets.

Depuis qu'il a été dressé, les chiffres se sont beaucoup accrus, et le nombre total des objets en bronze découverts dans les villages lacustres suisses ne se monte pas à moins de 15 000.

La liste suivante est due au docteur Thurnam :

	OBJETS DE BRONZE		
	AVEC CORPS non brûlés.	AVEC CORPS brûlés.	TOTAL.
Celts	4	1	5
Lames de couteaux, poignards, etc.	16	44	60
Vrilles et poinçons.	5	29	34
Vis à tête en béquille	1	2	3
Grande épingle à anneaux.	. . .	1	1
Fourches à anneaux.	1	. . .	1
Rivets et fragments de bouclier monté en bronze (?)	. . .	. . .	. . .
	1	. . .	1
Bracelet.	. . .	. . .	1
Boucle	. . .	1	1
Perles	. . .	1	1
	29	79	108

Ces objets en bronze ont été découverts par Sir R. C. Hoare dans les tumuli du Wiltshire (1).

On ne connait, je crois, parmi tous les outils, parmi toutes les armes en bronze qui ont été retrouvés, qu'un seul spé-

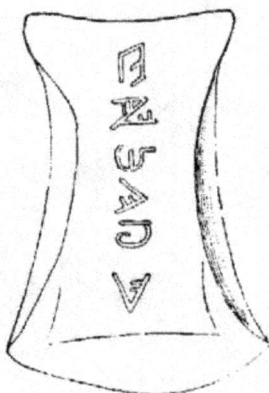

Fig. 68.

cimen, portant une inscription: fait d'autant plus significatif qu'un très grand nombre d'armes en fer en sont couvertes. La figure 68 représente cet intéressant spécimen; c'est un celt à rainures qui se trouve dans le musée Kircherianum du collège des jésuites à Rome. On n'a pu encore expliquer cette inscription et on ne sait même pas à quel alphabet appartiennent les lettres qui la composent. On l'a trouvé dans la campagne, mais on ne connait malheureusement pas dans quelles circonstances il a été découvert.

Celt portant une inscription.

La grande habileté qui a présidé à la fabrication des objets décrits dans ce chapitre, la pureté de leurs formes, la beauté et le fini de leur ornementation, indiquent un progrès artistique considérable. La découverte d'une barre d'étain à Estavayer et d'un moule à celts à Morges, prouve que partie au moins de ces objets a été fabriquée en Suisse; des preuves analogues nous permettent d'affirmer que d'autres contrées de l'Europe, le Danemark, l'Angleterre, l'Écosse et l'Irlande par exemple, possédaient aussi des fonderies. La similitude de forme et d'ornementation semble aussi indiquer des communications entre les différentes parties de l'Europe. La Cornouailles, la Saxe et l'Espagne étant d'ailleurs les seuls points de l'Europe où se trouve l'étain en quantité considérable, la présence seule du bronze suffit à indiquer, non seulement l'habileté métallurgique, mais aussi des échanges commerciaux importants.

Il était difficile de croire que nous saurions jamais comment s'habillaient les hommes de l'âge du bronze. Si l'on considère a nature périssable des matériaux qui servent nécessairement à la fabrication des vêtements, il est étonnant qu'un seul de

(1) Chantre, l'Age du bronze, t. II, p. 22.

ces fragments soit parvenu jusqu'à nous. Les peaux des animaux, sans aucun doute, devaient être employées comme vêtements, comme elles l'ont été, d'ailleurs, à toutes les époques
de l'histoire de l'homme. On a trouvé aussi bien des traces de
tissus en toile dans les tumuli anglais de l'âge du bronze et
dans les lacs suisses. La figure 168 représente un morceau de
tissu trouvé à Robenhausen, en Suisse ; ce morceau d'étoffe appartient probablement à l'âge de la pierre. Un seul fragment de
cette espèce jette, bien entendu, beaucoup de lumière sur les
manufactures, si toutefois nous pouvons employer ce mot, de
l'époque à laquelle il appartient ; mais nous n'avons pas heureusement à nous contenter de connaissances aussi imparfaites,
car nous possédons tous les vêtements d'un chef qui vivait
pendant l'âge du bronze.

Dans une ferme occupée par M. Dahls, auprès de Ribe, dans
le Jutland, se trouvent quatre tumuli connus sous les noms de
grand Kongshoi, petit Kongshoi, Guldhoi, et Treenhoi. Ce dernier fut examiné en 1861 par MM. Worsaæ et Herbst. Ce tumulus, formé de terre sablonneuse, a 50 *ells* de diamètre et
6 de hauteur. Près du centre, on a trouvé trois cercueils en
bois : deux de grandeur naturelle ; le troisième était évidemment un cercueil d'enfant. Le cercueil qui nous occupe plus
particulièrement avait environ 9 pieds 8 pouces de longueur et
2 pieds 2 pouces de largeur, mesuré à l'extérieur ; l'intérieur
avait 7 pieds 1/2 de long, sur 1 pied 8 pouces de large. Il était
recouvert d'un couvercle mobile de la même grandeur. Le contenu était très particulier et très intéressant. Tandis que, comme
on s'y attend naturellement, on ne trouve dans les anciens tombeaux que les ossements et les dents, toutes les parties molles
ayant depuis longtemps disparu, quelquefois, et c'était précisément le cas dans ce tombeau, l'inverse arrive. Grâce à la présence
de l'eau, peut-être aussi parce que cette eau était fortement im-
prégnée de fer, les parties molles du corps s'étaient changées en
une substance noire et graisseuse ; les os, à l'exception de quelques fragments, n'étaient plus qu'une sorte de poudre bleue.

Le cerveau, chose singulière, semble être la partie qui a subi
le moins de changement. Quand on ouvrit le cercueil, on le
trouva à l'une des extrémités, où, sans aucun doute, la tête
avait reposé, et il était encore couvert par un épais bonnet

hémisphérique de laine, ayant à peu près 6 pouces de hauteur
(fig. 69). L'extérieur de ce bonnet est couvert de fils courts, se

Fig. 69.   Fig. 70.   Fig. 71.

  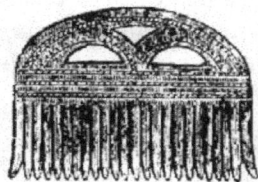

Peigne.

Bonnets de laine.

terminant par un petit nœud, ce qui lui donne un aspect très
singulier.

Fig. 72.

Manteau de laine.

Le corps avait été enveloppé dans un grossier manteau de
laine (fig. 72) presque semi-circulaire, échancré autour du

cou. Ce manteau a à peu près 3 pieds 8 pouces de long, et est
large en proportion. A l'intérieur pendent encore un grand
nombre de fils de laine courts, ce qui lui donne quelque peu
l'apparence de la peluche.

Sur le côté droit du cadavre se trouvait une boîte recouverte
d'un couvercle de même diamètre. Cette boîte avait 7 pouces 1/2
de largeur et 6 pouces 1/4 de hauteur ; les différentes pièces
étaient liées les unes aux autres par des morceaux d'osier ou

FIG. 72.   FIG. 74.   FIG. 75.

Guêtres.

Chemise de laine.   Châle de laine.

d'écorce. Dans cette boîte s'en trouvait une plus petite sans
couvercle, et dans celle-ci trois objets : un bonnet de 7 pouces
de haut, en laine tissée (fig. 70) ; un petit peigne de 3 pouces
de long et de 2 pouces 1/2 de haut (fig. 71), et un petit couteau-
rasoir tout simple.

Après que le manteau et la boîte d'écorce eurent été enlevés,
on trouva deux châles de laine, l'un d'eux couvrant les pieds,
l'autre placé un peu plus haut. Ces châles sont presque carrés,
ayant un peu moins de 5 pieds de long, sur 3 pieds 9 pouces
de large ; ils sont ornés d'une longue frange (fig. 74). A l'endroit
où le corps reposait était une chemise (fig. 73), aussi d'une

étoffe de laine, échancrée pour le cou. Elle s'attachait autour de la ceinture, au moyen d'une longue bande d'étoffe de laine qui faisait deux fois le tour du corps et pendait par devant. Au côté gauche du cadavre se trouvait une épée en bronze (fig. 27) dans un fourreau en bois. Cette épée a 2 pieds 3 pouces de longueur et elle est munie d'une simple poignée solide.

Aux pieds du cadavre étaient deux morceaux d'étoffe de laine, ayant environ 14 pouces 1/2 de long et 3 pouces 1/2 de large (fig. 75), dont l'emploi ne paraît pas bien indiqué, quoiqu'on puisse supposer que ce sont des restes de grandes guêtres. A l'extrémité du cercueil, on a trouvé des traces de cuir, très probablement les restes de bottes. Quelques cheveux noirs adhéraient encore au bonnet de laine, où la tête avait reposé, et l'on pouvait reconnaître la forme du cerveau. Enfin, ce guerrier, avant d'être placé dans la tombe, avait été enveloppé dans une peau de bœuf.

Les deux autres cercueils ne furent pas examinés par des personnes compétentes, et les renseignements qu'ils auraient pu nous fournir furent ainsi perdus pour nous. Les objets les plus indestructibles qu'ils contenaient furent cependant conservés : ils consistent en une épée, une broche, un couteau, un poinçon à deux pointes, une pince, un grand double bouton, le tout en bronze; un petit bouton double en étain et une pointe de javeline en silex.

Le cercueil d'enfant ne contenait qu'une boule d'ambre et un petit bracelet en bronze, simple anneau de métal.

Le « Kongshøi » contenait quatre cercueils en bois dans lesquels se trouvaient des cadavres revêtus de vêtements en laine, une épée en bronze dans un fourreau en bois orné de sculptures, deux dagues en bronze, une tasse en bois ornée d'un grand nombre de clous en étain, un vase en bois et une petite boîte en écorce.

Un autre tumulus, de même forme, contenait quatre cercueils en bois, dans lesquels se trouvaient des corps vêtus de vêtements de laine, un sabre de bronze dans un fourreau de bois, orné de découpures, deux poignards en bronze, un bol en bois orné de plusieurs clous d'étain, un vase en bois et une petite boîte en écorce.

Dans un autre cas, près d'Aarhuus, la robe d'une femme a

été découverte dans des circonstances similaires. Sur sa tête
se trouvaient deux châles, l'un assez fin, l'autre plus grossier.
Elle portait un manteau avec manches et une longue chemise
nouée autour de la taille au moyen de liens en laine. Elle aussi
avait été enterrée avec un poignard de bronze.

On ne peut donc douter que ces tumuli intéressants appartiennent à l'âge du bronze, mais je suis porté à leur attribuer
une date assez récente dans cet âge, à cause du couteau et du
couteau-rasoir qui, tous deux, affectent la forme que, pour des
raisons déjà constatées, je pense devoir appartenir à la fin de
l'âge du bronze et au commencement de l'âge du fer. Les broches en bronze se trouvent rarement aussi pendant l'âge du
bronze et sont communes pendant l'âge du fer. L'épée, en outre,
a la forme de celles auxquelles le professeur Nilsson attribue
une date comparativement récente.

Enfin, le mode de sépulture, quoiqu'on puisse citer bien
d'autres cas semblables, est tout au moins très extraordinaire.
Pendant l'âge du fer, les cadavres sont ordinairement couchés;
mais pendant l'âge du bronze, à quelques exceptions près, on
brûlait généralement les morts ou on les enterrait assis. Au
Danemark, l'incinération des cadavres semble avoir été presque
universelle; en Angleterre, j'ai établi la statistique de 100 tombeaux dans lesquels on a trouvé des objets en bronze, 37 in-
diqués par M. Bateman, et 63 par Sir R. C. Hoare. La table suivante montre la manière dont le cadavre a été traité :

	Assis.	Brûlés.	Couchés.	Incertains.
Bateman	15	10	5	7
Hoare	4	49	2	8
	19	59	7	15

M. Greenwell a examiné 100 tombeaux de l'âge du bronze;
dans tous ces tombeaux les cadavres étaient assis ou brûlés.

On peut en conclure que, pendant cette période, le cadavre
était quelquefois, quoique rarement, couché sur le dos; que
plus fréquemment il était enterré assis, dans une petite chambre
formée par de grosses pierres, mais que la coutume la plus ordinaire était de brûler les corps, et de réunir les cendres et les
fragments des os dans ou sous une urne.

Nous donnerons, d'ailleurs, plus de détails sur les coutumes des funérailles anciennes dans un chapitre subséquent.

Nos connaissances sur l'état de l'architecture pendant l'âge du bronze sont jusqu'à présent fort incertaines. Rougemont (1) attribue les tours rondes à cette période, mais je ne connais aucune raison suffisante qui confirme cette opinion. Dans le chapitre suivant, je déduirai les raisons qui me font attribuer à cette époque reculée quelques-unes au moins de nos soi-disant antiquités druidiques. La plupart des villages lacustres de la Suisse appartiennent certainement à l'âge du bronze. Mais ces ruines ne nous indiquent guère ce qu'étaient les maisons de cette époque. Cependant, certaines urnes en forme de hutte, qui ont été découvertes en Italie et en Allemagne, semblent appartenir à la fin de l'âge du bronze. Les « urnes-huttes » italiennes ont été trouvées en 1817 (2) à Albano près de Rome, sous une couche intacte de peperino ou cendres volcaniques consolidées; elles appartiennent par conséquent à une époque où les volcans, situés dans le voisinage de Rome, étaient encore en activité. Le volume des *Archæologia* pour l'année 1869 contient un mémoire que j'ai fait avec le professeur Pigorini et sur les nombreux vases et autres objets trouvés avec ces « urnes-huttes ». La poterie de ces urnes est particulièrement foncée et compacte: on a souvent trouvé auprès d'elles des couteaux en bronze. Cependant la présence de quelques fragments de fer paraît prouver que les huttes appartiennent tout à fait à la fin de l'âge du bronze ou plutôt au commencement de l'âge du fer. La figure 76 donne une idée des urnes en elles-mêmes aussi bien que des maisons qu'elles représentent.

Ce ne sont d'ailleurs pas là des cas isolés. En 1837, le docteur Beyer a trouvé auprès de Parchim, dans un tumulus, une « urne-hutte » à peu près semblable, qu'à cause de sa forme et du fait qu'elle contenait des objets en bronze, le docteur Lisch attribue certainement à l'âge du bronze (3).

On a trouvé, en 1849, dans un tumulus, à Aschersleben, une urne destinée évidemment à représenter une maison avec un

(1) *L'Age du bronze*, pp. 12, 380.
(2) Voir *Lettera del signor D. A. Visconti sopra alcuni vasi sepolchrali rinvenuti nelle vicinanze della antica Alba-Longa*. Roma, 1867.
(3) *Ueber die Hausurnen*. Schwerin, 1856.

grand toit en chaume. Le docteur Lisch, d'après la couleur de
cette urne et les matériaux dont elle est faite, l'attribue aussi à
l'âge du bronze.

Le Musée de Munich contient une poterie fort intéressante,
fig. 77. Cette poterie représente sans doute un hameau lacustre,
comprenant sept petites huttes rondes. Les huttes sont placées
sur trois rangées de trois chacune, formant ainsi trois côtés d'un
carré. Le quatrième côté est fermé par un mur au centre duquel se trouve une ouverture conduisant à un porche couvert
en chaume. La plate-forme qui supporte les huttes repose sur
quatre colonnes composées de pièces de bois placées l'une sur
l'autre. Malheureusement le toit manque. Les côtés sont ornés
de la double spirale si caractéristique de l'âge du bronze.

On a découvert aussi dans l'Allemagne septentrionale et au
Danemark des urnes ressemblant quelque peu à celle repré-

FIG. 76.

FIG. 77.

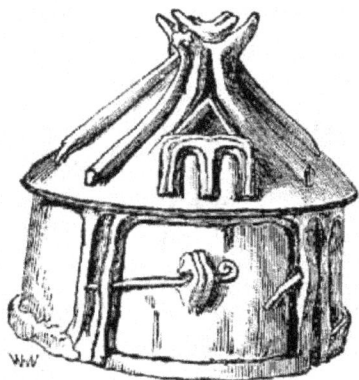

Urne-hutte. — Albano.

Urne représentant probablement une habitation
lacustre.

sentée par la figure 76. Dans ces cas, la porte se trouve sur le
toit. Le docteur Lisch considère que ces dernières urnes sont les
plus anciennes et représentent une forme d'habitation plus antique encore que celles où la porte se trouve sur le côté. Pour
moi, il me semble plus probable que ces urnes appartiennent
à une époque plus récente, alors que la représentation des habitations est devenue plus fantaisiste et par conséquent leur
ressemble moins.

Bien des habitations de l'âge du bronze ont dû, sans doute, être souterraines ou demi-souterraines. On peut encore retrouver, dans presque tous les terrains non cultivés, des traces d'antiques villages ayant ce caractère. On creusait un puits et la terre rejetée en arrière formait un mur circulaire; puis le tout était probablement planté d'arbres.

Des restes de demeures souterraines analogues ont été trouvés aux *Downs* du Wiltshire, et ailleurs; mais les *Penpits* près de Gillingham, dans le Wiltshire, autrefois supposés être de ce genre, se trouvent n'être, d'après les démonstrations du général Pitt Rivers, que d'anciennes carrières.

L'honorable Owen Stanley (1) a admirablement décrit des huttes circulaires semblables qu'il a trouvées à Anglesea. A Dartmoor et ailleurs, où abondent les gros blocs de pierre, les indigènes s'évitaient la peine de creuser et construisaient simplement des murs circulaires en pierre. Dans d'autres cas, alors que probablement il était important de se cacher, les habitations sont entièrement souterraines. Ces antiques demeures portent en Écosse le nom de «weems », de « namha », une case. On a découvert dans l'une d'elles à Monzie, dans le Pertshire, une épée en bronze (2). Cependant ces chambres souterraines paraissent, en Écosse, avoir servi de demeures ou tout au moins de cachettes jusqu'à l'époque romaine; car lord Rosehill (3) décrit un « weem » construit partie en pierres « portant les marques diagonales particulières au travail des ouvriers romains ». Les soi-disant maisons des Pictes, si communes dans le nord de l'Écosse, ne sont que légèrement enfoncées sous terre, quelquefois même elles ne le sont pas du tout: comme elles sont recouvertes de terre, c'est à peine quelquefois si on peut les distinguer des grands tumuli. Mais quand on vient à creuser, on trouve une série de grandes chambres construites ordinairement avec des pierres fort grandes convergeant vers le centre où une ouverture paraît avoir été ménagée pour laisser entrer l'air et la lumière. Ces habitations diffèrent peu des « weems » souterrains, sauf qu'elles sont construites à la sur-

(1) *On remains of the ancient circular habitations in Holyhead island*, par l'honorable W. O. Stanley, M. P.
(2) Wilson, *Prehistoric annals of Scotland*, vol. I, p. 104.
(3) Lord Rosehill, *Proc. of the Soc. of Antiq. of Scotland*, 1869, p. 109.

face du sol et qu'on les a enterrées au moyen de terres rapportées. Il peut sembler improbable qu'un peuple vivant dans des habitations aussi grossières ait connu les métaux, cependant les Cafres et les autres tribus africaines nous offrent encore ce spectacle.

Ces habitations nous conduisent naturellement à parler des maisons en forme de ruche, aux murs épais et secs et affectant l'aspect qui leur a valu leur nom (1). Sans aucun doute, un grand nombre de ces maisons sont fort anciennes et quelques-unes datent probablement de l'âge de la pierre ; mais d'un autre

FIG. 78.

Maisons en forme de ruche. — Écosse.

côté, elles se sont perpétuées jusqu'à nos jours et la figure 78 représente un groupe de ces maisons situées sur Long Island, sur les bords du lac Resort ; elles ont été habitées jusqu'en 1823. Quelques maisons semblables sont encore occupées dans l'île de Uig.

Les célèbres « brochs » ou « burghs » qui abondent dans le nord de l'Écosse, aussi bien que dans les Orkney et dans les Shetland, offrent un caractère tout particulier. On leur a attribué une origine scandinave, mais aucun édifice semblable n'existe en Norwège, en Suède ou au Danemark, de telle sorte que ce style d'architecture est sans aucun doute antérieur à l'arrivée des hommes du Nord.

La figure 79 est la reproduction d'une photographie du célèbre burgh de Moussa, dans les îles Shetland, spécimen le mieux

(1) Voir Capt. Thomas, *On Beehive houses. Proc. Soc. Antiq. Scotland*, vol. III, p. 133 ; vol. VII, p. 153. Voir aussi Petrie, *Proc. Soc. Antiq. Scotland*, vol. VII, p. 201.

conservé de cette curieuse architecture. Je visitai en 1867 cet intéressant édifice. Il se trouve sur les bords de la mer dans la petite île de Moussa. Il est de forme circulaire, a 41 pieds de hauteur et est ouvert au sommet; l'espace central a environ 20 pieds de diamètre et les murs ont environ 14 pieds d'épais-

Fig. 79.

Le burgh de Moussa

seur à la base et 8 au sommet. Il contient un escalier qui conduit au sommet de l'édifice, plusieurs galeries horizontales et des petites chambres coniques s'ouvrant toutes sur l'intérieur; le seul orifice extérieur est la porte, qui a environ 7 pieds de hauteur.

Le manque d'arbres et l'abondance de la pierre sont probablement la raison déterminante de cette curieuse architecture. D'ailleurs, bien que leur caractère soit si antique, ces « burghs » furent habités jusqu'aux temps historiques, en un mot jusqu'à ce que l'introduction de la chaux et la connaissance des vrais principes de la voûte aient permis aux indigènes de construire des édifices ayant un caractère plus moderne. Ces « burghs » sont extrêmement nombreux à Caithness, dans les îles Orkney et dans les îles Shetland; mais ce « burgh » de Moussa est à peu près le seul dont il soit fait mention dans l'histoire. Torfœus nous raconte que, vers l'an 1150, Erling enleva la belle Marguerite, mère d'Harold, alors comte d'Orkney, et fut assiégé dans Moussa par Harold, qui, ne pouvant s'emparer de la place, pensa enfin qu'il était plus politique de consentir au mariage. Presque tous ces « burghs » sont en ruines, et le fameux Dun de Dornadilla, qu'on suppose avoir été construit par l'ancien roi d'Écosse qui portait ce nom, est le seul qui soit aussi complet que celui de Moussa. Il est impossible de dire si ces « burghs » sont contemporains de l'âge du bronze. Il est cependant fort remarquable que, dans l'île de Sardaigne, on trouve d'antiques édifices connus sous le nom de « nurhags » qui ressemblent beaucoup aux « burghs » anglais.

FIG. 80.

Fort de Staigue. — Kerry.

Plus loin, j'essaierai de prouver que Stonehenge et Abury appartiennent à l'âge du bronze. Quelques anciennes fortifications datent probablement aussi de cette période, mais la plupart, comme par exemple le fort de Staigue (fig. 80), sont beaucoup plus récentes.

CHAPITRE III

DE L'AGE DU BRONZE

Quatre théories principales sont en présence relativement à l'âge du bronze. Selon quelques archéologues, la découverte du bronze n'a été accompagnée d'aucun changement soudain dans la condition sociale des hommes; elle n'aurait été, en somme, que le résultat et la preuve d'un développement graduel et pacifique. D'autres attribuent les armes et les instruments en bronze trouvés dans le nord de l'Europe, soit aux armées romaines, soit aux marchands phéniciens; d'autres, enfin, pensent que les peuples de l'âge de la pierre ont été remplacés par un peuple nouveau et plus civilisé, de race indo-européenne, venant de l'Orient. Ce peuple, apportant avec lui la connaissance du bronze, aurait conquis l'Europe, dépossédé et, en quelques endroits, entièrement anéanti les premiers possesseurs du sol.

M. Wibel [1] croit que la civilisation caractérisée par l'emploi du bronze a commencé dans le sud de l'Angleterre, d'où elle s'est répandue dans les autres parties de l'Europe. Il croit aussi que le bronze antique s'obtenait, non par l'alliage du cuivre et de l'étain, mais directement avec un minerai contenant les deux métaux. Ceci, je l'avoue, me semble extrêmement improbable [2] et je partage l'opinion de ceux qui maintiennent que la connaissance du bronze a dû être nécessairement précédée par l'emploi séparé du cuivre et de l'étain.

On n'a pas encore, cependant, trouvé en Europe un seul

[1] *Die Cultur der Bronze-zeit Nord-und-Mittel Europas*, Dr F. Wibel, Kiel.
[2] Voir l'APPENDICE.

instrument en étain, et ceux en cuivre sont excessivement rares. On a supposé que la Hongrie et l'Irlande font exception à cette règle. La situation géographique de la Hongrie dispense de toute explication; quant à l'Irlande, il peut être utile d'examiner si, réellement, elle forme une exception. Le grand musée de Dublin possède 725 celts et ciseaux, 282 épées et dagues, 276 lances, javelines et pointes de flèche, et cependant sur ces 1283 armes, il n'y a que 30 celts et une lame d'épée qui soient, *dit-on*, en cuivre pur (1). Je souligne « dit-on », parce que ces spécimens n'ont pas été analysés, mais on les suppose en cuivre « à cause seulement des propriétés physiques et de la couleur ostensible du métal ». M. Mallet a analysé un de ces celts, et il a prouvé qu'il contient une faible quantité d'étain. Il est possible que, pour quelques-uns des usages auxquels on destinait les celts, le cuivre ait été presque aussi avantageux que le bronze; dans tous les cas, il a pu se faire que, quelquefois, manquant d'étain, on ait dû fabriquer quelques instruments avec du cuivre pur.

M. de Pulszky s'est élevé contre cette hypothèse, exprimée dans les éditions précédentes de cet ouvrage, en se basant sur ce que si l'existence des objets de cuivre était due à l'absence occasionnelle d'étain, le type de ces objets de cuivre devrait être le même que celui des objets de bronze. Pour montrer qu'il n'en est pas ainsi, il donne l'intéressant tableau que, voici, des objets en cuivre et en bronze du musée de Buda-Pesth :

	Cuivre.	Bronze.
Coins de haches à rebords.	51	18
Haches à ailerons.	1	79
Haches à douille	. .	186
Ciseaux.	. . .	37
Gouges.	. . .	5
Haches, marteaux primitifs, pics de mineur.	. . . / 74	. . . / 1
Haches ornementées.	. . .	60
Épées, poignards, têtes de lance. . . .	3	203
	129	589

On remarquera toutefois que les types en cuivre sont les plus simples. Ceci est peut-être dû au fait qu'il est plus difficile

(1) Le docteur Wilde, se basant sur d'excellentes raisons, considère même qu'un de ces spécimens est américain.

de mouler le cuivre que le bronze. En l'absence de l'étain, par conséquent, il aurait fallu se contenter des formes plus simples : de là peut-être la différence de type.

Il résulte de ces faits qu'il est impossible de trouver en Europe la preuve d'un âge de cuivre, et personne n'a jamais prétendu y avoir trouvé, ou quelque autre part que ce soit en Europe, la trace d'un emploi séparé de l'étain (1).

Sir W. R. Wilde l'admet lui-même. « Il est remarquable, dit-il, qu'on ait trouvé si peu d'instruments antiques en cuivre, car la découverte et l'emploi de ce métal ont dû nécessairement précéder la fabrication du bronze. » Il pense, cependant, que « l'on peut expliquer ce fait, soit en supposant qu'un espace de temps très court s'est écoulé entre la découverte des moyens de fondre et de travailler les minerais du cuivre, la découverte de l'étain, et la fabrication subséquente du bronze ; soit en admettant que presque tous les objets en cuivre ont été refondus et convertis en bronze, l'alliage d'étain les rendant plus durs, plus coupants et par suite plus utiles (2) ».

Toute opinion soutenue par Sir W. R. Wilde a droit, bien entendu, à la plus respectueuse attention ; mais, en somme, l'absence d'instruments, soit en cuivre, soit en étain, me semble indiquer que l'art de faire le bronze a été introduit, et non pas inventé en Europe.

Il y a, en outre, un puissant argument contre cette théorie d'un développement graduel et indépendant des connaissances métallurgiques dans différents pays : c'est le fait constaté en quelques mots par M. Wright, et qu'il est utile peut-être de répéter ici : « Partout où l'on a trouvé des épées ou des celts en bronze, que ce soit en Irlande, à l'extrémité ouest de l'Europe, en Écosse, en Scandinavie, en Allemagne, ou plus à l'orient encore dans les pays slaves, ces armes n'ont pas seulement un caractère similaire, elles sont absolument identiques. » On peut expliquer d'une manière satisfaisante la grande ressemblance qui existe entre les instruments en pierre trouvés dans les différentes parties du monde, par la similitude de la

(1) On employait quelquefois l'étain pour les objets d'ornementation, mais cet usage, bien entendu, n'affecte en rien notre raisonnement.
(2) Wilde, *loc. cit.*, p. 357.

matière employée et par la simplicité des formes. Mais cet argument ne peut pas s'appliquer aux armes et aux outils en bronze. Non seulement on trouve en Europe plusieurs variétés analogues de celts, mais la plupart des épées, des couteaux, des dagues, etc., sont si parfaitement semblables, qu'il semblerait presque qu'ils ont tous été fabriqués par le même ouvrier. Comparez, par exemple, les figures 4, 6 et 13, qui représentent des celts irlandais, avec les figures 14, 15 et 16, qui représentent des spécimens danois; les trois épées, figures 22, 23 et 24, qui viennent respectivement d'Irlande, de Suède et de Suisse, et les deux figures 25 et 26, la première représentant une épée suisse, la seconde une épée de Scandinavie. Il eût été facile de multiplier les exemples de cette similitude, et l'on peut, sans trop s'avancer, affirmer que cette ressemblance n'est pas le résultat d'un accident. Il faut admettre, d'un autre côté, que chaque pays présente quelques particularités de détail. Ni les formes, ni les ornements ne sont exactement les mêmes. Au Danemark, dans le Mecklembourg, les ornements en spirale sont les plus communs; plus au sud, des cercles et des lignes les remplacent. Les épées danoises ont ordinairement des poignées solides et richement décorées, comme dans les figures 25-31; les épées trouvées dans la Grande-Bretagne, fig. 22, se terminent, au contraire, par une plaque recouverte avec du bois ou de l'os. En Angleterre, les pointes de lance portent fréquemment un anneau à côté du trou où s'emmanche le bois de la lance, comme dans la figure 35; on ne trouve jamais cet anneau dans les spécimens danois.

Les impuretés du bronze indiquent, comme nous l'avons prouvé dans le chapitre précédent, que le minerai de cuivre ne provenait pas d'une seule localité; enfin la découverte de moules en Irlande, en Écosse, en Angleterre, en Suisse, au Danemark et ailleurs, prouve que l'art de fondre le bronze était connu et pratiqué dans plusieurs pays. Tout bien considéré, il paraît très probable que la connaissance des métaux est un de ces grands progrès que l'Europe doit à l'Orient, et que l'emploi du cuivre sur notre continent commença seulement après la découverte qu'en y ajoutant une petite quantité d'étain on le rend plus dur et plus utile.

J'ai déjà, dans le premier chapitre, indiqué les raisons qui m'ont porté à croire que les armes en bronze ne sont pas d'origine romaine. M. Wiberg (1) a récemment essayé de prouver que le bronze a été introduit dans le Nord par les marchands étrusques, mais rien ne prouve, je pense, que l'Étrurie ait jamais eu un commerce aussi considérable que celui indiqué par le grand nombre d'objets en bronze qui ont été retrouvés dans le Nord et dans l'Ouest de l'Europe.

Examinons donc les arguments de ceux qui attribuent la civilisation de l'âge du bronze à l'influence du commerce phénicien. Cette théorie a été récemment défendue avec beaucoup de talent par le professeur Nilsson (2). Sir George Cornewall Lewis (3), d'un autre côté, tout en admettant que, dans l'antiquité, presque tout l'étain provenait du comté de Cornouailles, a essayé de prouver que ce métal parvenait « aux nations habitant à l'est de la Méditerranée, par la route de terre, à travers la Gaule, et que les vaisseaux phéniciens le chargeaient à l'embouchure du Rhône, sans avoir besoin d'aller jusqu'en Bretagne ».

Selon lui, donc, les récits des anciens voyageurs sont pour la plupart fabuleux, ou tout au moins exagérés; mais il ne tient pas assez compte du fait que, tout ce que nous savons sur ces anciens voyages, nous vient de critiques ennemis ou de poètes; or il n'est pas besoin de chercher plus loin que l'ouvrage de Sir George Cornewall Lewis lui-même, pour voir combien les auteurs souffrent de ce mode de traitement (4).

Prenons, par exemple, Himilcon, qui fut envoyé, à l'époque de la plus grande prospérité de Carthage, pour reconnaître les côtes nord-ouest de l'Europe. Ses écrits ne sont malheureusement pas parvenus jusqu'à nous; tout ce que nous savons sur ce voyage, nous l'apprenons par un poème géographique d'Avienus, les *Ora maritima*, que Sir Cornewall Lewis résume en ces termes : « Le rapport fait par Himilcon, à savoir que le voyage de Gadès jusqu'aux îles d'Étain, c'est-à-dire le comté de Cornouailles, occupait au moins quatre mois, et que la navigation,

(1) *Arch. f. Anthrop.*, 1870, p. 10.
(2) *Skandinaviska Nordens Ur-invanare*. Af. S. Nilsson. Stockholm, 1862.
(3) *Examen historique de l'astronomie chez les anciens*, par le T. H. Sir George Cornewall Lewis, 1862.
(4) Dans le long chapitre qu'il consacre à la chronologie et aux hiéroglyphes égyptiens, il ne cite pas une seule fois le nom du docteur Young.

dans ces mers éloignées, était interrompue à chaque instant par le calme de l'air, par l'abondance des plantes marines, par des monstres affreux, fables que tous les anciens marins racontaient sur les mers inconnues, ne devait pas être bien attrayant pour les négociants des colonies carthaginoises. » Ce raisonnement n'est pas tout à fait satisfaisant : car, si Himilcon fit réellement ce voyage, de pareils voyages étaient donc possibles ; si, d'un autre côté, il ne le fit pas, si son rapport n'était qu'un tissu de fables, il y a tout lieu de croire que les rusés marchands de Carthage auraient reconnu l'imposture, et seraient parvenus à savoir la vérité, sinon par Himilcon lui-même, tout au moins par quelques-uns de ceux qui l'accompagnaient.

Mais passons et examinons les quatre « fables » dont parle tout particulièrement Sir George Cornewall Lewis. Il n'est pas nécessaire de parler du « calme de l'air » ; ce serait être injuste envers Sir C. Lewis que de supposer qu'il attache beaucoup de poids à cette objection. Ce peut être une invention, mais ce n'est pas une improbabilité. Le temps employé par une expédition d'exploration n'est pas non plus l'indice du temps qu'exigera un voyage commercial. Je n'attacherai pas non plus beaucoup d'importance aux paroles d'Himilcon que ses vaisseaux étaient arrêtés dans leur course par des monstres marins. Ce qu'Avienus dit réellement, comme Sir C. Lewis l'admet dans un autre passage, c'est que, au milieu d'un calme, alors que ses vaisseaux étaient arrêtés, « ils furent entourés par des monstres marins (1) ». On pourrait plaider honnêtement que les baleines étaient probablement beaucoup plus nombreuses sur nos côtes dans l'antiquité qu'elles ne le sont à présent, les grands mammifères de la mer, aussi bien que ceux de la terre, ayant reculé devant la puissance irrésistible de l'homme. Mais il n'est pas nécessaire de mettre cette hypothèse en avant. Les monstres marins ont, de tout temps, vivement ému l'imagination humaine, et un poëte ne peut manquer d'y faire allusion, quand il décrit les dangers qui entourent ceux qui, « montés sur des vaisseaux, vont affronter les périls des mers inconnues ».

Le troisième point auquel Sir Cornewall Lewis fait allusion, loin de jeter un doute sur la véracité d'Himilcon, paraît être

(1) Voir l'Appendice.

plutôt un argument en sa faveur. Ses vaisseaux, dit-il, ou plutôt Avienus le dit pour lui, étaient « entourés par des plantes marines ». Où était-il quand cela lui arriva? Tout ce que nous pouvons répondre à cette question, c'est que, en quittant les colonnes d'Hercule, il entra dans l'océan Atlantique, et nous savons que quelques jours de route dans la même direction devaient l'amener à la *mare di Sargasso*, mer qui a reçu ce nom à cause de la quantité de plantes marines qu'on y rencontre. Sir C. Lewis dit : « L'idée que les vaisseaux ne pouvaient pénétrer dans les mers éloignées, soit à cause de leurs nombreux écueils, soit à cause des obstacles qu'y présentait l'état boueux ou semi-fluide de l'eau, est une idée qu'on retrouve souvent chez les Anciens. » Il est parfaitement vrai que beaucoup d'écrivains anciens, tels, par exemple, qu'Hérodote, Platon, Scylax, Aristote lui-même, parlent de difficultés de cette sorte ; mais pas un seul d'entre eux ne fait allusion aux plantes marines comme offrant un obstacle à la navigation, et l'on ne peut considérer comme un accident, que le voyageur qui s'en occupe soit exactement celui qui prit une route telle, que, s'il l'avait poursuivie pendant quelques jours, elle l'aurait amené à l'endroit même connu encore aujourd'hui sous le nom de « mer des plantes marines » (1).

Pythéas est un autre écrivain ancien que Sir C. Lewis, s'appuyant sur l'autorité de Polybe et de Strabon, n'hésite pas à flétrir du nom d'imposteur. Polybe met en doute les voyages de Pythéas, parce que Pythéas était pauvre ; mais les grands voyageurs, les grands explorateurs de notre époque, n'appartiennent pas ordinairement non plus à des familles opulentes. Strabon sembla avoir des préventions contre Pythéas, parce que celui-ci prétendait avoir visité des pays qui, selon ses théories, devaient être inhabités. Il faut, d'ailleurs, se rappeler que les premiers voyageurs dans le Nord ont dû voir, et, à leur retour, ont dû raconter bien des choses que les habitants des bords enchanteurs de la Méditerranée devaient regarder comme impossibles ou incompréhensibles. Sir C. Lewis cite principa-

(1) La croyance à l'Atlantide a peut-être pour origine cette mer de plantes marines, qui suggère si naturellement l'idée d'une terre disparue, et n'est-ce pas là une explication aussi naturelle que toutes les autres qu'on en a données ?

lement quatre assertions incroyables de Pythéas. Tout d'abord,
il l'accuse d'avoir raconté que, si « l'on place du fer non travaillé, avec une pièce d'argent, sur le bord du cratère du vol-
can de l'île de Lipari, on retrouve le lendemain, à la même place,
une épée, ou tout autre article dont on peut avoir besoin ».
Ceci prouve tout simplement que le mythe de Valand, Wielant,
Weland, ou, dans notre dialecte populaire, Wayland Smith,
était accrédité aux îles Lipari au temps de Pythéas (1). D'ailleurs ce mythe n'est qu'une explication quelque peu modifiée
de ce qui a lieu quand un peuple ignorant, vivant à côté d'une
race plus civilisée, attribue la supériorité de cette dernière à
la magie, et, tout en désirant profiter de la science des magi-
ciens, craint de se trouver en contact avec eux.

Ainsi, par exemple, « quand les Veddahs de Ceylan avaient
besoin de flèches, ils apportaient, pendant la nuit, de la viande
qu'ils suspendaient dans la boutique du forgeron, et plaçaient
à côté une feuille taillée sur le modèle qu'ils voulaient donner
à leurs flèches; si le forgeron faisait ces flèches d'après ce modèle, ils lui envoyaient d'autre viande (2) ». Si nous avions ap-
pris ce mode d'échange de la bouche des Veddahs eux-mêmes,
il est probable qu'ils lui auraient donné la forme du vieux mythe
européen. D'ailleurs, les métallurgistes de l'antiquité, afin de
conserver leur monopole, avaient évidemment grand intérêt à
encourager la superstition.

Sir Cornewall Lewis accuse, en second lieu, Pythéas d'avoir
prétendu que la mer, autour des îles Lipari, est en ébullition.
Mais nous ne savons pas quels sont, à ce sujet, les termes exacts
qu'a employés Pythéas; aussi, ne pouvons-nous guère pronon-

---

(1) Voyez, sur cet intéressant sujet, Wright, *Archæol.*, vol. XXXII, p. 315.
(2) Knox, *Relation historique de l'île de Ceylan*. Londres, 1681. Cité dans
les *Transactions de la Société ethnologique*, vol. II, p. 285., N. S. Voyez
aussi *Ceylon*, par Sir J. E. Tennent, vol. I, p. 593. — La forme belge du
mythe, telle qu'elle est racontée par Schmerling (*Ossements fossiles*, vol. I,
p. 43), se rapproche encore davantage du récit de Knox. En parlant des
cavernes situées près de Liège, il dit : « Ces ouvertures sont connues des
habitants de l'endroit sous le nom de *trous des Sottais*. Ils prétendent que,
jadis, ces grottes servaient d'habitation à une espèce humaine d'une très
petite taille, sottais, nains, pygmées, qui y vivaient de leur industrie, et res-
tauraient tout ce qu'on déposait près des ouvertures, à condition que *l'on
y ajoutât des vivres*. En très peu de temps ces effets étaient réparés et remis
à la même place. »

cer un jugement, car il se peut qu'il ait rapporté dans ce cas,
non ce qu'il a vu, mais ce qu'il a entendu dire. Nous devons
nous rappeler, en outre, qu'il y a eu des éruptions volcaniques
sous-marines dans la Méditerranée, et que les îles Lipari, situées entre l'Etna et le Vésuve, se trouvent au centre même
d'une active région volcanique. Ces deux montagnes, qui, pendant les deux mille dernières années, ont été plus ou moins
fréquemment en éruption, semblent avoir eu une longue période de repos ; pendant ce temps, les îles Lipari servaient d'issue
aux gaz. Il me semble donc très probable que le récit de Pythéas n'est que l'expression véridique de ce qui se passa sous
ses yeux.

Une troisième difficulté résulte de l'assertion de Pythéas,
qu'il vit autour de l'île de Thulé une substance qui n'était ni
de la terre, ni de l'air, ni de l'eau, mais une substance ressemblant aux *Medusæ* ou poissons gélatine (πνευμόνι θαλάσσιω ἐοικὸς),
qu'on ne pouvait traverser ni à pied ni en bateau. Le professeur Nilsson regarde ce passage, qui a complètement décon-
certé les commentateurs méridionaux, comme la preuve évidente de la véracité de Pythéas. Quand la mer se congèle
dans le Nord, la glace ne se forme pas comme sur un étang ou
sur un lac : il se produit d'abord des petits morceaux de glace,
et, aussitôt que les pêcheurs s'en aperçoivent, ils se hâtent de
regagner la terre, craignant d'être pris dans la glace, qui, pendant quelque temps, est trop épaisse pour permettre à leurs
bateaux d'avancer, et cependant trop faible pour supporter le
poids d'un homme. Le capitaine Lyon fait une description toute
semblable : « Nous nous trouvâmes, dit-il, au milieu de glace
toute nouvelle, dans cet état qu'on appelle boue, qui, par son
aspect et sa consistance, ressemble à une excellente chose, la
glace au citron. Puis nous remarquâmes des petits morceaux
ronds, ayant un pied environ de diamètre et ressemblant à des
écailles de poissons gigantesques (1). » Richardson mentionne
tout particulièrement aussi « les plaques circulaires de glace
ayant un diamètre de 6 ou 8 pouces (2) ». Ces disques de glace,
agités par les vagues, suggérèrent au professeur Nilsson lui-

(1) Lyon, *Journal*, p. 84.
(2) *Arctic Expedition*, vol. II, p. 97.

même, quand il les vit pour la première fois, l'idée d'une foule
de méduses; or, si un habitant du Midi, qui n'a jamais assisté
à un tel phénomène, retourne chez lui et désire le décrire à
ses compatriotes, il lui serait difficile de trouver une comparaison plus fidèle et plus ingénieuse. Dans tous les cas, elle
n'est pas plus exagérée que celle d'Hérodote qui, voulant
décrire un orage de neige, le comparait à une chute de
plumes.

« Enfin, dit Sir C. Lewis, Pythéas affirme qu'en revenant de
son grand voyage au Nord, dans lequel il a visité, pour la première fois, l'île éloignée de Thulé, il a navigué le long de la
côte entière de l'Océan, entre Gadeira et le Tanaïs, c'est-à-dire
depuis Cadix, autour de l'Espagne, de la Gaule, de l'Allemagne
et de la Scythie, jusqu'à la rivière Don, que les anciens consi-
déraient comme formant la limite entre l'Europe et l'Asie. Cette
assertion nous fournit une nouvelle preuve de la mendacité de
Pythéas puisqu'elle est fondée sur la croyance, reçue dans son
temps, que l'Europe ne se prolongeait pas au nord, et que
l'Océan baignait au nord les côtes de la Scythie et de l'Inde. »
Pythéas, cependant, ne mérite réellement pas d'être ainsi ac-
cusé; le passage sur lequel s'appuie Sir C. Lewis affirme seulement qu'après son retour du Nord (ἐπανελθὼν ἐνθένδε), il voyagea
le long des côtes entières de l'Europe, de Cadix jusqu'au Don.
Ceci, se rapportant évidemment à un second voyage, est une
assertion toute différente, que je ne vois pas lieu de mettre en
doute.

Selon Geminus, Pythéas s'avança si loin vers le nord, que
les nuits n'avaient plus que deux ou trois heures, et il ajoute
que les Barbares le conduisirent voir l'endroit où le soleil dort.
Ces deux assertions semblent indiquer que Dönnäs fut le point
le plus septentrional de son voyage. Dans cette ville, la nuit la
plus courte a deux heures; mais, derrière la ville, se trouve
une montagne dont le sommet est le point le plus méridional
d'où l'on puisse voir le soleil à minuit. Les habitants y conduisirent le professeur Nilsson, en 1816, pour lui montrer l'endroit où le soleil se repose, tout comme leurs ancêtres semblent y avoir conduit Pythéas dans le même but, il y a plus de
deux mille ans. Je me contenterai d'ajouter que Pythéas n'était
pas un simple voyageur; c'était un astronome distingué, qui,

à l'aide du gnomon seul, semble avoir estimé la latitude de Marseille à 43° 17' 8", calcul qui ne diffère que de quelques secondes du résultat obtenu par les astronomes modernes, cette latitude étant 43° 17' 52".

Je me suis étendu quelque peu sur cette partie de mon sujet, car, si nous nous montrons désireux de rendre tous les honneurs possibles à nos voyageurs modernes, à Livingstone et à Galton, à Speke et à Grant, nous ne devrions pas oublier ceux qui leur ont montré le chemin. La mémoire des grands hommes est un legs précieux qu'il nous faut conserver, et une des parties les plus admirables de l'ouvrage du professeur Nilsson sur l'âge du bronze, est le chapitre dans lequel il défend la mémoire de Pythéas des accusations qu'on dirige injustement contre lui.

Mais, alors même que Sir Cornewall Lewis eût gagné sa cause, s'il était parvenu à nous prouver que ces deux expéditions n'ont jamais été faites, il resterait encore des preuves écrasantes d'un commerce important et étendu, à une époque bien plus reculée encore que celle où vivaient Pythéas et Himilcon. Les preuves de ce commerce ont été admirablement présentées par le docteur Smith, de Camborne (1), et je dois renvoyer à son ouvrage ceux de mes lecteurs qui désirent de plus amples détails à ce sujet. Quant à présent, je dois me contenter de rappeler quelques faits bien connus, qui cependant me suffiront.

Nous savons que Marseille a été fondée par les Grecs Phocéens 600 ans avant J.-C. ; on suppose que Carthage a été bâtie par les Phéniciens environ 800 ans avant J.-C. ; selon Pline et Strabon, Utique avait été fondée 300 ans plus tôt encore, et enfin Velleius Paterculus et Pomponius Mela affirment que la ville de Gadès (Cadix) fut fondée par les Tyriens peu d'années après la chute de Troie. En présence de semblables faits, toute improbabilité à priori du voyage de Pythéas en Norvège doit disparaître. La distance qui sépare Cadix de la Phénicie est de plus de 2000 milles, et est plus grande que la distance entre Cadix et la Norvège. Ainsi donc, si Pythéas a fait tout ce qu'on lui attribue, il n'a pas, après tout, fait des voyages plus longs

(1) *The Cassiterides*, par George Smith, L. L. D.

que n'en avaient fait, plus de mille ans auparavant, des centaines de ses compatriotes.

Les dates données ci-dessus ne doivent pas, bien entendu,
être regardées comme parfaitement exactes; mais il n'y a pas
lieu cependant de douter de leur exactitude générale. Non
seulement les ouvrages d'Hésiode et d'Homère, écrits certainement 800 ans avant J.-C. et probablement même plus tôt,
prouvent que les peuples qui habitaient les côtes orientales
de la Méditerranée avaient, à cette époque, une haute civilisation et un commerce considérables; mais encore nous trouvons dans le récit biblique des preuves précieuses des mêmes
faits. Au quatrième chapitre de la *Genèse*, il est fait mention
de l'airain à une époque qui, selon la chronologie la plus généralement adoptée, serait 3875 ans avant J.-C.; mais ces dates
sont tellement incertaines, que je ne voudrais pas m'appuyer
sur ce passage isolé. Tout lecteur du livre de l'*Exode* com-
prendra certainement la haute civilisation qui régnait en
Égypte au temps de Joseph. Puis, quand Salomon se prépare
à construire le temple de Jérusalem, il envoie demander au
roi de Tyr des cèdres du Liban, car « tu sais, dit-il, qu'il n'y
a personne chez nous qui sache couper le bois comme les
Sidoniens » (*Rois*, I, v, 6). Un peu plus loin nous lisons (*Rois*,
I, vii, 13, 14) que le « roi Salomon avait fait venir de Tyr
Hiram, qui était fils d'une femme veuve de la tribu de Neph-
thali, dont le père était un Tyrien, qui travaillait le cuivre.
Cet homme était fort expert, intelligent et savant pour faire
toutes sortes d'ouvrages en airain ». Il est évident que le mot
hébreu traduit ici, comme dans tant d'autres passages, par
« airain » aurait dû être traduit par « bronze ». Le bronze était
le métal commun dans l'antiquité, et l'alliage de cuivre et de
zinc n'était pas encore connu.

Or le bronze que les témoignages indépendants d'Homère
et du livre des *Rois* nous représentent comme si abondant dans
l'Orient, il y a trois mille ans, était composé de cuivre et d'é-
tain, dans la proportion de 9 parties de cuivre pour 1 d'étain.
La question à résoudre est donc celle-ci : D'où venaient ces
métaux?

On trouve le cuivre dans tant de pays, qu'on ne peut se faire
aucune opinion définie quant aux lieux où les Phéniciens

allaient chercher leurs approvisionnements. Nous avons tout
lieu d'espérer cependant que nous arriverons à le savoir, car
les impuretés qui se trouvent dans le cuivre varient selon le
pays d'où on l'a tiré; or le docteur Fellenberg a publié plus
de cent analyses de bronzes antiques, analyses qui ont déjà
jeté quelque lumière sur cette partie de notre sujet. Quant à
l'étain, le cas est tout différent; presque tout l'étain maintenant employé provient du comté de Cornouailles ou de l'île de
Banca, située entre Sumatra et Bornéo. On a supposé que
l'étain était, à une certaine époque, très commun en Espagne;
mais, comme le docteur Smith le fait observer, « le caractère
le plus remarquable de l'exploitation des mines d'étain est la
persistance de ces mines. Partout où les souvenirs authentiques de l'histoire nous indiquent une grande production de ces
minerais, cette production existe encore. A Banca, dit-on, les
filons sont inépuisables; la Cornouailles en produit encore une
quantité aussi considérable qu'à aucune autre époque. » Voici
le résultat d'une enquête faite par les ingénieurs du gouvernement, à l'École des mines de Madrid : « Je ne sache pas que
l'Espagne ait jamais produit une grande quantité d'étain. Le
gouvernement ne possède aucune mine de ce métal. La quantité produite à présent est très minime : ce sont des ouvriers
sans travail qui cherchent l'étain dans quelques-unes des
rivières qui avoisinent les collines granitiques de la Galice et
de la Zamora. Je ne crois pas qu'il y ait une seule mine d'étain
en Espagne. »

A moins que les Anciens n'aient tiré l'étain de pays que nous
ne connaissons pas, il semble prouvé, et Sir Cornewall Lewis
lui-même l'admet, que l'étain phénicien provenait principalement, sinon entièrement, du comté de Cornouailles, et que,
par conséquent, même à cette antique période, un commerce
considérable était organisé, reliant des pays fort éloignés les
uns des autres. Sir Cornewall Lewis, cependant, pense que
l'étain était « transporté à travers la Gaule jusqu'à Massilia, et
importé de là en Grèce et en Italie ». Sans aucun doute, dans
des temps comparativement récents, la plus grande partie du
commerce suivait cette route; mais les Phéniciens étaient dans
la plénitude de leur puissance 1 200 ans avant J.-C., et Massilia
ne fut bâtie que 600 ans avant J.-C. En outre, Strabon nous

affirme que, dans l'antiquité, les Phéniciens faisaient le commerce de l'étain par Cadix, qui, comme nous l'avons dit plus haut, est plus près de la Cornouailles que de Tyr ou de Sidon.

Nous avons donc le droit de conclure qu'entre 1500 et 1200 avant J.-C., les Phéniciens naviguèrent sur l'Atlantique, et découvrirent les mines de l'Espagne et de la Grande-Bretagne; or, quand on considère qu'ils connaissaient admirablement la côte méridionale de l'Angleterre, on peut, je crois, supposer sans crainte de se tromper, qu'ils ont poussé leurs explorations encore plus loin, à la recherche de pays aussi riches que le nôtre en minéraux. En outre, nous devons nous rappeler qu'ils ne pouvaient trouver l'ambre, substance si estimée dans l'antiquité, que sur les côtes de la mer du Nord.

M. Morlot pense avoir découvert les traces des Phéniciens jusqu'en Amérique, et le professeur Nilsson a essayé de prouver, comme je l'ai déjà dit, qu'ils avaient établi des comptoirs jusque sur les côtes septentrionales de la Norvège. M. Morlot se fonde sur l'existence de quelques antiquités, et particulièrement de verroteries qu'il a trouvées dans les tumuli américains. M. Franks, cependant, incline à penser que ces verroteries sont d'origine vénitienne. On peut réduire à sept les arguments du professeur Nilsson, c'est-à-dire : la petitesse des poignées d'épée, des bracelets, etc.; le caractère de l'ornementation des instruments en bronze; les dessins trouvés dans les tumuli de l'âge du bronze; le culte de Baal; certaines méthodes particulières pour récolter et pour pêcher, et l'emploi de chariots de guerre.

Les instruments et les ornements en bronze paraissent certainement avoir appartenu à une race ayant la main plus petite que celle des peuples européens de notre époque; leur ornementation est aussi toute particulière, et a, dans l'opinion du professeur Nilsson, une signification symbolique. Quoique les grandes pierres dans les tumuli de l'âge du bronze soient très rarement décorées ou même taillées, il y a cependant quelques exceptions : ainsi, par exemple, le monument remarquable de Kivik, près de Christianstad. Le professeur Nilsson, se fondant sur le caractère général des dessins qui décorent ce monument, n'hésite pas à assigner ce tumulus à l'âge du bronze, et en effet, sur deux des pierres sont représentés des hommes qui ont certainement l'air de Phéniciens ou d'Égyptiens.

Sur une autre pierre est représenté un obélisque que le professeur Nilsson regarde comme un symbole du dieu Soleil; dans une ancienne ruine à Malte (1), ruine caractérisée par les décorations de l'âge du bronze, on a découvert un obélisque quelque peu semblable, et c'est là certainement une coïncidence remarquable. Nous savons aussi que, dans bien des pays, Baal, dieu des Phéniciens, était adoré sous forme d'une pierre conique.

Ce n'est certainement pas le seul cas dans lequel le professeur Nilsson trouve des traces du culte de Baal en Scandinavie; car il nous affirme que la fête de Baal, ou Balder, était encore célébrée, il n'y a pas cinquante ans, la nuit qui précède le solstice d'été, en Scanie et dans toute la Norvège, presque jusqu'aux îles de Loffoden. On faisait, sur une colline ou sur une montagne, un grand feu de bois, et le peuple du voisinage se rassemblait, comme les anciens prophètes de Baal, pour danser autour de ce feu, en criant et en chantant. Ce feu, la nuit qui précède le solstice d'été, a même conservé dans quelques endroits le nom ancien de « Baldersbal » ou feu de Balder. Léopold von Buch a, il y a longtemps, fait la remarque que cette coutume ne pouvait pas avoir son origine dans un pays où, au solstice d'été, le soleil ne quitte jamais l'horizon, et où, par conséquent, on ne peut voir que la fumée. Une coutume semblable a, jusque tout récemment, été observée dans quelques parties de la Grande-Bretagne. Baal a donné son nom à bien des localités scandinaves, comme, par exemple, la Baltique, le Grand et le Petit Belt, Belteberga, Baleshaugen, etc.

Les dessins d'ornementation qui caractérisent l'âge du bronze sont, selon le professeur Nilsson, plutôt sémitiques qu'indo-européens. Il attache beaucoup d'importance à deux vases curieux, dont l'un a été trouvé en Norvège et l'autre dans le Mecklembourg, et qui certainement ressemblent beaucoup aux vases fabriqués pour le temple de Salomon, tels qu'ils sont décrits dans le livre des *Rois*. Enfin, il croit que l'usage des

(1) Voir, pour la description des ruines de Hagiar Kem, Furse : *Trans. int. congress of Prehist. Archæol.*, 1868, p. 407; ou docteur Adams, *Archæol. and Nat. Hist. of the Nile valley and the Maltese islands.*

chariots de guerre, la coutume de moissonner en coupant le
blé tout auprès de l'épi, et une certaine manière de pêcher,
sont autant de preuves de relations fréquentes avec les Phéniciens.

Le professeur Nilsson est une si grande autorité, ses travaux
comme archéologue ont tant contribué à asseoir la science sur
une base solide, que ses opinions méritent la considération la
plus sérieuse. On ne peut guère les juger d'ailleurs par le court
extrait que nous venons d'en donner, car beaucoup de ses arguments doivent être étudiés dans tous leurs détails, avant
qu'on puisse les apprécier à leur juste valeur. Selon moi, cependant, tout ce qu'on peut impartialement déduire des faits
qu'il avance, en leur donnant même toute la signification qu'il
leur attribue, c'est que les Phéniciens ont laissé des traces de
leur séjour en Norvège. Il faudrait d'autres preuves avant qu'il
soit possible de leur attribuer l'introduction du bronze dans ce
pays. Quant à la petitesse des mains, nous devons nous rappeler que les Hindous partagent cette particularité avec les Égyptiens; on peut donc aussi bien attribuer la civilisation de l'âge
du bronze aux Indo-Européens qu'aux Phéniciens.

Il y a, en outre, trois graves objections à faire à la théorie
défendue avec tant de talent par le professeur Nilsson. La première a trait au caractère de l'ornementation des armes et des
instruments en bronze. Cette ornementation consiste presque
toujours en dessins géométriques, et il est bien rare qu'on
trouve un seul spécimen orné de figures de plantes ou d'animaux, tandis que sur les boucliers, etc., décrits par Homère,
aussi bien que dans les décorations du temple de Salomon,
animaux et plantes sont constamment représentés. En second
lieu, le mode d'inhumation des Phéniciens différait absolument des coutumes suivies pendant l'âge du bronze; or, bien
que ceux qui attribuent la présence du bronze dans le nord et
dans l'ouest de l'Europe au commerce phénicien ne prétendent pas en conclure que la population de ces pays devint
phénicienne, cependant, dans ce cas, l'hypothèse explique la
présence du bronze mais non pas l'âge du bronze, car si l'usage
de ce métal est le caractère le plus frappant de cette période,
ce n'est pas le seul.

Enfin, les Phéniciens connaissaient parfaitement le fer. Les

guerriers d'Homère sont déjà pourvus d'armes en fer, et les
outils employés pour préparer les matériaux du temple de Salomon étaient aussi en fer. Il est remarquable qu'on ait trouvé
dans la Cornouailles si peu de traces d'un commerce ancien,
et nous devons regretter que nos musées ne possèdent que
quelques rares spécimens de l'art phénicien. Quand nos musées seront plus complets sous ce rapport, il y a tout lieu d'espérer que nous pourrons arriver à des conclusions plus exactes
sur le sujet qui nous occupe.

Il serait aussi fort important de pouvoir étudier la forme des
crânes; mais, grâce à la malheureuse habitude de brûler les
cadavres, habitude générale à cette époque, nous n'avons jusqu'à présent que bien peu de crânes à l'âge du bronze. En résumé, donc, quoiqu'il y ait des preuves suffisantes pour affirmer que l'emploi général d'armes et d'instruments en bronze
caractérise une époque bien définie dans l'histoire de l'huma-
nité, il n'en faut pas moins admettre que nous avons encore
beaucoup à apprendre sur cette phase intéressante du développement de la civilisation européenne et sur la race qui a
introduit le métal sur notre continent.

CHAPITRE IV

DE L'EMPLOI DE LA PIERRE DANS L'ANTIQUITÉ

Nous avons consacré les chapitres précédents à l'étude de l'âge du bronze. Nous allons nous occuper maintenant d'une époque plus reculée encore, alors que vivaient des hommes plus grossiers, époque à laquelle, pour d'excellentes raisons, les archéologues ont donné le nom d'âge de la pierre.

Si, par le nom d'âge de la pierre, nous voulons seulement indiquer l'époque pendant laquelle les métaux étaient inconnus, il faudra naturellement, comme nous l'avons déjà dit, la partager en deux grandes divisions :

1° La période du diluvium, que je propose d'appeler l'époque archéolithique, ou palæolithique ;

2° L'époque néolithique ou âge de la pierre plus récent, époque pendant laquelle les instruments en pierre sont plus habilement faits, d'une forme plus variée et souvent polis. Nous allons actuellement étudier cette dernière période, nous réservant d'examiner dans un chapitre subséquent la période plus ancienne.

La quantité considérable d'instruments en pierre qui se trouvent dans toutes les parties du monde, est, en elle-même, une preuve suffisante du rôle important que ces instruments ont joué dans l'antiquité. M. Herbst a bien voulu me communiquer la liste suivante des instruments en pierre et en os qui se trouvent au musée de Copenhague :

Haches et coins en silex	1070
Ciseaux larges	285
— — creux	270

Ciseaux étroits.	365
— — creux	33
Poignards	250
Pointes de lance	656
Pointes de flèche	171
Instruments en forme de demi-lune	205
Haches et haches-marteaux percés	746
Éclats de silex	300
Divers	489
	4840
Instruments grossiers en pierre, trouvés dans les kjökken-möddings	3678
Instruments en os	171
— trouvés dans les kjökkenmöddings . . .	109
	8798

Ces chiffres se rapportent à l'année 1864 et, si l'on compte les spécimens en double, ou les spécimens brisés, M. Herbst pense que le total s'élève à 11 000 ou 12 000. Il a eu aussi la bonté d'estimer, sur ma demande, le nombre des instruments qui se trouvent dans les musées de province et les galeries particulières ; il croit, en somme, pouvoir affirmer que les musées danois contiennent 30 000 instruments en pierre, auquel nombre il faut, en outre, ajouter les riches collections de Flensbourg et de Kiel, et les nombreux spécimens dont les archéologues danois ont généreusement enrichi les musées des autres pays : de telle sorte que presque tous les musées importants en Europe possèdent quelques instruments en pierre provenant du Danemark.

Le musée de l'Académie royale irlandaise contient près de 700 éclats de silex, 512 celts, plus de 400 pointes de flèche et 50 pointes de lance, outre 75 « racloirs » et nombre d'autres objets en pierre, tels que pierres de fronde, marteaux, pierres à aiguiser, meules, pierres à écraser le grain, etc. On estime aussi que le musée de Stockholm possède 15 000 ou 16 000 spécimens.

Et cependant l'existence même d'un âge de la pierre est ou a été dernièrement niée par quelques archéologues éminents. Ainsi M. Wright, le savant secrétaire de la Société Ethnologique, tout en admettant « qu'il a pu y avoir une époque pendant laquelle la société était dans un état si barbare, que les bâtons ou les pierres étaient les seuls instruments que l'homme sût se procurer », doute que « l'antiquaire ait encore pu prouver l'existence d'une semblable époque ». Et, quoique les chiffres ci-dessus cités soient suffisants pour prouver que, pendant une certaine époque, on employait la pierre à la fabrication de nombreux instruments que nous faisons actuellement en métal, ce n'est pas là cependant une explication concluante à donner à M. Wright, explication que d'ailleurs il ne repousserait pas entièrement. En outre, on ne peut mettre en doute que, dans les temps reculés, la pierre et le métal aient été employés en même temps, la première par les pauvres, le second par les riches.

Si nous considérons les difficultés que devait présenter, dans ces temps reculés, le travail des mines, les outils grossiers dont les hommes avaient à se servir, l'ignorance des méthodes ingénieuses qui facilitent si considérablement les opérations des mineurs modernes, et enfin les difficultés de transport, soit par terre, soit par eau, il est facile de comprendre que les instruments en bronze aient dû être fort dispendieux.

En outre, il s'ajoute à cette probabilité à priori de nombreuses preuves que la pierre et le bronze ont été employés en même temps. Ainsi, M. Bateman a examiné trente-sept tumuli contenant des objets en bronze, et, dans vingt-neuf d'entre eux, on a aussi trouvé des instruments en pierre. Au temps de la découverte de l'Amérique, les Mexicains, quoique connaissant parfaitement le bronze, employaient encore des éclats d'obsidienne pour en faire des couteaux et des rasoirs, et, après l'introduction même du fer, on employait encore la pierre à divers usages.

Il nous semble, cependant, y avoir assez de preuves pour que nous puissions affirmer, non seulement qu'il y a eu une époque « pendant laquelle la société était dans un état si barbare, que les bâtons ou les pierres » (auxquels il nous faut ajouter les cornes et les os) « étaient les seuls instruments que l'homme sût se procurer », mais encore que l'antiquaire a trouvé des preuves suffisantes pour démontrer l'existence de cette époque. Partie, tout au moins, de ces preuves se trouvera dans les pages suivantes ; et, quoiqu'il soit vrai que beaucoup d'entre elles se soient produites depuis que notre savant compatriote a publié l'ouvrage dont je viens de citer un passage, il a cependant, tout récemment encore, dans une conférence à Leeds, exprimé les mêmes opinions.

Ce que nous savons sur cette époque, provient surtout de quatre sources, que je me propose d'examiner dans les quatre chapitres suivants, c'est-à-dire : les tumuli, anciennes collines artificielles servant aux sépultures; les habitations lacustres de la Suisse; les kjökkemmöddings, ou amas de coquilles du Danemark, et les cavernes à ossements. Il y a, en outre, d'autres ruines fort intéressantes, telles, par exemple, que les anciennes fortifications, les « châteaux » et les « camps », qui surmontent un si grand nombre de nos collines, et les grandes lignes de digues, telles que la digue d'Offa et le Wansdyke. Il y a encore les prétendus cercles druidiques et les vestiges d'anciennes habitations; les « cercles de huttes », les « cloghauns », les « weems », les « maisons des Pictes », etc. La plupart de ces restes semblent toutefois appartenir à une époque plus récente; dans tous les cas, dans l'état actuel de nos connaissances, nous ne pouvons indiquer ceux qui appartiennent véritablement à l'âge de la pierre.

Quant aux matériaux, on peut dire que toutes les sortes de pierre, pourvu qu'elles fussent assez dures et assez résistantes, ont été employées, pendant l'âge de la pierre, à la fabrication des instruments. La magnifique collection de celts, à Dublin, a surtout été étudiée au point de vue minéralogique par le Rév. S. Haughton, et M. Wilde indique ainsi les résultats obtenus (1) :

« Le type des meilleures qualités de roches convenant à la fabrication des celts, dans la série extrême feldspathique des roches-trapp, est le pétrosilex d'un vert bleuâtre ou grisâtre, excepté quand la surface a été travaillée; la composition moyenne de ces roches est de 25 parties de quartz et 75 de felspar. Les caractères physiques sont : l'absence de dureté et l'existence d'une cassure conchoïdale en éclats presque aussi aigus que ceux du silex... A l'extrémité amphibolique des roches-trapp, nous trouvons le basalte, qui servait aussi à la fabrication des celts : le basalte est dur, lourd, les variétés siliceuses ont une cassure en éclats, mais il ne donne jamais un

_____
(1) Catalogue de l'Académie royale irlandaise, p. 72.

coupant aussi parfait que le précédent... Entre ces deux roches, nous trouvons toutes les variétés de felstone, d'ardoise et de porphyre rayé d'amphibole, qui ont servi à fabriquer la plus grande partie de ces instruments. »

On choisissait avec grand soin les meilleures espèces de pierre, même quand elles étaient fort rares. Une des preuves les plus frappantes de ce fait nous est fournie par les haches, etc., de jade. Ces instruments ne sont certainement pas communs, mais ils ne sont pas non plus très rares, car on en a retrouvé dans beaucoup de villages lacustres suisses et dans différentes parties de l'Italie, de la France, de l'Allemagne et de l'Angleterre, bien qu'on ne trouve le jade nulle part en Europe. Quelques archéologues ont supposé qu'on pouvait l'extraire du conglomété connu en Suisse sous le nom de « nagelflue », mais les recherches les plus minutieuses n'ont pas confirmé cette opinion (1). Je ne prétends pas dire qu'il soit prouvé que ces haches de jade viennent de l'Orient; mais il n'en est pas moins vrai qu'on n'a pas encore découvert ce minéral dans aucune localité européenne, et il est parfaitement possible que ces haches aient passé de main en main, de tribu à tribu, au moyen d'échanges. On peut citer d'autres faits similaires. Ainsi, MM. Squier et Davis relatent que, dans les tumuli de la vallée du Mississippi, on trouve « côte à côte, dans les mêmes tombes, du cuivre natif provenant du lac Supérieur, du mica provenant des monts Alleghany, des coquillages du golfe, et de l'obsidienne (peut-être du porphyre) de Mexico. » On trouve, à 1 000 milles des côtes habitées par cet animal, des dessins représentant admirablement la vache marine ou manatée, et on a découvert, dans les tumuli qui entourent les grands lacs, des coquilles du grand *Pyrula perversa* tropical, c'est-à-dire à 2 000 milles de son habitation.

Toutefois, le silex semble avoir été la pierre le plus communément employée en Europe, et cette pierre a eu sur notre civilisation plus d'influence qu'on ne le croit ordinairement. Le silex a, pour les sauvages, une grande valeur, à cause de

(1) Voir Damour, *Comptes rendus*, 1865, p. 359. Fellenberg, *Soc. des sciences naturelles de Berne*, 1865. Fischer, *Archiv. f. anthropologie*, 1867, p. 337.

sa dureté et de son mode de fracture tel que, avec un peu de pratique, on peut détailler, sous quelque forme que l'on désire, un bloc de bonne qualité.

Dans bien des cas, les blocs et les cailloux de silex trouvés sur le sol servaient à la fabrication des instruments; bien des fois aussi, on se livrait à de grands travaux pour se procurer du silex de bonne qualité. La récente exploration faite par M. Greenwell (1), avec la permission de M. Angerstein, des prétendus tombeaux de Grimes, auprès de Brandon, le prouve surabondamment. Les archéologues différaient entièrement d'opinion quant à la véritable nature de ces tombeaux, mais la question vient d'être résolue par M. Greenwell qui a prouvé que c'étaient des excavations faites dans la craie dans le but de se procurer des silex. Ces tombeaux sont des puits peu profonds, au nombre de 254, variant en diamètre de 20 à 60 pieds, placés irrégulièrement, ordinairement à 25 pieds de distance l'un de l'autre, et occupant une superficie de plus de 20 acres. Quoique comparativement fort peu profonds aujourd'hui, M. Greenwell a prouvé que ces puits avaient, dans l'origine, une profondeur de 39 pieds, et que là commençaient des galeries communiquant souvent les unes avec les autres. A l'orient des puits se trouve une élévation provenant probablement de la craie retirée du premier puits; on rejetait ensuite la terre dans celui qui venait d'être épuisé, et on le remplissait ainsi presque jusqu'à la surface. Comme d'ordinaire dans la craie supérieure, le silex se trouve disposé en couches qui diffèrent en qualité tout en gardant le même caractère sur une grande surface. En outre, comme M. Flower l'a fait si bien remarquer (2), Brandon « quoique situé dans un district sauvage et stérile a évidemment été un lieu fort populeux dès une époque fort reculée, circonstance qu'on ne peut attribuer qu'à l'abondance et à la bonne qualité du silex qu'on y trouvait ». Les instruments paléolithiques abondent dans les graviers du diluvium, la surface du sol est couverte d'éclats de silex et de fragments d'instruments en silex et c'est aujourd'hui le seul endroit en Angleterre où l'on fabrique encore des pierres

(1) *Trans. Eth. Soc.*, 1870, p. 419.
(2) *Trans. Eth. Soc.*, 1870, p. 437.

à fusil. Une couche particulière de silex remplit admirablement ce but, à cause de sa dureté et de la finesse de son grain, tandis qu'une autre couche, moins propre à la fabrication de la pierre à fusil, est connue sous le nom de pierre à bâtir, parce qu'elle est beaucoup employée pour les constructions. Or il est fort intéressant de voir que, même dans ces temps si reculés, les avantages de la couche des pierres à fusil étaient bien connus et fort appréciés; car, bien que le silex abonde à la surface, les hommes de l'âge de la pierre creusèrent plus profondément que la couche de pierres à bâtir qui se trouve à une profondeur de 19 pieds 1/2, et allèrent jusqu'à la couche de pierres à fusil qui, en ce même lieu, se trouve à une profondeur de 39 pieds, quoique à environ un mille au sud-ouest, où cette couche est maintenant exploitée, elle soit beaucoup moins éloignée de la surface.

Aujourd'hui les ouvriers creusent la craie au-dessus et au-dessous de la couche de silex; mais, dans les galeries antiques, probablement à cause de la grande difficulté qu'on avait à élever les matériaux, la craie est intacte au-dessous de la couche de silex. Les outils dont on se servait pour faire ces excavations étaient en corne de cerf; on employait une seule pointe. Ainsi taillé, un bois de cerf ressemble beaucoup à un pic moderne, mais il s'use facilement; c'est ce qui explique le grand nombre d'outils usés que M. Greenwell a retrouvés dans les décombres.

A un endroit, le plafond de la galerie s'était écroulé. En enlevant la craie qui avait encombré le passage, on aperçut l'extrémité de cette galerie. On avait creusé le silex dans trois endroits et, en avant, tournés vers la pierre à moitié enlevée, on retrouva deux pics en bois de cerf posés à l'endroit où on les avait laissés, encore recouverts de poussière de craie sur laquelle était parfaitement visible la main de l'ouvrier. Évidemment ces outils avaient été abandonnés là à la fin du travail de la journée; pendant la nuit, la galerie s'était écroulée et jamais on n'avait été les chercher.

« Ce fut un spectacle imposant, dit M. Greenwell, un de ces spectacles que l'on n'oublie jamais, que de considérer après 3000 ans peut-être, un ouvrage inachevé, avec les outils des ouvriers reposant encore à l'endroit où ils avaient été laissés il y a tant de siècles. »

On a trouvé des pics semblables en bois de cerf dans d'autres
localités où on a creusé la craie pour y chercher des silex, et
aussi en Cornouailles dans une mine d'étain (1). Près de
Spiennes, en Belgique, se trouvent aussi des carrières de silex
consistant en un système de puits et de galeries semblables à
celui des tombes de Grimes. Ces carrières ont été décrites par
MM. Briard, Cornet, et Touzeau de Lehaie (2), qui y ont
trouvé de nombreux outils en corne de cerf; mais ces outils
n'ont pas le même caractère que ceux de Grimes et ressemblent
plutôt à des marteaux.

Outre les pics en corne de cerf, on a découvert aussi à Grimes
quelques outils en silex affectant la forme d'une herminette et
une petite hache en basalte ressemblant à celle représentée
par la figure 97, mais avec un côté coupant oblique dont on a
retrouvé les marques distinctes sur les côtés de la galerie, ce
qui prouve que l'on s'en est servi pour creuser la craie.

Il était important, nous l'avons déjà dit, pour la fabrication
des instruments en silex, de se procurer du silex de bonne
qualité, sans cassures, sans défauts, et d'un accès facile. Aussi
les endroits qui remplissaient ces conditions étaient-ils particulièrement fréquentés dans l'antiquité, et ces lieux favorisés
approvisionnaient des districts tout entiers. Le docteur Léveillé
a découvert à Pressigny-le-Grand, en France, à peu près à
moitié chemin entre Tours et Poitiers, une des plus remarquables de ces manufactures. On trouve là, en grande abondance, de bon silex, couleur de miel, dont le grain est égal,
quoique un peu grossier. Ce silex a été très employé dans l'antiquité; les champs environnants sont couverts de rognons,
d'éclats, etc., et on a retrouvé dans différentes parties de la
France, et même en Belgique, des instruments fabriqués en
cet endroit, car on les reconnaît facilement à leur couleur particulière. Je possède dans ma collection un bloc de silex de
Pressigny auquel on a enlevé un éclat de plus de douze pouces
de longueur. Les gros rognons qui, à cause de leur forme, sont
connus sous le nom de « livres de beurre », ont soulevé de
vives discussions. Ils ont ordinairement de huit à dix pouces

(1) Voir, par exemple, *Rep. of the Roy. Inst. of Cornwall*. 1871. p. 22.
(2) *Mém. de la Soc. des sciences, des arts, etc., du Hainaut*, 1866-67.

de longueur et ressemblent assez à un bateau, une des extrémités étant fort large et l'autre se terminant en pointe. On a obtenu cette forme par une succession de coups latéraux portés à angle droit sur l'axe le plus long, et ordinairement quelques éclats ont été enlevés.

A première vue, ils suggèrent certainement l'idée qu'ils sont dans le premier état de fabrication et sont destinés à faire de grandes haches ou quelque instrument semblable ; leur forme même a fait penser qu'ils pouvaient servir de socs de charrue. Mais, en en comparant un grand nombre, — et j'ai eu occasion d'en examiner plusieurs centaines, — on observe qu'on ne rencontre jamais de spécimens dans un état de fabrication plus avancé, ce qui devrait être si cette hypothèse est correcte. Quelques-uns, en outre, ont des dépressions qui en réduisent de beaucoup l'épaisseur. Ces dépressions les affaiblissent tant que ces spécimens seraient impropres à la fabrication d'instruments ; on n'aurait donc certainement pas choisi des silex ayant cette forme, si on avait eu besoin d'une certaine force de résistance. D'un autre côté, ces irrégularités ne devaient offrir aucun désavantage si les « livres de beurre » étaient des rognons, préparés avec un certain soin, pour fournir des éclats longs et réguliers. On recherchait beaucoup, pendant l'âge de la pierre, les longs éclats de silex pour la fabrication des pointes de lance, etc., et ces « livres de beurre » paraisssent avoir été les rognons, ou pierres massives, d'où on les tirait en grande quantité.

Bien des éclats n'étaient certainement pas propres à faire des couteaux, mais on en fabriquait des scies, des poinçons ou des pointes de flèche. Un grand nombre de sauvages, aujourd'hui encore, emploient le silex de cette façon, et les Mexicains, au temps de Cortez, se servaient de fragments d'obsidienne absolument semblables.

Les opérations des fabricants modernes de pierres à fusil nous font facilement comprendre la fabrication des instruments en silex ; ces opérations offrent beaucoup d'intérêt.

Si l'on frappe, avec un marteau arrondi, la surface plane d'un silex, on produit une cassure conoïde dont la grandeur dépend en grande partie de la forme du marteau. La surface de cassure se propage à travers le silex dans une direction divergente, et embrasse ainsi un cône dont l'apex se trouve au

point frappé par le marteau; on peut ensuite détacher facilement cet éclat de la masse. On trouve souvent des cônes de
silex formés de cette façon, dans les tas de cailloux destinés à

FIG. 81.   FIG. 82.   FIG. 83.   FIG. 84.

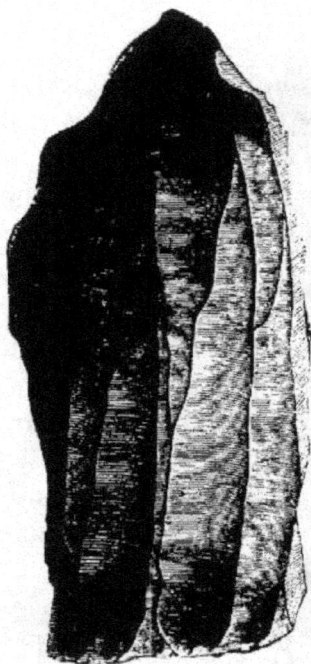

Rognon de silex.

Éclats de silex. — Danemark.

réparer les routes, et bien souvent, sans doute, on les a pris
pour des moules de coquillages fossiles.

Si, au lieu de frapper sur la surface plane, on porte le coup
à l'angle d'un silex plus ou moins carré, la cassure est d'abord
semi-conoïde, ou tout au moins affecte cette forme, mais, après

s'être un peu propagée dans la même direction, elle devient plate et l'on peut la continuer pendant près de 10 pouces; on obtient ainsi un éclat ressemblant à une lame (fig. 82-89), avec une section transversale triangulaire (fig. 90). Aussi, un éclat parfait de silex présente-t-il toujours une petite bulbe, ou projection (fig. 83 a) au gros bout, du côté plat; on a appelé cette projection, la bulbe, ou cône de percussion. Après avoir ainsi enlevé par éclats les quatre angles primitifs d'un bloc carré, on peut traiter de la même manière les huit angles nouveaux et ainsi de suite. La figure 81 représente un bloc ou « rognon », sur lequel on a ainsi enlevé des éclats. Les figures 82-84 représentent un éclat très grand, trouvé à Fannerup dans le Jutland, moitié de grandeur naturelle. La bulbe est représentée en a. fig. 83 et 84; cet éclat a été travaillé en pointe à une de ses extrémités.

L'éclat de silex le plus grand que je connaisse est décrit par M. de Caneto dans la *Revue de Gascogne*, année 1865. On l'a trouvé dans la commune de Pauilhac. il a 13 pouces 1/2 de longueur.

La figure 85 représente un éclat affectant la forme d'une

Fig. 85.

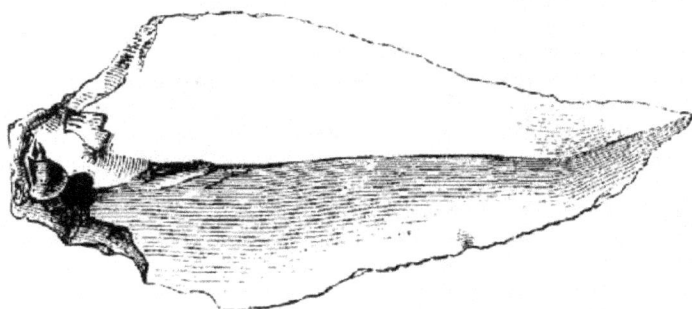

Éclat en forme de pointe de flèche. — Irlande.

pointe de flèche, trouvé en Irlande; le gros bout a été enlevé, probablement pour pouvoir l'adapter à un manche ou à une tige.

Les figures 86-89 représentent de petits éclats danois; on trouve des éclats semblables dans tous les pays où les anciens habitants pouvaient se procurer du silex ou de l'obsidienne. Nous voyons dans la figure 86 qu'on avait déjà enlevé un autre

éclat sur le même bloc. Les figures 86 et 88 représentent des
éclats dont la pointe a été brisée : on peut remarquer sur toute

Fig. 86.   Fig. 87.   Fig. 88.   Fig. 89.

Éclats de silex. — Danemark.

leur longueur la dépression causée par l'enlèvement d'un autre
éclat. La section d'un tel éclat n'est donc pas triangulaire comme

Fig. 90.

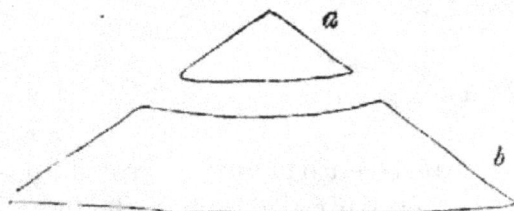

Coupe des éclats.

dans la figure 90 *a*, mais a quatre faces comme dans la figure
90 *b*. Quelquefois, mais assez rarement, on trouve des éclats
fort larges et faits de telle façon qu'ils comprennent la section

comprise par deux éclats enlevés précédemment, tel, par exemple, celui représenté par la figure 89. Dans ce cas, la section est pentagonale; la surface inférieure plate reste toujours la même, mais le côté supérieur porte quatre facettes.

Il peut sembler très facile de faire de semblables éclats; cependant quelques expériences convaincront quiconque voudra essayer, qu'il faut une certaine habileté et qu'il faut choisir le silex avec beaucoup de soin. Il est donc évident que ces éclats de silex, quelque grossiers qu'ils puissent paraître, sont toujours l'ouvrage de l'homme. Pour faire un éclat, il faut tenir fermement le silex, puis exercer une force considérable, soit par la pression, soit par la percussion; les coups doivent être répétés trois ou quatre fois, mais au moins trois fois, et portés

Fig. 91.

Couteau. — Amérique Septentrionale.

dans certaines directions, quelque peu différentes, avec une certaine force définie; ces conditions ne pourront se présenter que fort rarement dans la nature : aussi, quelque simples que puissent paraître ces éclats à quiconque ne les a pas étudiés avec soin, un éclat de silex est-il, pour l'antiquaire, une preuve aussi certaine de la présence de l'homme que l'étaient, pour Robinson Crusoé, les traces de pas empreintes dans le sable.

A peine est-il nécessaire d'ajouter que les éclats ont, de chaque côté, un bord très coupant; aussi pouvait-on en faire immédiatement des couteaux ressemblant à celui de la figure 91, qui représente un couteau américain à deux lames; quelques archéologues leur ont même donné ce nom, mais je pense qu'il vaut mieux les appeler simplement éclats et réserver le nom de couteau aux instruments fabriqués plus spécialement pour couper.

La figure 92, copie d'un dessin de M. Baines (1), représente

(1) Voir *Geol. and Nat. Hist. Repertory*, n° 13, mai 1866.

un Australien fabricant de grossiers éclats. La figure 93 représente un éclat de silex australien et la figure 94 un éclat du
Cap de Bonne-Espérance. Les figures 95 et 96 représentent une
javeline de la Nouvelle-Calédonie dont un éclat d'obsidienne
forme la pointe.

Quelques vieux auteurs espagnols écrivant au Mexique nous
décrivent la méthode employée par les Aztèques pour se pro-

FIG. 92.

Australiens faisant des armes en silex.

curer des éclats d'obsidienne. Torquemada, dont les assertions
sont confirmées par Hernandez, nous dit — je cite d'après le
Anahuac de M. Taylor : « Ils avaient et ils ont encore des ouvriers qui fabriquent des conteaux en se servant de certains
blocs de pierre ou de silex (obsidienne), et il est fort curieux
de les voir faire ; aussi ne saurait-on trop louer l'ingéniosité
qui a donné naissance à cet art. Ils fabriquent les couteaux en
pierre de la façon suivante (si toutefois on peut l'expliquer) :
Un de ces ouvriers indiens s'assied sur le sol et prend un morceau de cette pierre noire, qui ressemble au jais et qui est aussi

dure que le silex; on pourrait presque l'appeler une pierre pré-
cieuse, car elle est plus belle, plus brillante
que l'albâtre ou le jaspe, tant et si bien qu'on
en fait des tablettes et des miroirs. Le morceau qu'ils travaillent a environ huit pouces
de longueur, est cylindrique et sa grosseur
est à peu près celle de la jambe d'un homme.
Ils prennent alors un bâton gros comme le
bois d'une lance et d'une longueur de trois
coudées et à une des ex-
trémités ils attachent une
pièce de bois de huit pouces
de longueur, pour donner
plus de poids à cette partie. Ils saisissent entre

Fig. 95.   Fig. 95.
b   c

Fig. 93.

Fig. 94.

Section.

6.th

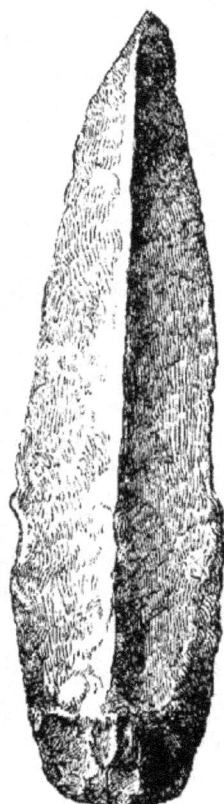

Éclat de silex.
Australie.

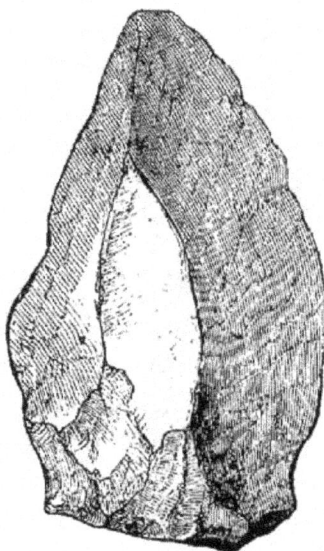

Éclat de silex.
Cap de Bonne-Espérance.

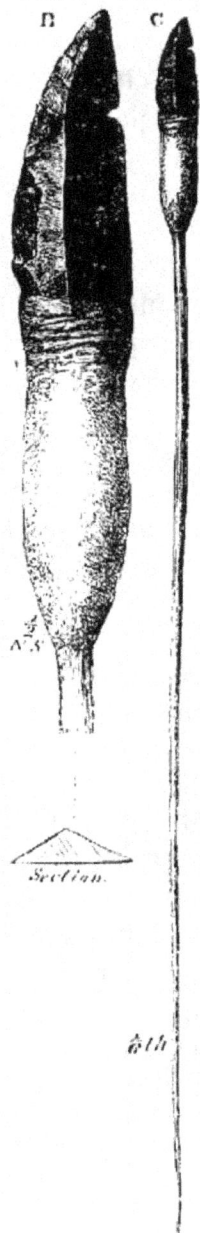

Javeline. — Nouvelle-
Calédonie.

leurs pieds nus la pierre qui se trouve fixée comme dans une

paire de pinces ou un étau de charpentier. Se servant alors
du bâton poli à son extrémité, ils le saisissent à deux mains
et l'appuient contre le bord de la pierre (*y ponenlo aresar con el
canto de la frente de la piedra*) qu'ils ont planée à cet endroit,
puis ils placent l'autre extrémité du bâton contre leur poitrine
et, par une pression vigoureuse, obtiennent un couteau aussi
net que si on l'avait découpé dans un navet avec un instrument bien tranchant. Ils l'aiguisent ensuite sur une pierre et
le repassent sur un os. Ces ouvriers font vingt couteaux de la
sorte en fort peu de temps. Ces couteaux affectent la forme
d'une lancette de chirurgien si ce n'est qu'il présente une courbe
gracieuse vers l'extrémité (1). »

Il semble donc établi que les éclats d'obsidienne s'obtenaient,
non pas par des coups répétés portés sur la pierre, mais par
une forte pression; c'est d'ailleurs, selon la description que
nous en fait Sir E. Belcher (2), le moyen qu'emploient les Esquimaux pour fabriquer leurs instruments en pétrosilex. « Ils
choisissent, dit-il, un morceau de bois dans lequel ils font une
cavité en forme de cuiller, ils placent dans cette cavité le bloc
qu'ils veulent travailler et, en pressant doucement et vertical-
ment sur le bord, tantôt d'un côté, tantôt de l'autre, ils enlèvent
des éclats jusqu'à ce que la pierre prenne la forme d'une pointe
de flèche ou de lance, avec deux arêtes dentelées. » Le lieutenant
Beckwith décrit de la même façon le mode de fabrication employé par les Indiens de l'Amérique septentrionale (3).

Après les éclats de silex, les haches, les coins et les celts sont
les instruments qui présentent peut-être le plus d'importance.
Les plus grands et les plus beaux spécimens se trouvent au Danemark. Je possède une hache, faite en magnifique silex blanc,
qui a 13 pouces de long, 1 pouce et demi d'épaisseur et 3 pouces
et demi de largeur. Les haches du Seeland ont très souvent, le
plus ordinairement même, des côtés perpendiculaires; dans le
Jutland, les côtés sont obliques, et l'on retrouve cette dernière
forme dans presque tous les autres pays du nord-ouest de l'Europe. En Suisse, cependant, les haches qui sont beaucoup plus

(1) Torquemada, *Monarquia Italiana*. Séville, 1615.
(2) *Trans. of the Ethnological Soc.*, nouvelle série, vol. I, p. 138.
(3) *Report of the Explorations and Surveys of the Pacific Railroad*, 1855,
vol. II, p. 43.

petites que celles du Danemark ont des côtés perpendiculaires
(fig. 164). Les figures 97 et 98 représentent des formes, qui,
quoique rares dans le Seeland, sont communes dans les autres

Fig. 99.

Fig. 97.

Celt en pierre
emmanche.

Fig. 9°.

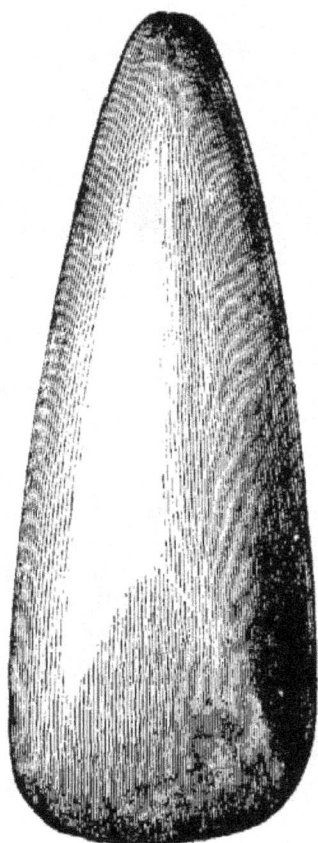

Haches en pierre. — Irlande.

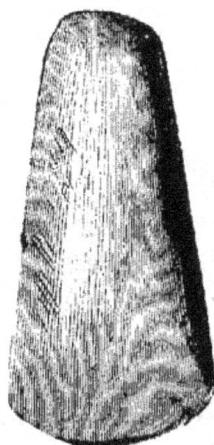

parties de l'Europe. Les haches trouvées au Danemark sont
quelquefois polies, mais presque aussi souvent rugueuses. Dans
les autres parties du nord-ouest de l'Europe, au contraire, les
haches ont ordinairement une surface plus ou moins polie. Il
est évident qu'elles étaient pourvues de manches en bois, comme

l'indiquent, dans beaucoup de spécimens, des endroits plus polis produits par la friction du manche. Presque toujours le manche a depuis longtemps disparu, on en a cependant retrouvé quelques-uns. La figure 99 représente une hachette en pierre, trouvée il y a quelques années dans le comté de Monaghan; le manche est en sapin et a 13 pouces et demi de longueur.

La figure 100 représente une autre hache en pierre avec son manche; on a trouvé ce spécimen à Concise sur le lac de Neuchâtel; il ressemble beaucoup à la hache africaine moderne (fig. 20). Dans ce dernier cas, cependant, la hache est en fer. On observera que le spécimen suisse diffère des deux autres en

FIG. 100.

Hache en pierre. — Suisse.

ce qu'il comporte un morceau intermédiaire en corne. Ces socles en corne sont très nombreux dans quelques villages lacustres de la Suisse, à Concise par exemple, tandis qu'autre part, comme à Wangen, bien qu'on ait trouvé quantité de haches, on n'a découvert aucun de ces socles.

Pour nous qui sommes accoutumés à l'usage des métaux, il nous semble difficile de croire qu'on ait jamais pu se servir de semblables outils; nous savons, cependant, que bien des sauvages, aujourd'hui même, n'en ont pas de meilleurs, et qu'avec de semblables haches, en s'aidant ordinairement du feu, ils coupent de grands arbres et les creusent pour en faire des canots. La forme des entailles, sur les pilotis employés dans les habitations lacustres de l'âge de la pierre en Suisse, prouve clairement que ces pilotis ont été façonnés avec des haches en pierre; on a, en outre, retrouvé, dans les tourbières du Dane-

mark, plusieurs arbres portant les marques de haches en pierre
et du feu et, dans un ou deux cas, des celts en pierre auprès de
ces arbres.

Dans les excavations connues sous le nom de tombeaux de
Grimes on a retrouvé, comme nous l'avons déjà dit (*ante*, p. 2)
une petite hache en basalte qui a évidemment servi à creuser
la galerie, car les marques de cette hache sont encore distinctement visibles sur les murs.

Les Indiens de l'Amérique septentrionale se servent du tomahawk pour écraser les os afin d'en tirer la moelle (1) et il
est très probable que les anciennes haches en pierre servaient
aussi au même usage.

Dans bien des cas, les haches elles-mêmes portent la trace
d'un long usage. Par exemple, le spécimen représenté dans les
figures 101 et 102 a dû être beaucoup plus long et avoir eu les
les côtés unis. Mais le coupant, ayant été détruit par l'usage, a
été retaillé à nouveau, repoli, et la nouvelle surface va rejoindre l'ancienne en *a*. Le coupant a été détruit une seconde
fois et le propriétaire de la hache, comme on peut le voir dans
la figure 102, avait commencé à en faire un autre.

Les haches en pierre servaient d'armes de guerre; c'est non
seulement une probabilité à priori, mais, ce qui le prouve
aussi, c'est qu'on les trouve fréquemment dans les tombeaux
des chefs, à côté de dagues en bronze. Vers l'an 1809, un fer-
mier détruisit, dans le Kircudbrightshire, un large amas de
pierres que la tradition populaire assignait comme tombeau à
un certain roi Aldus M' Galdus. « Quand le tas de pierres eut
été enlevé, les ouvriers trouvèrent un cercueil en pierre, très
grossièrement fait, et, le couvercle de ce cercueil enlevé, on
trouva le squelette d'un homme d'une taille extraordinaire. Les
os étaient dans un tel état de décomposition que les côtes et
les vertèbres tombèrent en poussière quand on essaya de les
soulever. Les autres ossements étaient un peu moins décom-
posés, et l'on s'aperçut qu'un des bras avait presque été séparé
du tronc par un coup de hache en pierre, car un morceau de
cette hache s'était brisé et était resté emboîté dans l'os. Cette
hache était en diorite, substance qui ne se trouve pas dans

_____

(1) James, *Expedition to the Rocky Mountains*, vol. I, p. 193.

cette partie de l'Écosse. Dans le cercueil se trouvait aussi une balle en silex, ayant environ trois pouces de diamètre, parfaitement ronde et admirablement polie, une pointe de flèche, aussi en silex, mais pas un seul morceau de métal (1). »

Nous savons aussi que les Indiens de l'Amérique septentrionale emploient la hache en pierre ou tomahawk non seulement comme un outil, mais aussi comme un arme à jet. Ils le

FIG. 101.   FIG. 102.

Haches. — Danemark.

tiennent à la main pour frapper ou le lancent sur leurs adversaires (2).

Il existe une autre classe de hachettes en pierre, celles percées d'un trou pour recevoir le manche. La nature même du silex empêche de se servir de cette matière pour les fabriquer; aussi sont-elles excessivement rares. Il y a deux de ces hachettes au musée de Copenhague, pour lesquelles l'ouvrier a

(1) New statist. Acc. Kirkcudbrightshire, vol. IV, p. 332. Cité par Wilson, dans les Prehist. Ann. of Scotland, 2e édit., vol. I, p. 187.
(2) Colden, History of the Fire Nations, vol. I, p. 10.

ingénieusement tiré parti d'un trou naturel dans le morceau
de silex qu'il employait. Toutefois il est possible de percer
un trou dans beaucoup d'espèces de pierres dures en se servant d'un cylindre en os, ou en corne, avec un peu de sable et
d'eau. Il est fort douteux, cependant, que cette classe d'instruments appartienne véritablement à l'âge de la pierre. Ces
haches percées se trouvent ordinairement dans les tombeaux

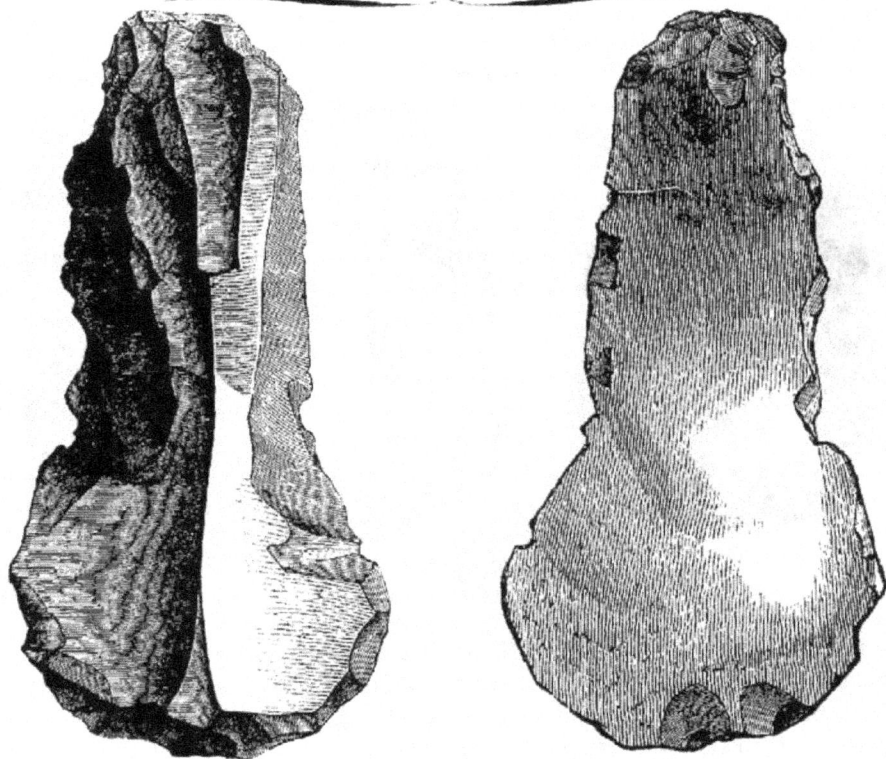

Fig. 103.

Fig. 104.

Racloir.

de la période de l'âge du bronze, et il est très probable que ce
mode d'emmanchement était fort rarement employé, s'il l'était
jamais, avant que la découverte du métal ne rendît ce procédé
beaucoup plus facile qu'il ne pouvait l'être auparavant.

Les « racloirs » (fig. 103, 104) sont des pierres oblongues, arrondies à une extrémité, et amenées à cette forme par une série de petits coups. L'un des côtés est plat, l'autre, ou côté extérieur, est plus ou moins convexe; quelquefois ils ont un

manche court, ce qui les fait beaucoup ressembler à une cuiller. On a trouvé ces instruments en Angleterre, en France, au Danemark, en Irlande, en Suisse et dans d'autres pays. Ils ont de 1 à 4 pouces de longueur et de 1 pouce 1/2 à 2 pouces de largeur. Les figures 105-107 représentent un racloir esquimau moderne. Ces spécimens modernes ont une forme *identique* à celle des anciens.

J'ai donné aux petites « haches » triangulaires fig. 108-110, qui se trouvent surtout dans les kjökkenmöddings et les dé-

Fig. 105.   Fig. 106.   Fig. 107.

Racloir esquimau.

pôts sur les côtes, le nom de haches, d'après lequel on les désigne ordinairement, mais sans vouloir préjuger la question de leur usage. Ces haches sont plates d'un côté et plus ou moins convexes de l'autre; elles sont grossièrement triangulaires ou quadrangulaires, et le côté coupant est à l'extrémité la plus large; elles ont de 2 pouces 1/2 à 5 pouces 1/2 de longueur, et de 1 pouce 1/2 à 2 pouces 1/2 de largeur. Elles ne sont jamais polies et le coupant, quoique peu aigu, est très fort, formé qu'il est par un plan joignant le côté plat sous un angle très obtus. Le professeur Steenstrup ne croit pas que ces instruments curieux et particuliers aient été destinés à servir de haches; selon lui, c'étaient plutôt des poids pour les lignes à pêcher, et, à l'appui de cette assertion, il cite quelques objets

en pierres, *presque* semblables, que les Esquimaux emploient
pour cet usage. Le soi-disant côté aigu n'a, toujours selon
lui, jamais pu être employé à trancher, et il n'y voit que le résultat de la forme la plus utile aux pêcheurs. Il appelle
aussi l'attention sur les facettes polies, qui se voient à leur
surface, ce qu'il regarde comme une preuve de ce qu'il avance.

Il faut certainement admettre que beaucoup de ces « haches »
n'ont jamais pu servir à trancher, mais on peut regarder celles-

FIG. 108.   FIG. 109.   FIG. 110.

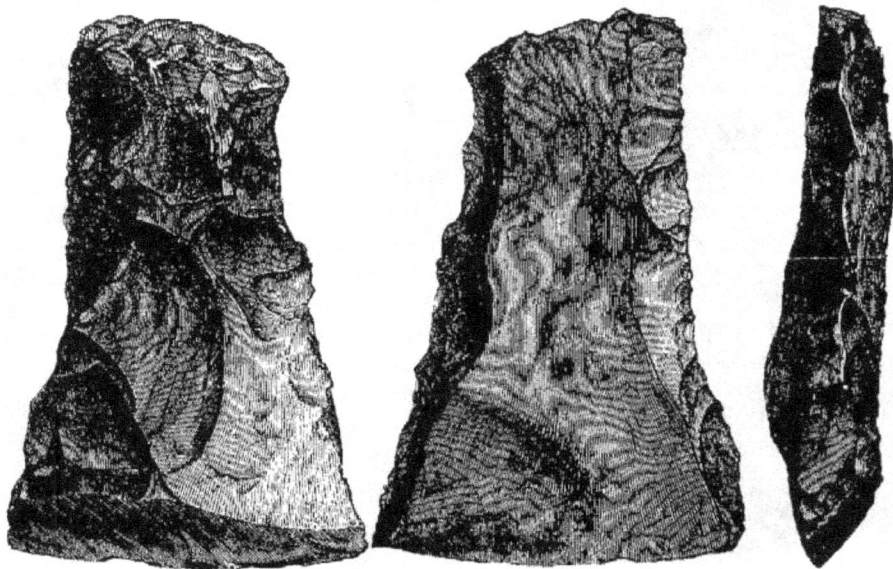

Hache. — Danemark.

là comme des spécimens imparfaits. Il est vrai que les deux
surfaces constituant le coupant forment, en se rencontrant, un
angle très obtus, mais il faut se rappeler aussi que, si cette
forme nuit au tranchant, elle ajoute beaucoup à la résistance.
En outre, cet angle est presque exactement le même que celui
que nous trouvons dans les haches employées par les habitants de la Nouvelle-Zélande et les indigènes des îles de la mer
du Sud. Les figures 111-113 représentent une hache moderne,
apportée de la Nouvelle-Zélande, par le Rév. R. Taylor, et dé-
posée au British Museum ; elle ressemble beaucoup aux haches
types des kjökkenmöddings et il est intéressant de noter que

des outils très similaires ont été découverts dans les amas de coquilles au Japon. Le coupant, il est vrai, est poli, mais, après tout, il n'est pas plus uni que la cassure naturelle du silex. La projection qui se trouve sous les spécimens danois (fig. 110) est accidentelle, et due à quelque particularité du silex. Cette surface est ordinairement aussi plate dans les spécimens danois que dans ceux de la Nouvelle-Zélande.

FIG. 111.   FIG. 112.   FIG. 113.

Hache. — Nouvelle-Zélande.

Les *ciseaux* ressemblent aux haches danoises par leurs côtés perpendiculaires, mais ils sont plus étroits et presque toujours polis. Un grand nombre de ces outils sont légèrement creusés d'un côté comme dans la figure 114.

Il existe un curieux instrument plat, semi-circulaire, commun au Danemark, mais qu'on a très rarement trouvé en Grande-Bretagne, en France ou en Italie. Le bord convexe était certainement fixé à un manche en bois, car, dans beaucoup de spécimens, les marques de ce manche sont encore visibles. L'autre bord, qui est droit ou concave, est ordinairement pourvu d'un certain nombre de dents, ce qui le fait ressem-

bler à une scie. Dans quelques cas, ce côté est tellement usé
que l'instrument affecte la forme d'un croissant. Ce côté est
souvent tout à fait poli, évidemment par une friction continue

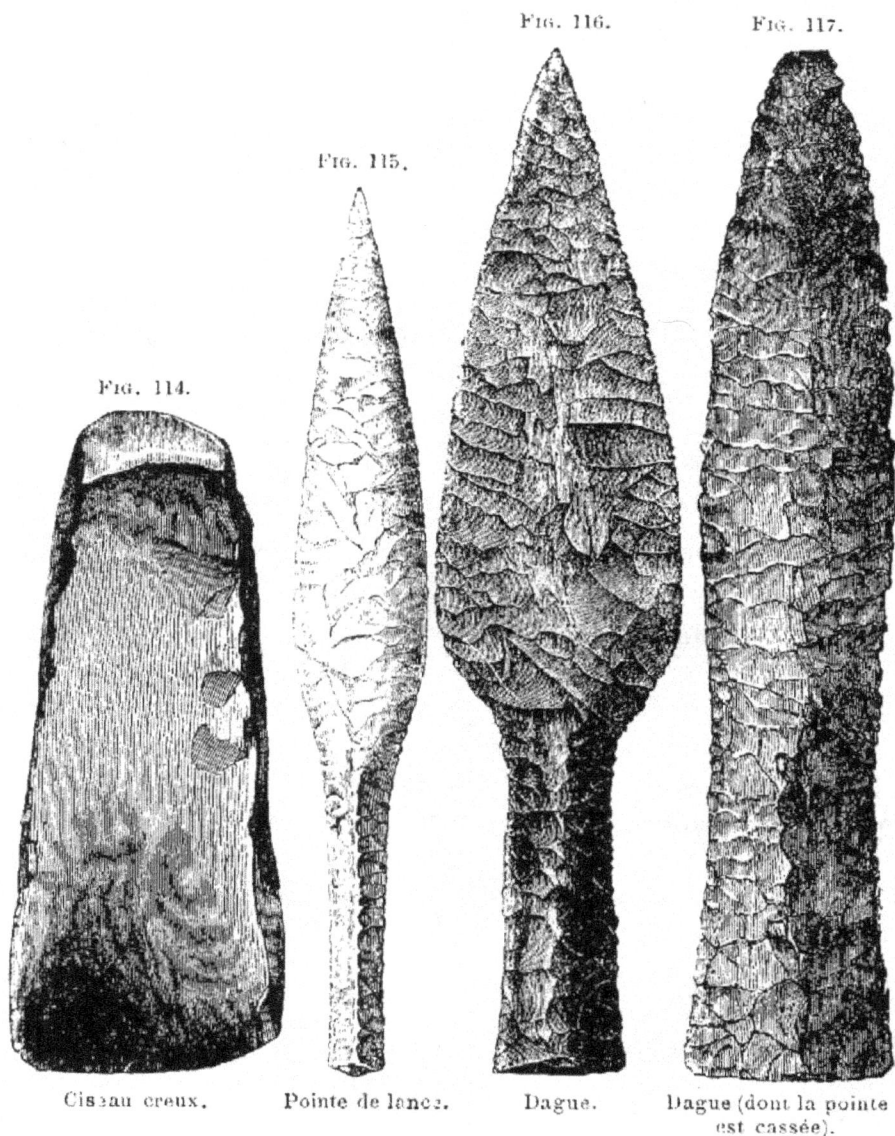

Fig. 114.   Fig. 115.   Fig. 116.   Fig. 117.

Ciseau creux.   Pointe de lance.   Dague.   Dague (dont la pointe
est cassée).

contre une substance molle, parce que la partie polie se remarque des deux côtés de l'instrument, et même entre les
dents de la scie, ce qui n'arriverait pas s'il avait été employé
sur une substance dure. Il est probable que ces instruments

semi-circulaires étaient fixés dans des manches en bois et employés au nettoyage des peaux. Les femmes Esquimaux se servent d'instruments semblables en guise de couteaux et leur donnent le nom d'*ooloos*. Peut-être, serait-il bon de désigner sous ce terme les anciens spécimens danois?

Les « poinçons » sont de grossiers morceaux de silex, ou des éclats appointis à un endroit, par un grand nombre de petits coups (fig. 172). Ils sont assez forts sans être très pointus.

Les *pointes de lance* (fig. 115) varient beaucoup comme grandeur et comme forme; quelques-unes se distinguent à peine des pointes de flèche, d'autres sont beaucoup plus grandes. Les unes sont si grossières qu'il est probable qu'elles sont inachevées, les autres, au contraire, sont des spécimens merveilleux de l'art antique. J'en possède une qui a 12 pouces de long sur 1 pouce 1/2 de large et qui est admirablement travaillée. On l'a trouvée avec cinq autres dans un grand tumulus de l'île de Moen.

Les *dagues* (fig. 116) sont aussi des merveilles d'habileté dans l'art de travailler le silex. Leur forme est si parfaitement identique avec celles des dagues en métal, que quelques antiquaires pensent qu'elles sont des copies de dagues en bronze et qu'elles n'appartiennent pas à l'âge de la pierre. Les endroits où on les a trouvées ne confirment cependant pas cette hypothèse. Il y a une autre arme en silex (fig. 117), commune au Danemark, ayant un manche comme les dagues, mais au lieu d'une lame, elle se termine en pointe et suggère l'idée que si la pointe de la dague avait été accidentellement brisée, le reste de l'arme eût pu être transformé en poignard. Il faut remarquer dans ces deux classes d'objets les côtés du manche qui sont très curieux.

Les *pierres de fronde* sont de deux sortes. Les premières sont simplement de grossiers morceaux de silex réduits par quelques coups de marteau à une grosseur et à une forme convenables. N'étaient les endroits où on les trouve, on pourrait croire que ce sont des fragments naturels. Le professeur Steenstrup est disposé à penser que ces morceaux de silex étaient employés en guise de poids pour faire enfoncer les filets; mais le fait qu'on en a trouvé un nombre considérable dans les tourbières semble prouver qu'ils servaient de pierres de fronde, car on ne pourrait expliquer autrement leur présence dans ces localités. L'autre espèce de pierres de fronde consiste en petits disques en silex ronds et aplatis; quelques-unes sont admirablement faites.

Les *outils en pierre ovales* (fig. 118), ou les « Tilhuggersteens » des antiquaires du Nord, sont des pierres ovales, ou affectant la forme d'un œuf, plus ou moins évidées sur une surface ou même sur les deux. Nous ne savons pas exactement comment on les employait. Quelques antiquaires supposent

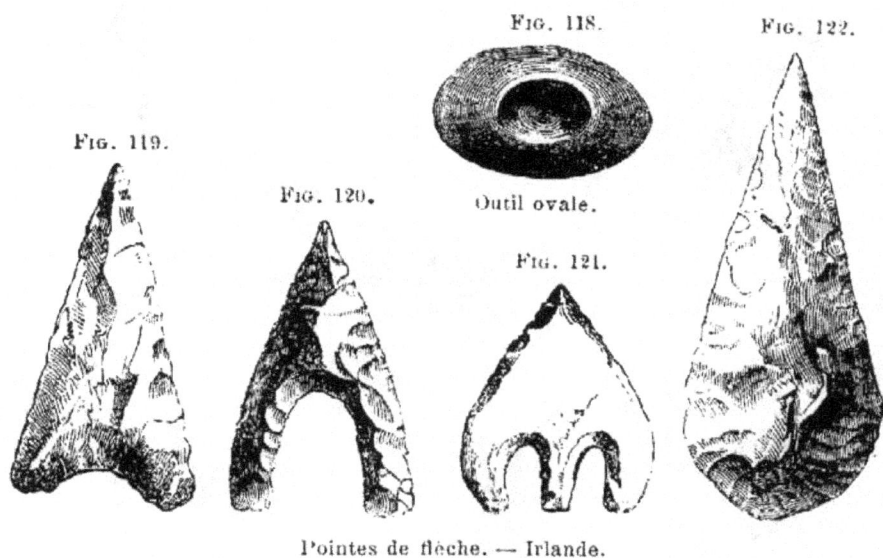

FIG. 118.
FIG. 122.
FIG. 119.
FIG. 120.
Outil ovale.
FIG. 121.

Pointes de flèche. — Irlande.

qu'on les tenait entre le pouce et le doigt et qu'on s'en servait en guise de marteau. Si, toutefois, on s'en procure une certaine quantité, on remarque que la profondeur de la cavité varie beaucoup; quelquefois même la pierre est entièrement percée, ce qui vient à l'appui de l'hypothèse que ces instruments étaient des pierres à faire enfoncer les filets ou des petites têtes de marteau. Il est très douteux que ces outils appartiennent véritablement à l'âge de la pierre.

D'autres pierres, dont le grand axe est entouré par une rainure, paraissent évidemment avoir servi comme poids pour faire enfoncer les filets.

Sir W. R. Wilde divise les *pointes de flèche* en cinq variétés : 1° *triangulaires* (fig. 119); ces pointes ont souvent une entaille de chaque côté, entaille destinée à recevoir la corde qui les fixait à la tige de la flèche; 2º celles qui sont creusées ou *évidées* à la base, comme dans la figure 120; 3º les pointes à tige, qui portent une saillie destinée à s'enfoncer dans le bois; 4º celles où les côtés se prolongent comme dans la figure 121; et, enfin, la pointe de flèche en forme de feuille, dont un magnifique spécimen est représenté dans la figure 122. Les vraies pointes

Fig. 123.

France.

Fig. 125.

Terre de Feu.

Fig. 126.

Scie en pierre.

Fig. 124.

A

Amérique du Nord.

de flèche ont ordinairement 1 pouce de longueur; plus grandes, ce sont des javelines et enfin des pointes de lance.

Les figures 123, 124 et 125 qui représentent des pointes de flèche trouvées respectivement en France, dans l'Amérique septentrionale et à la Terre de Feu, prouvent la grande ressemblance qui existe entre ces armes, même dans les localités les plus éloignées.

Chaque tribu avait peut-être sa forme de flèche particulière, de là la multiplicité des modèles; peut-être aussi la pointe différait-elle avec le but que l'on se proposait d'atteindre. Ainsi, dans l'Amérique septentrionale, les pointes de flèche pour le combat sont faites de telle façon que, quand on tire le bois, la pointe reste dans la blessure; pour la chasse, au contraire, la pointe sort de la blessure avec le bois. Chez d'autres tribus on emploie, à la chasse, des flèches se terminant en forme de lance, et à la guerre des pointes de flèches barbelées (1).

Il y a plusieurs autres espèces d'instruments en silex, tels que marteaux, scies (fig. 126), harpons, etc.; mais, si nous omettons pour le moment les types du diluvium, nous avons passé en revue les formes principales.

Outre qu'ils servaient à faire des manches pour les haches en pierre, les os et les cornes des animaux étaient aussi fort employés à la fabrication de différents instruments plus simples; les bois de cerf surtout paraissent avoir été préférés à cause de leur dureté. L'objet en os le plus commun est l'épingle

Fig. 127.

Poinçon en os. — Écosse.

ou le poinçon (fig. 127); quelques outils, affectant la forme d'un ciseau oblong (fig. 128), dont il n'est pas facile de déterminer l'emploi, sont presque aussi nombreux. On trouve quelquefois des côtes fendues, appointies à une extrémité, que quelques archéologues regardent comme des outils servant à préparer le lin, tandis que d'autres pensent qu'ils étaient employés à la fabrication de la poterie. On trouve aussi des harpons (fig. 129, 130), des pointes de flèche, et des pointes de lance en os.

La figure 130 représente un harpon en os appartenant à l'époque du renne; nous le décrirons dans le chapitre sur les cavernes. La figure 131 représente un ciseau en os de l'Amérique septentrionale, sorte de racloir dont on se sert encore pour enlever les poils dans la préparation des peaux de daim.

Les hommes de cette époque semblent aussi avoir souvent porté des dents percées en guise d'amulettes.

(1) Murray, *Travels in N. America*, vol. I, p. 385.

Fig. 129.

Fig. 128.

Fig. 130.

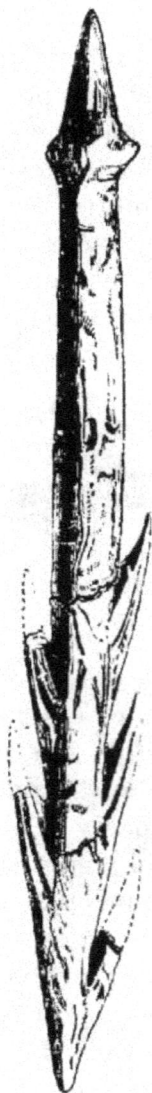

Outil en os.

Fig. 131.

Outil moderne en
os. — Amérique de Nord.

Ancien harpon en os.
Danemark.

Ancien harpon en os.
France.

Les instruments en pierre que nous venons de décrire se
trouvent fréquemment à la surface du sol, ou sont mis à décou-

vert dans les opérations agricoles. Les objets trouvés ainsi
isolés ont, comparativement, peu de valeur scientifique ; mais
quand on les trouve réunis en quantité considérable et surtout quand ils sont accompagnés d'autres restes, ils servent à
jeter une vive lumière sur les coutumes de ces temps reculés.
Comme je l'ai déjà fait remarquer, les tumuli, les habitations
lacustres, les amas de coquilles, sont surtout précieux sous ce
rapport, mais je dois aussi dire quelques mots sur les « amas
côtiers » des antiquaires danois. Les « amas côtiers » sont des
amas de grossiers instruments en silex qui se trouvent en
nombre considérable le long des côtes. Les antiquaires danois
ont donné à ces amas le nom de « Kystfunder », ce qui, traduit littéralement, voudrait dire « trouvailles sur les côtes »
ou « amas côtiers ». Grâce au soulèvement qui, depuis l'âge
de la pierre, s'est produit au Jutland, quelques-uns de ces
dépôts se trouvent maintenant à une distance assez considérable du bord de la mer. D'autres, au contraire, sont à un
niveau inférieur ; un, par exemple, auprès de la station du
chemin de fer à Korsor, n'est découvert qu'à la marée basse ;
d'autres sont toujours recouverts par la mer. On pourrait probablement diviser ces amas en différentes classes. Ainsi celui
d'Anholt était évidemment une fabrique d'instruments en silex :
le grand nombre des éclats, la présence de plus de soixante
rognons de silex, le prouvent surabondamment. Ceux, au contraire, qui, même actuellement, se trouvent sous l'eau, doivent, dans ces temps reculés, avoir occupé la même position,
et, comme il n'y a pas de traces d'habitations lacustres au
Danemark, il est naturel de supposer que c'étaient là les
endroits où les pêcheurs avaient l'habitude de tirer leurs filets.
On choisit encore actuellement des endroits particuliers pour
cette opération, et il est évident qu'il devait s'y perdre beaucoup d'objets grossiers employés à la pêche et surtout les
pierres servant de poids pour faire enfoncer les filets. Les
objets découverts sont exactement ceux que, dans ces circonstances, on devrait s'attendre à trouver. Ce sont des fragments
irréguliers de silex, des poids à filets ou pierres de fronde, des
éclats, des racloirs, des poinçons ou des haches.

Ces six différentes classes d'objets se retrouvent dans presque tous, sinon dans tous les amas côtiers, quoique en propor-

tions différentes. Pour donner une idée de la quantité de ces objets, je puis mentionner que le professeur Steenstrup et moi, nous avons recueilli, en une heure environ, à Froëlund, auprès de Korsor, 141 éclats, 84 poids, 5 haches, 1 racloir et environ 150 fragments de silex; tandis que, sur un amas semblable, auprès d'Aarhuus, dans le Jutland, j'ai ramassé seul, en deux heures et demie, 76 poids, 40 éclats, 39 racloirs, 17 poinçons et un nombre considérable de fragments de silex.

La mer est ordinairement calme dans les fjords abrités et peu profonds du Danemark, souvent même une couche de sable s'est accumulée sur ces amas et les a garantis. Il en était ainsi pour les deux amas que je viens de citer; l'un fut découvert en faisant des travaux de desséchement, l'autre en construisant un chemin de fer. Quelquefois, un changement de direction des courants enlève la couche de sable, et laisse apparaître les instruments en silex, qui, souvent aussi, sont restés exposés à l'air depuis qu'ils ont été déposés dans ces endroits; dans ce dernier cas, les silex blancs sont si nombreux qu'ils attirent l'attention à une distance considérable.

Il va sans dire que, sur des côtes telles que celles de l'Angleterre, de semblables amas seraient bientôt réduits en graviers. Il faut se rappeler, en outre, que, sur nos côtes méridionales et orientales, même depuis les temps historiques, la mer a beaucoup gagné sur la terre. Des amas d'instruments en silex, ressemblant beaucoup aux « amas côtiers » danois, ne sont cependant pas tout à fait inconnus dans notre pays. M. Schelley a trouvé, il y a quelques années, dans un champ auprès de Reigate, un grand nombre d'éclats en silex ainsi que quelques flèches et des « rognons » de silex; mais je ne sache pas qu'on y ait trouvé d'autres instruments.

M. T. F. Jamieson indique, dans le *Journal d'Aberdeen* (octobre 1863), un endroit sur les bords de l'Ythan, au-dessous d'Ellon, où, en quelques minutes, il a rempli « ses poches d'éclats de silex, de pointes de flèches inachevées, de blocs de silex, dont on avait enlevé des éclats, et de différents autres articles de coutellerie antique ». On a trouvé d'immenses quantités de hachettes grossières, de « rognons », d'éclats, de pointes de lance, etc., dans d'autres endroits, tels, par exemple, que Bridlington, Pontlevoy, Spiennes, près de

Mons, dans plusieurs localités près de Mâcon, localités explorées par MM. H. de Ferry et A. Arcelin, et surtout dans les grands ateliers de Pressigny-le-Grand découverts par le docteur Léveillé (1).

Il y a tout lieu de croire que l'attention ayant été appelée sur ces dépôts de silex, on fera autre part des découvertes analogues.

Ces trouvailles, d'ailleurs, ne sont pas particulières à l'Europe. M. Busk et M. Langham Dale ont trouvé de semblables amas d'éclats, etc., sur les plateaux du Cap de Bonne-Espérance (2). Les instruments en pierre étaient encore en usage à une époque comparativement moderne et sont employés aujourd'hui même dans beaucoup de parties de l'Amérique, de l'Australie et de la Polynésie. En Asie et en Afrique, au contraire, de même qu'en Europe, les instruments en pierre ont été, pour la plupart, délaissés depuis longtemps. Cependant, en Algérie et au Cap, en Palestine et en Assyrie, dans l'Inde et au Japon, on a découvert des instruments en pierre, ce qui prouve que ces pays, tout comme l'Europe, ont eu un âge de la pierre.

(1) Voir Evans, *Archæologia*, vol. XL. Steenstrup et Lubbock, *Trans. Ethn. Soc.*, nouvelle série, vol. V.

(2) *Trans. Ethn. Soc.*, 1869. p. 51.

CHAPITRE V

MONUMENTS MÉGALITHIQUES ET TUMULI

Dans toute l'Europe, nous pourrions même dire dans le monde entier, partout où ils n'ont pas été détruits par la charrue ou le marteau, nous trouvons des monuments des temps

FIG. 132.

Tumulus. — Danemark.

préhistoriques, camps, fortifications, digues, tumuli, menhirs ou pierres levées, cromlechs ou cercles de pierres, dolmens (1

(1) On a coutume, en Angleterre, d'intervertir ces deux expressions. Cependant cromlech dérive de « *Crom* », un cercle, et de « *Lech* », pierre; dol-

on chambres de pierre, etc.: beaucoup d'entre eux nous étonnent par leur masse, tous excitent notre intérêt par l'antiquité qu'ils nous rappellent et le mystère qui les entoure.

En Angleterre, on peut en voir sur presque toutes les col-

Fig. 133.

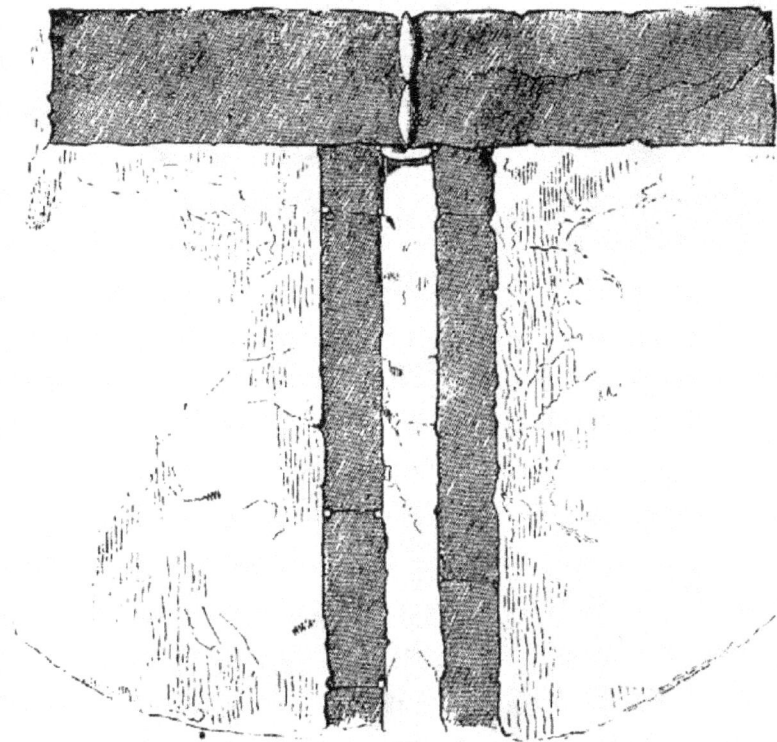

Plan du précédent.

lines. Dans les Orcades seules, on estime que plus de deux mille existent encore; au Danemark, ils sont encore plus abondants: on en trouve dans toute l'Europe, des côtes de l'Atlantique jusqu'aux montagnes de l'Oural; ils couvrent les grands steppes de l'Asie, depuis les frontières de la Russie jusqu'à l'océan Pacifique, et des plaines de la Sibérie jusqu'à celles de l'Indoustan; la plaine entière de Jelalabad, dit Masson,

men, de « Daul », une table, et de « Maen », pierre. On doit donc leur attribuer la signification que je leur donne dans le texte. Peut-être n'est-il pas inutile d'ajouter que « Menhir », une pierre levée, dérive de *Maen*, pierre, et de *hir*, longue.

« est littéralement couverte de tumuli (1) ». En Amérique, on
les compte par milliers et par dizaines de mille : ils se trouvent

FIG. 134.

Cercle de pierres.

aussi en Afrique (2), où les Pyramides elles-mêmes représentent le plus admirable développement de la même idée ; si
bien que le monde entier est parsemé de ces tombeaux. Beau-

FIG. 135.

Dolmen. — Danemark.

coup sont petits, mais quelques-uns sont très considérables :
Silbury-Hill, le plus grand qui soit en Angleterre, a 176 pieds
de haut ; bien que ce soit certainement une colline artificielle,

(1) *Journeys in Baloochistan, Afghanistan*, etc., vol. II, p. 164. Voir aussi
p. 135 et vol. II, pp. 111-113.
(2) Voir, par exemple, Livingstone, *Miss. Travels*, pp. 219-304.

il n'est pas prouvé, cependant, qu'elle ait été élevée en l'honneur d'un mort.

Les pierres levées ou « menhirs » étaient élevées sans doute

FIG. 136.

Cercle de pierres.

aussi en commémoration de quelque grand événement. Presque tous, en un mot, retracent le souvenir d'événements écoulés.

FIG. 137.

Abri de Kit-Coty.

En outre, d'anciens camps, d'anciennes fortifications, couronnent la plûpart de nos collines.

Dans quelques parties de l'Écosse, les vieilles forteresses surmontant les collines présentent la particularité qu'a remarquée, pour la première fois, M. John William en 1777, c'est-à-dire qu'elles ont été soumises à une chaleur intense. Jusqu'en 1837, on supposait que ces forts vitrifiés ne se trouvaient qu'en Grande-Bretagne; mais, à cette époque, le professeur Zippe appela l'attention sur l'existence de ruines semblables en Bohème et, depuis ce temps, on a découvert des forts vitrifiés dans différentes parties de la France et de l'Allemagne (1).

Enfin, la Grande-Bretagne est sillonnée par de grandes digues ou lignes de fortifications, telles, par exemple, que le Wandyke, la digue du Diable à Newmarket, la digue d'Offat qui s'étend de Bristol à la rivière Dee séparant ainsi l'Angleterre du pays de Galles; c'étaient là, sans doute, des lignes de frontières ou des fortifications comme les murs des Romains, ou mieux encore comme la remarquable muraille de la Chine.

Les cercles de pierres, ou cromlechs, consistent en pierres levées, disposées en cercles. Le diamètre ordinaire de ces cercles est environ de 100 pieds, mais il y en a de beaucoup plus considérables; le principal cercle à Abury, par exemple, mesure 1 200 pieds de diamètre. Les pierres sont placées à égale distance les unes des autres et leur nombre avait probablement quelque signification. « Les deux cercles intérieurs à Abury, le cercle le plus petit à Stennis, un cercle à Stanton-Drew, comprenaient chacun douze pierres; les cercles antérieurs à Abury, ceux de Stonehenge, le grand cercle de Stanton-Drew, celui d'Arbor-Low, en comprenaient chacun trente: ceux de Rollis et de Stennis soixante, et le grand cercle d'Abury cent. Quatre cercles à Boscawen et lieux adjacents dans la Cornouailles comprenaient chacun dix-neuf pierres (2). Stonehenge est le plus célèbre exemple d'un cercle de pierres, mais il diffère, sous plusieurs rapports, du type ordinaire : les principales pierres en sont un peu dégrossies et elles sont surmontées d'autres pierres.

Les cercles de pierres ne sont pas particuliers à l'Europe. Stanley a vu, à quelques milles au nord de Tyr, un cercle de grossières pierres levées. Kohen, missionnaire jésuite, a récemment découvert en Arabie, auprès de Khabb, dans le district de Kasim, trois grands cercles de pierres, lesquelles, dit-il, res-

(1) Virchow, *Zeit. f. Ethnologie*, 1870, p. 258, indique les différents mémoires où sont décrites ces forteresses. Voir aussi les mémoires de M. Stuart et du docteur Fodisch dans les *Proc. Soc. Antiq. Scotland*, vol. VIII.
(2) Thurnam, *Crania Britannica*, décade IV.

semblent beaucoup à Stonehenge et se composent de trilithes fort élevées (1).

Les voyageurs arctiques parlent aussi de cercles et de rangées de pierres qu'ils ont vus chez les Esquimaux. Mais là, ils affectent un caractère différent : ils sont extrêmement petits et forment simplement la base des habitations.

Lafitau donne la description d'un temple indien (en Virginie) consistant en un cercle de pierres levées dont le sommet sculpté représente grossièrement la face humaine (2). M. Squier rapporte qu'il a trouvé des cercles de pierres au Pérou (3).

En Australie même, se trouvent, dit-on, des cercles de pierres. M. Ormond, dans une lettre adressée à Sir J. Y. Simpson (4), dit qu'il en a vu beaucoup, surtout dans le voisinage des plaines du mont Éléphant dans la colonie de Victoria. Ils ont « de 10 à 100 pieds de diamètre et quelquefois il s'y trouve un cercle intérieur. Les pierres composant ces cercles varient et comme grosseur et comme forme. On a trouvé, dans le voisinage, des ossements humains. Les aborigènes n'ont aucune tradition à ce sujet. Quand on leur en parle, ils répondent invariablement qu'ils ne savent rien sur leur origine. »

L'histoire ne nous apprend absolument rien ni sur l'époque à laquelle les cercles européens ont été élevés, ni sur le but de cette érection.

M. George Pétrie, il est vrai, a appelé l'attention du docteur Wilson sur plusieurs vieux documents parlant des cercles de pierres des Orkney (5). Ainsi, en 1349, William de Saint-Michaël reçut une assignation à comparaître devant un tribunal assemblé « *apud stantes lapides de Rane en le Garniach* », pour avoir à répondre à l'accusation portée contre lui de détenir illégalement certains biens ecclésiastiques; et, en 1380, Alexandre, lord lieutenant de Badenoch, et fils de Robert II, tint une cour « *apud le standand stanys de la Rathe de Kyngucy Estir* », pour examiner les droits de l'évêque de Moray sur certaines terres. En

(1) Bonstetten, *Sur les Dolmens*, p. 27.
(2) *Mœurs des sauv. amér.*, vol. II, p. 135.
(3) *Amer. Nat.*, vol. IV, p. 12.
(4) Simpson, *On ancient sculpturings. Proc. Soc. Antiq. Scot.*, vol. VI, 1867, p. 81.
(5) *Prehistoric Annals of Scotland*, 2e édit., vol. I, p. 464.

1438 même, nous trouvons la notice que « John off Erwyne et Will Bernardson ont juré sur les pierres pendantes, devant notre seigneur le comte d'Orkney et les gentilshommes du pays ». Cet usage comparativement récent des cercles de pierres ne peut pas, cependant, nous permettre de former une opinion quant à leur destination originelle.

Mieux vaut, peut-être, pour trouver cette explication, interroger l'*Iliade* (ch. XVIII) et l'*Odyssée* (ch. VIII) où nous lisons que l'assemblée des chefs se réunit en séance solennelle sur des sièges en pierre rangés en cercle, mais les sièges étaient polis. Il est certain, toutefois, que beaucoup de cercles en Angleterre indiquaient des sépultures et il semble probable que telle fut leur première raison d'être, mais que subséquemment ils devinrent des temples.

Quant aux piliers de pierre et aux tumuli, nous lisons dans la *Genèse*, XXXI, que « Jacob prit une pierre et la dressa comme monument »; et dans le verset 54, Laban dit à Jacob : « Regarde ce monceau de pierres, vois ce pilier que j'ai dressé entre moi et toi. Ce monceau et ce pilier sont élevés en témoignage que je ne passerai point ce monceau de pierres pour aller à toi; et qu'ainsi tu ne passeras point ce monceau et ce pilier pour me venir faire du mal, etc. » Au mont Sinaï, Moïse éleva douze piliers de pierre (1). Puis encore, quand les enfants d'Israël eurent traversé le Jourdain, Josué prit douze pierres et les dressa à Gilgal : « et il parla aux enfants d'Israël et il leur dit : Quand, dans l'avenir, vos enfants interrogeront leurs pères et leur diront : Que signifient ces pierres? vous l'apprendrez à vos enfants en leur disant : Israël a traversé le Jourdain à pied sec (2). »

Achan et toute sa famille furent lapidés et brûlés, après quoi nous lisons qu'Israël « éleva un grand monceau de pierres qui existe encore et détourna ainsi la colère du Seigneur ». De même le roi d'Aï fut enseveli sous un grand amas de pierres. Nous voyons enfin qu'Absalon « fit élever pour lui-même un pilier qui se trouve dans la vallée du Roi, car il dit : Je n'ai pas de fils pour garder mon souvenir et perpétuer mon nom, et il donna son nom à ce pilier, et aujourd'hui encore on l'appelle le pilier d'Absalon. »

(1) Exode, XXIV, 4.
(2) Josué, IV, 21, 22.

Selon Diodore, Sémiramis, veuve de Ninus, fit enterrer son mari dans l'enceinte du palais, et élever sur sa tombe une haute colline de terre. Pausanias rapporte qu'on rassembla des pierres et qu'on les entassa sur le tombeau de Laïus, père d'Œdipe. Pendant la guerre de Troie, on éleva sur les tombeaux de Tydeus et de Lycus deux collines de terre. « Le tertre tumulaire d'Hector était composé de pierres et de terre. Achille éleva sur les restes de son ami Patrocle un tumulus de plus de 100 pieds de diamètre. La colline que Xénophon supposait devoir contenir les restes d'Alyattes, père de Crésus, roi de Lydie, était faite de pierres et de terre, et avait plus d'un quart de lieue de circonférence. A une époque plus récente, Alexandre le Grand fit élever, sur les restes de son ami Héphestion, un tumulus qui lui coûta 1200 talents, somme énorme, même pour un conquérant comme Alexandre, puisqu'elle équivaut à 5812500 francs (1). » Virgile nous dit que Dercennus, roi du Latium, fut enterré sous une colline de terre; et, selon les plus anciens historiens, dont les récits ont été confirmés par les recherches des archéologues, l'élévation de collines sur les tombeaux se pratiquait anciennement chez les Scythes, les Grecs, les Étrusques, les Germains et d'autres peuples.

La plupart des tumuli de l'Europe occidentale sont certainement préhistoriques. Il en est quelques-uns, cependant, dont la date et l'origine nous sont connus, tels que les tumuli de la reine Thyra et du roi Gorm qui moururent vers l'an 950 à Jellinge, en Danemark.

Nous trouvons, en outre, dans l'histoire, mention de tumuli, mais de telle façon qu'il nous est impossible de les identifier avec ceux que nous connaissons. Ainsi Grégoire de Tours (2) raconte une singulière histoire à l'effet que Macliav, fuyant son frère Chanaon, se réfugia chez Chonomor, comte des Bretons. Chanaon envoya des ambassadeurs à ce dernier pour demander que Macliav lui fût livré, mais Chonomor le cacha dans un tombeau « et éleva un tumulus selon l'usage ordinaire, tout en réservant une petite ouverture afin qu'il pût respirer » (componens desuper ex more tumulum, parvumque ei spiraculum

(1) *Ten Years' Diggings in the Celtic and Saxon Gravehills.* p. 5.
(2) *Historiæ Francorum*, IV, 4.

reservans, unde halitum resumere posset). Puis il montra ce
tumulus aux ambassadeurs en leur assurant que Macliav y était
enterré.

Le *Codex diplomaticus* parle de plus de soixante tertres portant les noms de personnes privées. Quelques-uns, comme par
exemple Wodne Beorgh, ou tertre de Woden, sont probablement fabuleux ; mais nous n'avons aucune raison de douter que
d'autres, par exemple le tertre d'Alfrede, d'Aethelwode, de
Cissan, de Cwichelme-Hlœw, d'Oswolde-Hlœw, etc., ne conservent pas encore le nom de la personne qui y a été enterrée (1).
Il paraît qu'en Angleterre la coutume d'enterrer sous des tumuli
ne fut décidément abandonnée que pendant le xe siècle.

Les Sagas danoises nous disent aussi qu'au milieu du viiie siè-
cle, Sigurd Ring, ayant vaincu son oncle, le roi Harald Hildetand, à la bataille de Braavalla, « lava le cadavre, le plaça sur
le char de guerre de Harald et l'enterra dans un tumulus qu'il
avait élevé dans ce but. Le cheval de Harald fut sacrifié et enterré avec lui, ainsi que la selle, afin que Harald pût se rendre
au Walhalla à cheval, ou en chariot, comme il le préférerait.
Puis Ring donna un grand festin après lequel il recommanda
aux chefs présents de jeter leurs ornements et leurs armes
dans le tumulus en l'honneur de Harald. Enfin le tumulus fut
fermé avec soin (2). »

Cependant la plupart de ces monuments sont, sans aucun
doute, beaucoup plus anciens. Quelques-uns même étaient déjà
antiques et mystérieux à l'époque d'Homère. Ainsi aux funérailles de Patrocle, quand Nestor indique à son fils Antilochus
le chemin pour la course des chars, il lui dit :

« La route dont je te parle est directe et tu ne peux te tromper ..... De chaque côté, à l'endroit où le chemin se rétrécit,
alors que tout ce qui l'entoure est plat, s'élèvent deux pierres
blanches, placées là pour indiquer le tombeau de quelqu'un
mort depuis longtemps, ou pour préserver le souvenir d'un
événement accompli dans les âges écoulés (3). »

---

(1) Voir Kemble. *Arch. Jour.*, vol. XIV, p. 119 ; intéressant mémoire sur
les notices de funérailles païennes dans le *Codex diplomaticus.*
(2) Engelhardt, *Guide illustré du musée des Antiquités du Nord à Copenhague.* 1868. Voir aussi Saxo Grammaticus. *Hist. Dan.*, l. X, chap. xii.
(3) *Iliade*, xxiii. 384.

Il est frappant que les plus antiques écrits que nous possédions parlent de ces menhirs comme de monuments d'événements déjà perdus dans la nuit des temps.

La plupart des plus grands tumuli de l'Europe occidentale, s'il faut en juger par la nature de leur contenu, paraissent avoir été construits pendant l'âge de la pierre. A première vue, il semble incroyable que les immenses tumuli de la Bretagne aient été élevés par un peuple qui ne connaissait pas les métaux. Il faut se rappeler toutefois que quelques monuments des îles du Pacifique sont tout aussi considérables. En outre, bien que des centaines de haches magnifiques en pierre et des ornements aient été trouvés dans les tumuli, on n'y a pas encore découvert une seule arme en métal. On a supposé que quelques-unes des sculptures que portent les pierres n'ont pu être faites sans l'aide des métaux. Cependant, des expériences faites en ma présence par MM. Bertrand et de Mortillet prouvent qu'on peut entailler la pierre avec le silex, alors qu'on ne peut pas le faire avec le bronze. Sir James Y. Simpson, de son côté, a prouvé que les sculptures sur les rocs d'Écosse, même sur le granit, ont pu être faites avec un outil en silex (1).

En Angleterre, nous donnons encore habituellement aux monuments mégalithiques le nom de monuments druidiques; il est à peine utile de dire que rien ne les relie au culte des Druides.

Le plus grand, peut-être, de tous ces prétendus monuments druidiques est, ou plutôt était, le temple d'Abury dans le Wiltshire. Abury est beaucoup moins connu que Stonehenge et, cependant, quoique plus grossièrement construit, ce dut être un temple plus grandiose.

Selon Aubrey, Abury était à Stonehenge ce qu'une cathédrale est à une église de paroisse. Ce temple consistait en un fossé circulaire et en un remblai enfermant un espace de 28 acres et demie; à l'intérieur était un cercle de grandes pierres, et, à l'intérieur de ce cercle, deux cercles plus petits formés par une double rangée de pierres de moindre grosseur, placées debout l'une auprès de l'autre. Du remblai extérieur partaient deux longues avenues sinueuses de pierres : l'une de

(1) *Proc. Soc. Antiq. Scotland,* vol. VI, 1867, p. 122.

ces avenues allait dans la direction de Beckhampton ; l'autre, dans celle de Kennet, où elle se terminait par un autre double cercle. Stukeley suppose que l'idée qui a présidé à la construction de ce temple est celle d'un serpent enroulé par le milieu, le cercle de Kennet, représentant la tête, et l'avenue de Beckhampton la queue. A moitié chemin, entre ces deux avenues, se trouvait la colline de Silbury, la colline artificielle la plus considérable de la Grande-Bretagne, car elle ne mesure pas moins de 170 pieds de hauteur. La position de cette colline semble indiquer qu'elle faisait partie du plan général ; bien qu'elle ait été deux fois examinée, on n'a trouvé aucune tombe primitive dans cette colline. En somme, Abury semble avoir été la plus belle ruine mégalithique de l'Europe. Mais, malheureusement pour nous, le joli petit village d'Abury, comme quelque beau parasite, a crû aux dépens et au milieu de l'ancien temple, et sur six cent cinquante grandes pierres, vingt à peine restent encore debout.

M. Fergusson a essayé de prouver, dans un article fort intéressant (1), que Stonehenge et Abury appartiennent à une période plus récente que l'occupation romaine. « La voie romaine, dit-il, allant de Bath à Marlborough, passe sous la colline de Silbury, ou fait un coude soudain pour tourner autour, ce qu'aucune voie romaine, au moins en Grande-Bretagne, ne fait jamais... Une personne, debout sur la colline d'Oldborough, en jetant les yeux sur cette voie si parfaitement droite, comprend immédiatement qu'elle se dirige vers le centre même de la colline de Silbury. Il est vrai qu'elle a pu diverger avant de l'atteindre, mais rien n'est moins vraisemblable. Il eût été tout aussi facile à l'ingénieur romain de porter la voie 100 mètres à droite. Ç'eût été, d'ailleurs, une direction préférable, en se plaçant au point de vue romain, pour aller directement à Marlborough, endroit vers lequel se dirige la voie ; puis, en outre, si l'ingénieur avait adopté cette direction, la voie se serait mieux raccordée avec un tronçon qui se trouve de l'autre côté du village de Kennet. Mais l'ingénieur ne tint aucun compte de tout cela si la colline existait à cette époque, et la voie se dirige droit vers le centre, dirait-on, dans le but exprès, de

(1) *Quarterly Review*, juillet 1860, p. 209.

Plan d'Abury, d'après un mémoire du docteur Thurnam, sur un long tumulus situé à West Kennet. (*Archæologia*, vol. XXXVIII, p. 406.)

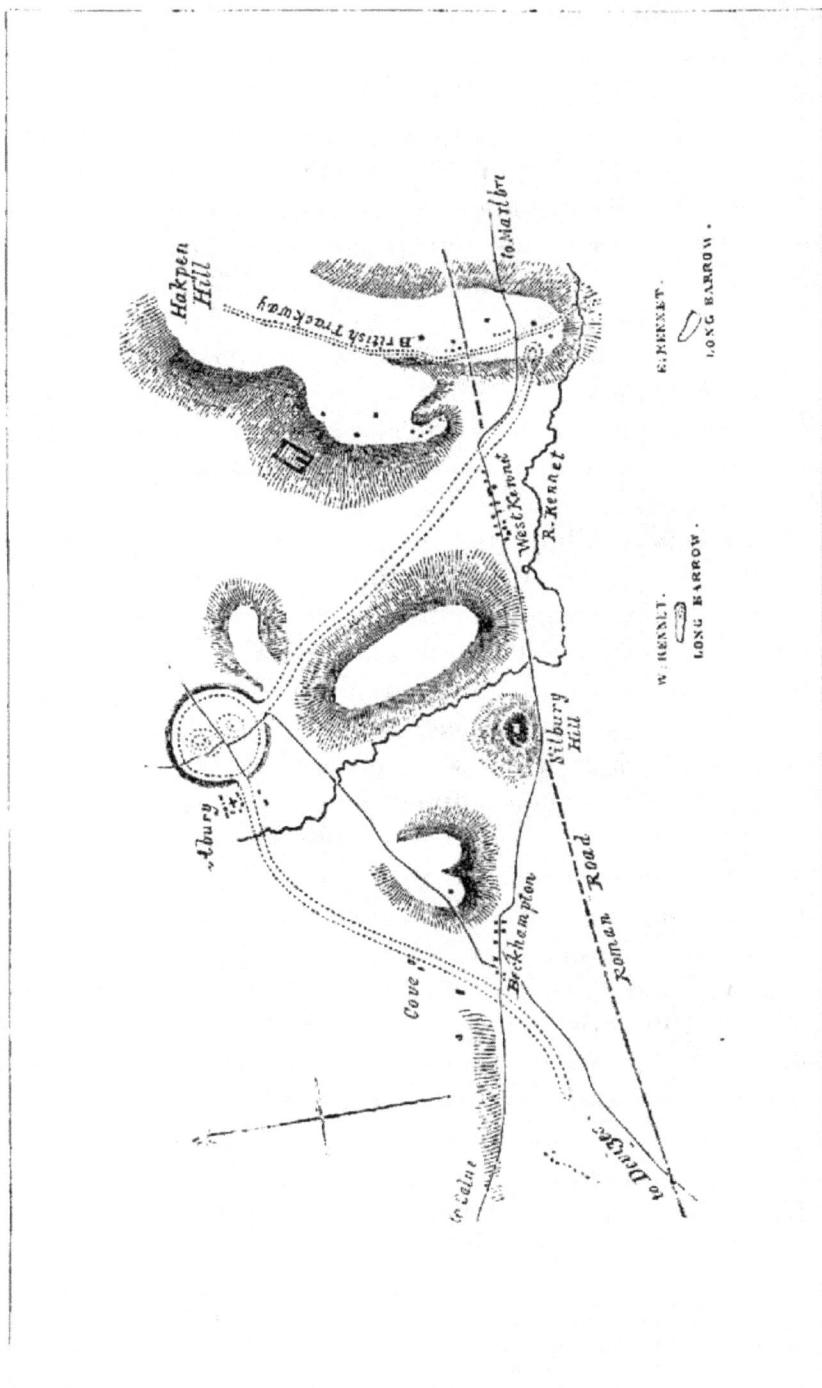

faire un coude pour l'éviter, chose qui répugnait autant à un ingénieur romain que le vide à la nature. Si l'on examine avec soin toutes ces circonstances, on en arrivera à la conclusion inévitable que Silbury-Hill est placée exactement sur la voie romaine, et que, par conséquent, cette colline a dû être élevée subséquemment à l'occupation du pays par les Romains. »

Étonné de cet argument, mais convaincu cependant qu'il devait y avoir quelque erreur, j'examinai la carte d'état-major, et trouvai, à ma grande surprise, que la voie romaine tout entière y était indiquée, mais qu'au lieu de passer sous la colline, elle en faisait le tour. Non content de cette autorité, je décidai le professeur Tyndall à venir visiter la localité avec moi, et nous pûmes nous convaincre que la carte indiquait la véritable position de la voie. L'impression qui nous resta de l'étude que nous fîmes de la localité, est que l'ingénieur romain avait pris Silbury-Hill comme un but, ne faisant tourner la route qu'au moment de l'atteindre. La carte prouve, en outre, que non seulement cette route romaine, mais plusieurs autres dans la même partie de l'Angleterre, sont moins droites que ces voies ne le sont ordinairement.

Des excavations faites récemment en ma présence à Silbury-Hill ont mis à jour les fossés qui bordaient la route romaine. M. Fergusson lui-même admet, dans le passage que nous venons de citer, que la route, des deux côtés de la colline de Silbury, ne se continue pas en ligne droite. Il devait donc y avoir un coude quelque part. En résumé, je partage l'avis de Stukeley qui dit que la route romaine tournait abruptement au sud pour éviter la colline de Silbury, « ce qui prouve que la colline de Silbury est plus ancienne que la route romaine (1) ». De combien la colline est-elle plus ancienne que la route? C'est ce qu'il est impossible de déterminer (2).

Quant à Stonehenge, nous avons, je crois, des raisons suffisantes pour l'attribuer à l'âge du bronze.

L'*explication historique* de Stonehenge, si je puis m'exprimer

_____

(1) M. Blandfort, qui dirigea, en 1849, les fouilles dans la colline, adopta aussi les mêmes conclusions. (*Proc. Archæol. Inst.*, 1849, p. 303.) Voir aussi dans le même volume l'intéressant mémoire du Rev. A. C. Smith.

(2) Stukeley pense qu'Abury a été fondée en 1859 avant J.-C., année de la mort de Sarah, femme d'Abraham.

ainsi, est que ce monument fut élevé par Aurélius Ambrosius, vers l'an 460, à la mémoire de chefs bretons assassinés
traîtreusement par Hengist et les Saxons. Giraldus Cambrensis,
écrivant à la fin du XIIᵉ siècle, dit : « Il y avait autrefois en
Irlande un amas de pierres dignes d'admiration, appelé la Danse
des géants, parce que des géants venus des parties les plus
éloignées de l'Afrique les avaient apportées en Irlande. Ils les
avaient miraculeusement dressées, aidés par leur habileté autant que par leur force, dans les plaines de Kildare, non loin
du château de Naas, où l'on peut encore en voir quelques-unes
aujourd'hui. Il est étonnant que tant de pierres si grandes
aient pu être réunies en un seul endroit, et l'on se demande
par quel artifice elles ont pu être dressées, d'autant plus que
d'autres pierres tout aussi grandes sont placées sur celles qui
sont debout, comme si elles étaient suspendues en l'air. Au-
relius Ambrosius, roi des Bretons, ordonna à Merlin (s'il faut
en croire l'histoire anglaise) de transporter ces pierres d'Irlande en Bretagne par des moyens surnaturels. Et, afin de préserver un monument fameux d'une indigne trahison, il les fit
dresser dans leur ordre primitif à l'endroit même où la fleur
de la nation tomba sous le couteau des Saxons, qui, sous pré-
texte de paix, l'avait attirée dans cet endroit (1). »

Ce récit est certainement fabuleux. En outre, le nom même
de Stonehenge me semble un fort argument contre ceux qui
lui attribuent une origine si récente. On pense généralement
que ce mot signifie « pierres pendantes », comme le suggéra il
y a bien longtemps Wace, un poète anglo-normand qui dit :

> Stanhengues ont nom en Englois,
> Pieres pandues en François (2).

Mais il est sans contredit plus naturel de faire dériver la dernière syllabe du mot anglo-saxon « *ing* », un champ : ainsi,
par exemple, nous avons Keston, anciennement Kyst-staning,
le champ des cercueils de pierre. Quoi de plus naturel pour
une race nouvelle que, trouvant cette ruine magnifique dans
la plaine de Salisbury, et ne pouvant rien apprendre sur son

1) Giraldus, *Topogr. d'Irlande.*
2) Wright, *Wanderings of an Antiquary*, p. 301.

origine, elle l'appelle simplement le *Champ des pierres*. D'un autre côté, il serait fort extraordinaire qu'elle lui eût donné ce nom, si elle avait pu savoir en l'honneur de qui ce monument avait été élevé. Le plan de Stonehenge est suffisant aussi pour que nous repoussions les arguments de ceux qui l'attribuent à une période post-romaine. On a souvent prétendu que si Stonehenge avait existé au temps de César, les anciens écrivains en parleraient. Hecatæus, cependant, fait allusion à un magnifique temple circulaire, dans l'île des Hyperboréens et beaucoup d'archéologues affirment que ces mots se rapportent à Stonehenge. Mais pourquoi ce temple aurait-il été décrit, si, comme nous le supposons, il était déjà en ruines à cette époque, beaucoup plus parfait certainement alors qu'il ne l'est aujourd'hui, mais cependant en ruines? La muraille calédonienne était une fortification très importante construite par les Romains eux-mêmes, et cependant, comme nous l'affirme le docteur Wilson, un seul historien romain fait allusion à sa construction, et aucun auteur du moyen âge ne parle d'Abury.

Il est évident que Stonehenge a été, à une certaine époque, un lieu de grande sainteté. Un simple coup d'œil sur la carte de l'état-major prouve que nombre de tumuli existaient tout autour dans un rayon de trois milles, il y en a environ trois cents, tandis qu'il y en avait fort peu dans le reste du pays. Si donc nous pouvions déterminer la date de ces tumuli, nous serions justifiés, je crois, à assigner la même date au grand temple lui-même. Sir Richard Colt Hoare a examiné un grand nombre de ces tumuli, 151 surtout qui n'avaient jamais été ouverts. Presque tous ont servi à des inhumations après crémation, comme cela se pratiquait ordinairement pendant l'âge du bronze. Trente-neuf d'entre eux se rattachaient plus clairement au temple en ce qu'ils contenaient des fragments non seulement de pierres Sarcen, mais encore des pierres bleues qui forment le cercle intérieur de Stonehenge. Ces circonstances nous autorisent à penser que Stonehenge est un monument de l'âge du bronze; quant à Abury, comme les pierres sont toutes dans leur état naturel, alors que celles de Stonehenge sont grossièrement taillées, il semble raisonnable de conclure qu'Abury est le plus ancien des deux et appartient soit à la fin de l'âge de la pierre, soit au commencement de l'âge du bronze.

Abury et Stonehenge servaient, je crois, de temple. On a prouvé cependant que quelques cercles de pierres étaient des tombeaux. En un mot, un tombeau complet consiste en un dolmen, recouvert par un tumulus et entouré par un cercle de pierres. Toutefois il arrive souvent qu'il ne comprend que le tumulus ou le dolmen, et quelquefois aussi que le cercle de pierres.

Le célèbre monument de Carnac en Bretagne (fig. 138) comprend onze rangées de pierres non taillées qui diffèrent beaucoup en grandeur et en hauteur, la plus grande s'élevant de

Fig. 138.

Carnac.

22 pieds au-dessus du sol, tandis que d'autres sont très petites. Il paraît qu'autrefois les avenues avaient une longueur de plusieurs milles, mais à présent elles sont fort imparfaites, parce que les pierres ont été enlevées par places quand elles gênaient les travaux agricoles,. Aussi n'y a-t-il plus aujourd'hui que des parties détachées; cependant elles ont toutes la même direction générale et paraissent avoir été reliées les unes aux autres. La figure 138 est une esquisse faite par le docteur Hooker avec qui je visitai la Bretagne pendant le printemps de 1867.

La plupart des grands tumuli en Bretagne appartiennent probablement à l'âge de la pierre; aussi suis-je disposé à penser que Carnac a été élevé pendant la même période.

On trouve dans des pays très éloignés les uns des autres des monuments mégalithiques ressemblant à ceux que, sans raison suffisante, on attribue aux druides dans l'ouest de l'Europe. Dans le Moab, de Saulcy a observé de grossières avenues de pierres et d'autres monuments qu'il compare aux dolmens celtiques. Le lieutenant Olivier rapporte aussi que les Hovas de Madagascar élèvent encore aujourd'hui des monolithes et des tombes en pierre ressemblant à ceux de l'Europe occidentale (1). M. Maurice (2) fit, je crois, remarquer le premier que dans quelques parties de l'Inde il y a divers monuments de pierre qui, pour employer les expressions du colonel Yule « rappellent vivement ces monuments mystérieux, solitaires ou groupés, d'origine inconnue, si longtemps un charme et une énigme pour les antiquaires, monuments qui abondent en Angleterre et que l'on retrouve çà et là dans toutes les parties de l'Europe et de l'Asie occidentale (3). » M. Fergusson va plus loin, et il soutient avec beaucoup de finesse « que l'architecture bouddhiste de l'Inde, dans la période comprise entre le IIIe siècle avant J.-C., et le VIIe siècle après J.-C., est essentiellement tumulaire, circulaire et extérieure, possédant ainsi les trois grands caractères de tous les prétendus restes druidiques (4). » Ces ressemblances sont, en effet, trop grandes pour qu'elles soient accidentelles, et les différences indiquent non pas tant une différence de style qu'une différence de civilisation. Ainsi, les tumuli de l'Inde, bien que quelquefois en terre, sont « ordinairement composés de moellons bruts à l'intérieur, et leur surface extérieure est de pierre taillée ou de briques; anciennement, ils étaient presque toujours entourés par un cercle de pierres droites, quoique plus récemment ce cercle ait été rattaché à l'édifice comme ornement, au lieu de constituer une construction indépendante. A Sanchee, le temple le plus célèbre que l'on trouve dans l'Inde, le cercle

---

(1) *Trans. Ethn. Soc.*, 1870, p. 67.

(2) *India Antiqua.*

(3) *Journ. of the Asiat. Soc. of Bengal*, vol. XIII, p. 617. Voir aussi *Proc. Soc. Antiq. Scotland*, vol. I, p. 93. Babington, *Trans. Lit. Soc. Bombay*, 1823. Congreve, *Madras Journ. of Lit. and science*, 1847. Yule, *Proc. Soc. Ant. Scotland*, vol. I, p. 93. Wise, *ibid.*, p. 154. Hooker, *Himalayan Journal*. Taylor, *Trans. Roy. Irish Acad.*, vol. XXIV, etc.

(4) *Loc. cit.*, p. 242.

consiste en pierres droites grossièrement équarries, reliées au sommet par une architrave, exactement comme à Stonehenge ; la seule différence que l'on constate, est l'insertion des trois balustrades de pierre entre chaque pierre droite, raffinement architectural qu'on pouvait à peine attendre des Celtes. » Des cercles de pierres semblent donc, dans l'Inde, avoir ordinairement entouré les tumuli ; mais il n'en est pas toujours ainsi, et il y en a quelques-uns « qui apparemment n'entourent rien ». Ordinairement ces pierres sont couvertes de sculptures ; mais il y a des exceptions, à Amravati, par exemple, où l'on trouve de nombreux petits cercles de pierres grossières, non taillées, parfaitement semblables à ceux de l'Angleterre, mais plus petits.

Nous savons qu'en Europe les pierres composant les monuments mégalithiques sont presque invariablement employées à l'état brut.

Il y a, il est vrai, un dolmen près de Confolens dans la Charente, dans lequel la pierre supérieure repose non sur de grossiers blocs de pierre, mais sur quatre colonnes légères (1). Je pense toutefois, avec M. Rochebrune, que les colonnes ont dû être taillées à une époque de beaucoup postérieure à l'érection du monument (2). A Stonehenge les pierres sont grossièrement équarries, mais, à ce moment, l'architecture mégalithique de l'Europe occidentale semble avoir été remplacée par un style absolument différent. En Algérie (3), au contraire, elle a été plus loin ; car nous trouvons, dans ce pays, des tumuli en maçonnerie régulière et des cercles de pierres dont l'intérieur est dallé. Sur les principales pierres de l'un de ces cercles se trouvent des caractères dont la signification est inconnue. Dans l'Inde, cette architecture a atteint un développement plus considérable encore, de telle sorte qu'il faut un observateur pour découvrir dans les grossiers cromlechs, dans les cercles de pierres et les tumuli, les prototypes de l'architecture si décorative des bouddhistes.

(1) *Statistique monumentale de la Charente.*
(2) *Mém. sur les restes d'industrie appartenant aux temps primordiaux dans le département de la Charente*, 1866.
(3) *Recueil des notices et mém. de la Soc. Archéol. de la province de Constantine*, 1863, p. 214. Voir aussi Letourneux, *Ar. f. Anthropologie*, 1868, p. 307.

Même à notre époque, et c'est là un fait très remarquable, quelques-unes des tribus habitant les pays montagneux de l'Inde continuent à élever des menhirs, des dolmens, et autres combinaisons de pierres gigantesques, disposées quelquefois en rangées, quelquefois en cercles, mais dans tous les cas ressemblant beaucoup aux monuments qu'on trouve dans l'Europe occidentale. Chez les Khasias (1), « les cérémonies des funérailles sont les seules qui aient quelque importance : elles se font avec beaucoup de pompe et nécessitent de grandes

Fig. 139.

Dolmens. — Inde.

dépenses : ils érigent comme monuments des pierres grossières, soit seules, soit en rangées, soit en cercles, soit supportées les unes par les autres, comme celles de Stonehenge, avec lesquelles elles rivalisent en dimension et en aspect ».

Les piliers isolés marquent quelquefois l'emplacement d'une tombe, quelquefois aussi ils sont élevés en commémoration d'importants événements. Le colonel Yule demanda un jour à un indigène s'il y avait quelque tradition sur un de ces piliers, connu sous le nom de « Mausmai », c'est-à-dire « la pierre du serment ». « Deux villages, répondit l'indigène, se faisaient la

1) Docteur Hooker, *Himalayan Jour..* vol. I, p. 276. Voir aussi p. 320.

guerre ; quand ils firent la paix et la jurèrent, ils *élevèrent cette pierre en témoignage de leur serment* (1). »

Le docteur Hooker (2) a appelé l'attention sur ce fait que, dans le langage des Khasias, le mot signifiant pierre est « *mau* » et qu'il se retrouve aussi fréquemment dans les noms de leurs villages et de leurs localités que les mots *man*, *maen* et *men* se retrouvent dans ceux de la Bretagne, du pays de Galles, de la Cornouailles, etc.; ainsi *mausmai* signifie, en khasien, la pierre du serment; *mamloo*, la pierre de sel; *mouflong*, la pierre moussue; de même qu'au pays de Galles *penmaenmawr* signifie

FIG. 140.

Dolmen. — Inde.

la colline de la grande pierre; *menhir*, la pierre debout; *dolmen*, la pierre sous forme de table, etc. Ceux qui croient que l'usage des métaux a été introduit en Europe par une race d'origine indo-européenne trouveront dans ces faits une confirmation intéressante de leur opinion.

La comparaison des figures 139 et 140 avec les figures 135 et 137 prouve combien ces dolmens indiens ressemblent aux dolmens européens.

On peut dire que les dolmens indiens représentés dans les

(1) *Proc. Soc. Ant. Scotland*, vol. I, p. 93.
(2) *Address to the British association*, 1868, p. 7, traduite dans la *Revue scientifique*, 1868.

excellents mémoires du capitaine Meadows Taylor (1) (fig. 139, 140) ressemblent exactement aux dolmens de l'Europe occidentale. M. Taylor en a examiné un grand nombre, car il a pu se procurer des détails sur 2129 dolmens situés dans le district de Bellary, dans le Deccan, et il est fort intéressant de savoir que, comme cela arrive quelquefois en Europe, plus de 1100 ont une ouverture dans une des pierres de côté, probablement pour faire passer des aliments au mort. Montpérieux, dans son ouvrage sur le Caucase, reproduit (pl. XXX) un dolmen qui a une ouverture semblable; Schoolcraft rapporte de son côté qu'aux États-Unis les Peaux-Rouges laissaient fréquemment, dans le même but, une ouverture à la couverture du tombeau (2).

Les tumuli ou tertres tumulaires sont partout beaucoup plus nombreux que les cercles de pierres. La grande majorité d'entre eux représente simplement un lieu d'inhumation. Toutefois quelques-uns ont été aussi élevés en commémoration d'événements : le monceau de pierres, par exemple, élevé par Laban et par Jacob, ou le monticule élevé par les Dix mille quand ils aperçurent la mer pour la première fois, pendant leur célèbre retraite.

On peut, en quelque sorte, évaluer le degré d'estime que la tribu avait pour le mort par la grandeur du tumulus qu'elle élevait à sa mémoire. Cette observation, selon James (3), est vraie pour les Indiens de l'Amérique septentrionale; les montagnards écossais (4) disent encore en manière de compliment : *Curri mi clach er du cuirn*, c'est-à-dire : j'ajouterai une pierre au tas qui recouvrira votre tombeau. Or M. R. Gray m'affirme que cette coutume existe encore dans les Hébrides, comme elle existe d'ailleurs chez plusieurs races sauvages et demi-sauvages.

Ce que Schoolcraft dit des Indiens de l'Amérique du Nord peut s'appliquer à bien des tribus sauvages. « On choisit, parmi les objets que possédait le mort, ce qui a le plus de

(1) *Trans. Roy. Irish Acad.*, vol. XXIV, p. 329. Voir aussi Col. Forbes Lesli, *The Early races of Selando*.
(2) Schoolcraft, *Indian tribes*, 1re partie, p. 33.
(3) *Expedition to the Rocky Mountains*, vol. II, p. 2.
(4) Wilson, *Pre-historic Annals of Scotland*, vol. I, p. 86, 2e édition.

valeur, pour le déposer dans son tombeau. Les vêtements, les
armes, les ornements et les outils les plus précieux, sont enfouis dans le tombeau qui est toujours placé dans la position
la plus pittoresque, au sommet de quelque haute colline ou
sur une petite éminence dans une vallée retirée. » Les Indiens
de l'Amérique du Nord ont gardé, dit-on, jusque pendant ces
dernières années, des sentiments d'amitié pour les Français,
parce qu'au temps de leur suprématie ils eurent au moins le
grand mérite de ne jamais profaner les tombeaux.

Les cercueils ne semblent pas avoir été en usage pendant
l'âge de la pierre. Presque tous les tumuli consistent simplement en un amas de terre et de pierres recouvrant les ossements ou les cendres du mort; dans bien des cas, cependant,
le tertre contient un cist de pierre, évidemment destiné à pro-
téger les restes du décédé; parfois aussi le mort était enterré
dans un dolmen ressemblant plus ou moins à ceux représentés
par les figures 135-137, puis le tout était recouvert de terre.
Ces dolmens couverts et découverts se retrouvent, comme
nous l'avons déjà dit, dans l'Afrique septentrionale et dans
l'Inde. Quelques archéologues soutiennent que tous les dolmens étaient dans l'origine recouverts de terre ou de pierres,
mais je crois qu'il est surabondamment prouvé que quelques-
uns, tout au moins, ont été laissés découverts avec intention.

Quelques-uns des plus vieux tumuli de la Scandinavie offrent
un caractère différent. Ce sont de grands monticules contenant
un passage formé par d'immenses blocs de pierre, s'ouvrant
presque toujours comme les tumuli de Bretagne, vers le sud
ou l'est, jamais vers le nord, et conduisant à une grande salle
centrale autour de laquelle sont assis les cadavres. A Gold-
havn, par exemple, on ouvrit, en 1830, un tombeau de cette
espèce (si toutefois on peut leur donner le nom de tombeau);
on y trouva de nombreux squelettes assis sur un rebord peu
élevé attenant au mur; auprès de chaque squelette se trouvaient les armes et les bijoux du mort. Or les maisons qu'habitent les peuples des régions arctiques, les « maisons d'hiver »
des Esquimaux et des Groenlandais, les « yurts » des Sibériens, ressemblent beaucoup à ces « ganggraben » ou « tombeaux à passage ». Le « yurt » des Sibériens, par exemple,
tel que nous le décrit Erman, consiste en une salle centrale,

enfoncée quelque peu dans le sol; les côtés, en l'absence de
grosses pierres, sont faits en bois, puis on empile de la terre
sur le toit et sur les côtés, ce qui fait ressembler ces habitations à un monticule. L'ouverture est toujours tournée vers
le sud; quelquefois, en guise de croisée, on ménage un petit
trou dans la direction de l'est. Au lieu de verre, on ferme ce
trou avec un morceau de glace d'un pied d'épaisseur, qu'on
remplace quatre ou cinq fois pendant l'hiver. Le foyer est en
face de l'entrée; tout autour de la chambre, contre le mur,
« est une espèce de banc d'environ 6 pieds de large, élevé
au-dessus du sol; c'est sur ce banc que les habitants dorment
pendant la nuit et qu'ils s'asseyent le jour pour travailler. »

Le capitaine Cook nous fait une description presque semblable des habitations d'hiver des Tschutski, à l'extrémité
nord-est de l'Asie. Ces habitations, dit-il (1), « ressemblent
exactement à une cave voûtée; le plancher se trouve un peu
au-dessous du sol environnant. Celle que je visitai était ovale,
elle avait environ 20 pieds de long et à peu près 12 pieds de
haut. Les murs consistaient en morceaux de bois et en côtes
de baleine parfaitement agencés, le tout était relié par des
matériaux plus petits de la même espèce. Sur ces murs, ils
placent de forte herbe grossière, puis recouvrent le tout de
terre; si bien qu'à l'extérieur la maison ressemble à une petite
éminence, supportée par un mur de pierre de 3 ou 4 pieds de
haut, qui l'entoure de trois côtés. »

La figure 141 représente le plan d'une *gamme* ou hutte de
Lapon, de Komagfiord, plan rapporté par M. Brooke (2). Cette
hutte était construite avec des mottes de gazon reposant sur
une grossière charpente; les interstices étaient bouchés avec
de la mousse. Elle avait 6 pieds dans la plus grande hauteur,
14 pieds de large et 30 pieds de long. A (fig. 141 *a*) est la
porte, B le passage ayant 3 pieds de hauteur, 6 de largeur et
12 de longueur; C est la porte intérieure s'ouvrant dans la
gamme D; E le foyer, composé de quelques grosses pierres
pour supporter un feu de bois; F une ouverture dans le toit
pour laisser s'échapper la fumée; G, G divisions servant de

---

(1) *Voyage to the Pacific Ocean*, vol. II, p. 450. — Voyez aussi vol. III,
p. 374.
(2) Brooke, *Travels in Lapland*, p. 318.

lits et servant aussi à supporter le toit; H une partie séparée
pour les moutons et les chèvres. Si l'on compare cette hutte

Fig. 141.

Habitations d'hiver et d'été. — Kamtschatka.

avec le plan correspondant d'un tumulus (fig. 143) on verra
combien ces habitations ressemblent aux « ganggraben », et

Fig. 141 a.

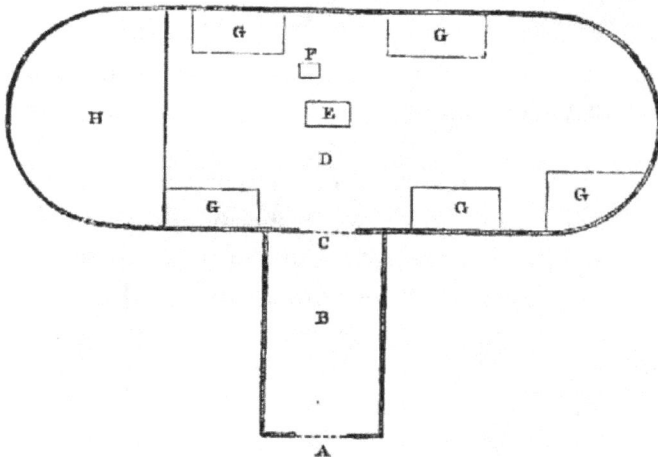

Gamme ou hutte. — Laponie.

il est fort possible qu'on ait souvent pris des ruines d'habitations semblables pour des tumuli, car on a examiné quelques-

uns de ces monticules qui contenaient des outils brisés, de la poterie, des cendres, etc., mais aucun ossement humain : en un mot, de nombreuses indications de la vie, mais aucunes traces de la mort. Nous savons, aussi, que beaucoup de tribus sauvages ont une répugnance superstitieuse à se servir de ce qui a appartenu à une personne décédée; quelquefois même cette répugnance s'étend jusqu'à sa maison qui est abandonnée ou qui devient son tombeau. Les Indiens des bords de l'Amazone enterrent leurs morts sous leurs maisons, sans toutefois abandonner ces dernières.

Chez les Nouveaux-Zélandais, au contraire, selon M. Taylor, « quand le propriétaire meurt et qu'il est enterré dans sa maison, on y laisse tout ce qu'elle contient; la porte est fixée et peinte avec de l'ocre, pour indiquer qu'elle est consacrée, et personne ne doit plus y entrer (1) ». Dans bien des villages, ajoute-t-il, près de la moitié des maisons appartiennent aux morts.

Les insulaires du détroit de Torres se servent aussi de huttes ordinaires comme lieu d'inhumation (2).

Denham (3) constate aussi que, dans le grand royaume de Bornou, au centre de l'Afrique, « chacun est enseveli sous le plancher de sa propre maison, sans qu'il soit élevé aucun monument; chez le peuple, la maison continue à être occupée comme à l'ordinaire, mais, chez les grands, il y a plus de raffinement et la maison est abandonnée pour toujours ». Les mêmes coutumes existent chez les Dahomans, les Yorubans et d'autres races de la côte de Guinée (4). Il est plus significatif encore que les Esquimaux eux-mêmes abandonnent fréquemment les morts dans les maisons qu'ils occupaient pendant leur vie (5). On ne peut d'ailleurs comparer le plan d'un « tombeau à passage » de la Scandinavie, tel par exemple que celui représenté fig. 143, avec celui d'une maison de neige des Esquimaux fig. 141 a, sans être frappé de la grande analogie qui existe entre eux.

(1) *New Zealand and its inhabitants*, p. 101.
(2) M. Gillivray, *Voyage of the Rattlesnake*, vol. II, p. 48.
(3) *Travels in Africa*, vol. IV, pp. 55-130.
(4) Burton, *Mission to Dahome*, vol. II, p. 2.
(5) Ross, *Arctic expedition*, 1829-1833, p. 290.

Dans ces circonstances, on peut accepter comme probable l'hypothèse proposée par le professeur Nilsson, le vénérable archéologue suédois, que ces « ganggraben » sont une copie, un développement, ou une adaptation des habitations; que les anciens habitants de la Scandinavie, incapables d'imaginer un futur entièrement différent du présent, ou un monde autre que celui dans lequel nous vivons, prouvaient leur respect et leur affection pour les morts, en enterrant avec eux ce qu'ils avaient de plus précieux sur cette terre; auprès des femmes ils mettaient des bijoux, auprès des guerriers des armes. Ils enterraient la maison avec son possesseur et le tombeau était littéralement la demeure du mort. Quand un grand homme mourait, on l'asseyait sur son siège favori, on étalait devant lui de quoi boire et de quoi manger, on plaçait ses armes à son côté, on fermait sa maison et on en recouvrait l'entrée avec de la terre, pour la rouvrir cependant quelquefois, quand sa femme ou ses enfants allaient le rejoindre dans la terre des Esprits.

Il se peut que la rareté comparative des tumuli à chambres, en Angleterre et en France, ait pour cause la plus grande douceur du climat qui ne nécessitait pas l'usage des habitations souterraines pendant l'hiver; il se peut aussi que ce soit une indication d'une différence de race. De plus amples recherches éclairciront probablement cette question. En attendant, il faut se rappeler que ce qu'on a appelé les « maisons des Pictes » sont abondantes dans le nord de la Grande-Bretagne. Ces habitations curieuses « se distinguent à peine des grands tumuli: mais, si l'on creuse le tertre, on s'aperçoit que ce tertre recouvre une série de grandes salles, construites ordinairement avec des pierres d'une grosseur considérable, et convergeant toutes vers un centre où l'on semble avoir ménagé une ouverture pour la lumière et la ventilation. Ces habitations diffèrent peu des habitations souterraines, ou weems, si ce n'est qu'elles sont construites à la surface du sol et qu'elles ont été recouvertes d'un tertre artificiel (1) ».

Selon M. Bateman, qui a dressé la statistique de fouilles systématiques, la plupart faites en sa présence, dans plus de quatre cents tumuli, « le plan fondamental des tumuli anglais,

(1) Wilson, loc. cit., vol. I, p. 116.

à l'exception de quelques tumuli à salles ou à galeries, dans le
Berkshire, dans le Wiltshire, en Irlande, etc., tels que New-
Grange, la caverne de Wayland-Smith, Uleybury et quelques
autres, ainsi que les tumuli infiniment plus récents de la période saxonne, est presque toujours le même; le principal caractère de ces tertres tumulaires est qu'ils recouvrent soit une
grossière voûte de pierre, soit une salle ou un caisson de pierre,
autrement appelé un « cistvaen », bâti avec plus ou moins de
soin, quelquefois aussi un tombeau creusé plus ou moins au-
dessous de la surface naturelle du sol, revêtu, s'il est nécessaire,
de dalles de pierre, dans lequel on dé-
posait le corps en son entier ou après
l'avoir réduit en cendres (1). »

Fig. 142.

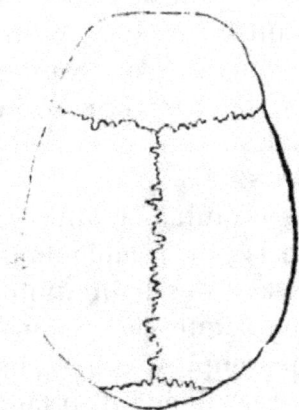

Crâne allongé. — Derbyshire

Les tumuli allongés de la Grande-
Bretagne ressemblent sous beaucoup
de rapports aux « ganggraben » de la
Scandinavie et, comme eux, dans les
districts où l'on trouve de larges blocs
de pierre, ils contiennent des chambres
mégalithiques où on enterrait les morts
sans les brûler. On n'a jusqu'à présent
trouvé aucune trace de métaux dans
cette sorte de tumuli qui probablement
appartiennent à l'âge de la pierre. Les
crânes trouvés dans ces tumuli sont
fort longs et fort étroits.

Le docteur Wilson donne à ces crânes le nom de « Kumbé-
céphaliques » ou crânes en forme de bateau; ils ressemblent à
celui représenté dans la figure 142, qui a été trouvé par M. Bateman dans le tumulus de Longlow, près de Watton, dans le
Derbyshire. Ce tumulus contenait les restes de treize individus
qui avaient été enterrés assis. Ils étaient placés dans un cist
composé de larges pierres; auprès d'eux se trouvaient plusieurs
silex travaillés et principalement trois pointes de flèche faites
avec soin. Les crânes longs sont assez rares dans les tumuli
ronds de l'Angleterre, tandis qu'au contraire on n'a encore
trouvé aucun crâne rond dans les tumuli allongés, dans le

(1) Bateman, *Ten years Diggings*, p. XI.

Wiltshire et dans le Gloucestershire tout au moins. Aussi, les preuves semblent-elles confirmer l'aphorisme du docteur Thurnam : tertres allongés, crânes longs; tertres ronds, crânes ronds (1). Cette conclusion repose sur la mesure de 137 crânes, dont 70 proviennent de tertres ronds et 67 de tertres allongés. Il est bon de faire observer que ce ne sont pas là des spécimens choisis; pour les crânes provenant de tertres allongés ce sont tous ceux que nous possédons dans un état suffisamment parfait; quant aux 70 provenant de tumuli ronds, le docteur Thurnam a pris tous ceux (41) de la collection Bateman, ceux décrits dans les *Crania Britannica* et tous ceux de sa propre collection. Or, si nous classons les crânes, dans lesquels la proportion de la largeur à la longueur est moindre de 73 à 100 comme têtes longues ou Dolichocéphaliques, ceux dans lesquels elle est de 74-79 à 100 comme têtes moyennes, et ceux dans lesquels elle est de 80 ou de plus de 80 à 100 comme têtes courtes ou Brachycéphaliques, nous obtiendrons les résultats suivants :

	Nombre total de crânes.	Dolichocéphaliques. 63-73	Orthocéphaliques. 74-79	Brachycéphaliques. 80-89
Tertres allongés.	67	55	12	0
Tertres ronds.	70	0	26	44

Ainsi, il ne se trouve pas un seul crâne long parmi les 70 spécimens provenant des tertres ronds, ni un seul crâne rond parmi les 67 spécimens provenant des tertres allongés. Une différence si remarquable semble impliquer une différence de race, et le docteur Thurnam est disposé à penser que les peuples dolichocéphales vivaient pendant la période néolithique de l'âge de la pierre, et les peuples brachycéphaliques pendant l'âge du bronze.

On n'a trouvé, jusqu'à présent, dans aucun tumulus, des ossements appartenant à des mammifères dont les races ont disparu. Le renne même, autant que nous pouvons l'affirmer d'après les preuves en notre possession, manque aussi. En outre,

(1) *Mem. Anthropological Soc.*, vol. I. Les faits suivants sont cependant empruntés à un second mémoire, qui sera publié par la même Société, dont le docteur Thurnam a été assez bon pour me communiquer les épreuves.

les instruments en pierre, comme nous l'avons déjà dit, offrent un caractère tout différent de celui des instruments employés par les hommes de la période paléolithique de l'âge de la pierre. Il n'y a donc rien de surprenant à ce que les crânes trouvés dans les tumuli attribués à l'âge de la pierre indiquent la présence en Europe de plusieurs races d'hommes pendant cette période. Sur le continent, de même qu'en Angleterre, les crânes retrouvés sont tantôt brachycéphaliques et ressemblent à ceux des Lapons sous ce rapport, tantôt dolichocéphaliques (1). Virchow (2) a récemment publié un mémoire sur les crânes trouvés dans les tumuli danois et contenus dans le musée de Copenhague. Laissant de côté les fragments et les crânes d'enfants, il a examiné 41 crânes attribués à l'âge de la pierre, 3 à l'âge du bronze, et 5 à l'âge du fer, et les a comparés avec des crânes de Lapons 3, de Groenlandais 5 et de Finnois 3, contenus dans la même collection. En somme, les crânes de l'âge de la pierre sont orthocéphaliques, inclinant au brachycéphalisme ; les spécimens de l'âge du bronze et de l'âge du fer sont dolichocéphaliques. Il faut remarquer, toutefois, qu'il serait imprudent de tirer aucune conclusion de l'examen d'un si petit nombre de spécimens ; car, en admettant même que l'âge du bronze indique l'immigration d'une nouvelle race dans l'Europe occidentale, il est peu probable que les nouveaux arrivants aient exterminé tous les anciens habitants ; tout au moins auraient-ils épargné les jeunes femmes ; de telle sorte que, jusqu'à ce que nous ayons des témoignages en quantité plus considérable, il serait imprudent de spéculer sur le caractère de la population pendant l'âge du bronze.

Les Groenlandais sont dolichocéphaliques, les Lapons et les Finnois au contraire sont brachycéphaliques ; mais Virchow observe que si, sous ce rapport, les crânes des derniers ressemblent au type danois de l'âge de la pierre, ils diffèrent beaucoup par la hauteur et la largeur, de telle sorte qu'on ne peut établir aucune affinité ethnique entre eux.

Dans quelques cas, les crânes trouvés dans le même tumulus diffèrent considérablement les uns des autres. Ainsi, parmi

(1) Nilsson. *Stone age*. Éd. anglaise, p. 124.
(2) *Ar. für Anthropologie*, 1870, p. 55.

ceux qu'on a trouvés dans le grand tumulus de Borreby, au Danemark, la largeur, en prenant la longueur pour 100, variait de 71,8 à 85,7, soit un écart de 14 pour 100 (1).

Quelques archéologues ont pensé que les soins apportés aux funérailles, la coutume de placer auprès du cadavre divers objets, prouvent que ces peuples croyaient à l'immortalité de l'âme et à une existence matérielle après la mort.

« Il semble prouvé, dit le docteur Wilson, par le dépôt constant auprès du cadavre, non seulement d'armes, d'outils, de bijoux, mais aussi de vases qui contenaient sans doute des aliments et des breuvages, que les anciens Bretons croyaient à une existence future et avaient quelques idées de jugement, de châtiments ou de récompenses. Mais cela prouve en même temps que les idées qu'ils se faisaient à ce sujet étaient fort grossières et toutes matérialistes. »

Or, loin qu'il soit prouvé que le cadavre était toujours accompagné de ce que nous appelons les choses nécessaires à la vie, on pourrait dire que c'est là l'exception et non la règle. Ainsi Sir R. Colt Hoare, dans le premier volume de son grand ouvrage sur les antiquités du Wiltshire, décrit 250 tumuli, et, sur ce nombre, 18 seulement contenaient des instruments en pierre, 31 des instruments en os, 67 des instruments en bronze, et 11 des instruments en fer; il est vrai qu'on retrouva des poteries dans 107 de ces tombeaux, mais, dans plus de 60, ces poteries n'étaient que des urnes funéraires destinées à contenir les cendres des morts et non pas des aliments. Je dois ajouter cependant que, quant aux instruments en pierre, Sir R. C. Hoare paraît avoir négligé les armes et les outils grossiers. Je m'appuierai donc principalement sur les preuves fournies par les recherches de M. Bateman et de M. Greenwell.

Un grand nombre des tombeaux décrits par M. Bateman avaient déjà été ouverts; cependant, il en examina 297 auxquels on n'avait jamais touché; il se trouva que 100 de ces tombeaux ne contenaient aucune espèce d'instruments, soit en pierre, soit en métal, et que 40 seulement contenaient des vases à aliments. Toutefois, de peur qu'on ne puisse supposer que ces tombeaux mal pourvus étaient ceux de pauvres ou

(1) Busk. Vogt, *Lectures on Man*, p. 384.

d'ennemis, nous n'en parlerons pas. Nous pouvons cependant affirmer que ces tumuli, qui nécessitaient pour leur construction beaucoup de travail et de dépenses, n'étaient élevés qu'en l'honneur des riches et des grands, quoiqu'ils aient pu servir, et qu'ils aient, sans doute, servi plus tard de tombeaux pour les pauvres. Mais il est toujours facile de découvrir la sépulture primitive; car, bien qu'on puisse citer quelques cas où le premier occupant a été ignominieusement jeté hors de son tombeau pour faire place à un successeur, ces cas sont fort rares, et des signes certains les font ordinairement reconnaître: les sépultures secondaires, au contraire, sont ordinairement placées soit au-dessus de la première, soit sur les côtés du tumulus. Le même sentiment qui portait nos ancêtres à enterrer leurs morts de préférence dans un tumulus déjà existant, les empêchait ordinairement de violer une sépulture ancienne.

Dans les tableaux suivants, je me suis occupé seulement de sépultures primitives; la première colonne contient le nom du tumulus, les neuf colonnes suivantes indiquent la disposition du cadavre et les objets qui l'accompagnent, et la dernière est réservée aux observations spéciales. Sur 139 sépultures ouvertes par M. Bateman, 105 seulement contiennent des outils ou des armes, et 35 seulement des vases destinés aux aliments. En outre, si nous examinons la nature des objets placés près du cadavre, nous serons loin de trouver un assortiment complet d'outils ou de bijoux. Il n'y a pas lieu peut-être de s'étonner de la rareté du bronze; mais, pour des hommes aussi habiles que nos ancêtres, ce devait être chose facile que de faire une grossière pointe de flèche, ou un éclat de silex. Et, cependant, quelques cadavres ne sont accompagnés que d'une seule pointe de flèche, d'autres d'un petit éclat de silex, d'autres enfin d'un seul racloir. Il ne faut pas oublier que bien des objets en pierre trouvés par M. Bateman sont beaucoup plus grossiers qu'on ne le supposerait d'après les noms qu'il leur a donnés.

On observera, dans le tableau que M. Greenwell a bien voulu me communiquer, tableau qui indique les dépôts primaires dans 102 tumuli examinés par lui, que 30 seulement contiennent des instruments, les 72 autres ne renfermant que le cadavre. Dans aucun cas, en outre, on n'a trouvé le cadavre étendu horizontalement, position qui nous semble si naturelle.

BATEMAN. — VESTIGES DES ANTIQUITÉS DU DERBYSHIRE.

	CADAVRE				OBJETS EN					CIST.	OBSERVATIONS.
	ASSIS.	BRÛLÉ.	ÉTENDU.	POSITION INCERTAINE.	PIERRE.	OS.	BRONZE.	FER (¹).	POTERIE.		
1 Gib Hill . . .					Pointe de flèche et celt.						Grand tumulus, haut de 18 pieds, morceaux de silex calcinés. Fibula en fer auprès de la surface.
2 Middleton Moor .					Outil circulaire . .						Deux squelettes.
3 Lark's Low . .					2 pointes de flèche, 2 ciseaux, 2 pointes de lance, couteaux, etc.	Épingle		Pointe de flèche.	Fragments		
4 Bee Low . . .											
5 Liff's . . .										Cist.	
6 Brassington Moor					Pointe de lance et deux outils circulaires . .	Marteau de corne			Coupe à encens.	Cist.	Trois morceaux d'ocre rouge.
7 Elk Low . . .					Pointe de lance et trois autres outils . . .				Fragments	Cist.	Polissoir en grès. Ossements humains calcinés.
8 Cross Low . .					Morceau d'une hache celt et d'un éclat de silex.				Urne funéraire.	Cist.	Ossements calcinés de deux enfants et une dent de cheval.
9 Sliper Low . .										Cist.	Enfant.
10 Cross Low . .									Coupe à boire	Cist.	Ossements humains calcinés et squelette d'un enfant. Le tumulus n'a guère que 18 pouces de hauteur.
11 Green Low . .					Dague, 3 pointes de flèche, etc.	Trois outils .			Coupe à boire	Cist.	Restes d'un enfant. More, de pyrite de fer.
12 Sheldon . . .					Éclats de silex.				Urne funéraire		Morceau sphérique de pyrite de fer.
13 Arbor Low . .					Outil demi-circulaire	Épingle			Deux urnes	Cist.	
14 New Inns . .							Dague.			Cist.	Tertre très petit et très bas.
15 The Low . .					3 outils grossiers.		Dague et 2 épingles			Cist.	
16 Net Low . .										Cist.	Deux ornements faits avec du charbon de Kimmeridge, des fragments de silex calciné.
17 Wotton . . .					Un outil .				Urne	Cist.	Ossements humains calcinés.
18 Bostern . . .					Deux outils grossiers .					Cist.	
19 Harthill Moor .									Morceaux	Cist.	Petit tertre.

(¹) Il est probable que la plupart des tumuli contenant du fer appartiennent à la période anglo-saxonne.

	CADAVRE.				OBJETS EN					CIST.	OBSERVATIONS.
	ASSIS.	BRÛLÉ.	ÉTENDU.	POSITION INCERTAINE.	PIERRE.	OS.	BRONZE.	FER.	POTERIE.		
20 Castern					Pointe de lance		Boîte et couteaux			Cist.	Boules en verre, aiguilles en argent.
21 Moot Low					Six outils grossiers					Cist.	Dents de cheval.
22 Gratton Hill										Cist.	Tertre considérable.
23 Bassett Wood									Fragments	Cist.	Squelette d'un chien. Grand tertre.
24 Ilam							Épingle			Cist.	Tête d'un taureau. Grand tertre.
25 Ilam									Fragments	Cist.	Petit tertre.
26 Ilam											
27 Welton					Instrument grossier	Marteau et lance?					
28 Lid Low					Petit outil				Urne	Cist.	Squelette très grand.
29 Casterne						Épingle			Coupe à boire	Cist.	Os humains calcinés. Dents de cheval. Probablement une femme.
30 Barton					Deux outils		Bague			Cist.	Deux squelettes.
31 Cow Low										Cist.	Petit morceau de silex calciné.
32 Dowe Low					Outil de silex		Bague			Cist.	
33 Slip Low					Deux pointes de flèche					Cist.	
34 Narrow Dale Hill					Pointe de flèche et outil circulaire				Une fine faire	Cist.	Petit morceau de silex calciné.
35 Middleton							Épingle			Cist.	
36 Plaxdale									Urne funéraire	Cist.	Plusieurs morceaux de silex.
37 Bruncliff									Vase	Cist.	Ossements d'animaux calcinés.
38 Monyash					Partie d'un couteau			Couteau		Cist.	
39 Gotam					Pointe de lance		Épingle			Cist.	

DIX ANS DE FOUILLES

	CADAVRE.				OBJETS EN					CIST.	OBSERVATIONS.
	ASSIS.	BRÛLÉ.	ÉTENDU.	POSITION INCERTAINE.	PIERRE.	OS.	BRONZE.	FER.	POTERIE.		
1 Parcelly Hay.					Trois éclats de silex	Boules				Cist.	Os d'animaux. Débris d'une coupe à boire.
2 Middleton Moor.										Cist.	Dent de vache. Collier en jais et en os. Évidemment une femme avec un enfant.
3 Sharpe Low.									Vase	Cist.	Tumulus ayant environ 2 pieds de haut. Fragments de poterie trouvés dans le tertre.
4 Doveridge.										Cist.	Squelette d'un enfant non calciné.
5 Eston.					Pointe de lance	Épingle				Cist.	
6 Shuttlestone.					Silex circulaire		Collet du gue			Cist.	Boule en jais.
7 Booth Low.					Éclats.					Cist.	Tumulus ayant 8 pieds de haut.

No. / Nom	Silex / outils	Corne de cerf, etc.	Autres objets	Objets	Coupe à boire	Cist.	Observations
8 Low Tem	Trois pointes de lance, etc.	Morceau ovale de corne de cerf, etc.					
9	—					Cist.	Secondaire. } Le premier à la surface du sol. Les deux derniers au-dessous.
10	—					Cist.	Secondaire. }
11 Dowel	Deux silex dont l'un est une pointe de flèche.					Cist.	Boule en jais. }
12 End Low	Pointe de lance.		Dague.		Coupe à boire.	Cist.	Bouton de jais.
13 Moneystones	Pointe de lance.					Cist.	Éclats de silex.
14	Pointe de lance.						
15 Blake Low					Coupe à boire.		Femme avec le squelette d'un enfant. Corne de cerf.
16	Un outil brisé.				Deux vases.	Cist.	En outre le squelette d'un enfant.
17 Rusden Low					Coupe à boire.	Cist.	Femme avec le squelette d'un enfant.
18 Borthor Low	Pointe de flèche.					Cist.	Un homme et deux femmes. Beaucoup d'ornements en jais.
19 Over Haddon	Un ou deux grossiers instruments.						
20							
21						Cist.	En outre un second squelette grêle. Grande dent de quelque animal. Noyau d'une corne de vache. Grand tertre.
22 Vincent Knoll						Cist.	Saxon.
23 Chelmorton	Dague et pointe de lance.			Couteau		Cist.	Saxon.
24 Nether Low				Plusieurs objets.		Cist.	
25 Hurdlow				Épingles et boîte.		Cist.	Saxon.
26 Minning Low				Morceaux de 3 vases (faits au tour).			Une pièce de monnaie en cuivre du Bas-Empire.
27		Outil.	Dague.				
28 Ballidon Moor	Quelques bons silex.		Poinçon.			Cist.	Le tombeau contenait trois squelettes, outre des ossements d'animaux.
29 Hill Head	Un seul silex grossier. Outil mince.					Cist.	
30 Vincent Knoll	Outil bien fait, etc.			Épée, etc.			Probablement sépulture récente. Petit tertre.
31 Brushfield						Cist.	
32 Taddington						Cist.	
33 Stakor			Deux morceaux.		Coupe à boire.	Cist.	Ou chambre funéraire.
34 Hob Hurt's House	Outil grossier					Cist.	Dans le gravier.
35 Bole Hill						Cist.	
36 Foremark				Épingle. Morceau.			
37							Peut-être Saxon.
38	—						
39							
40							
41 Smerrill	Éclat et couteau.					Cist.	
42	Dague, lance, etc.	Règle à filets.			Coupe à boire.	Cist.	Primitif, mais pas unique. Femme.
43 Chelmorton				Couteaux.		Cist.	

	CADAVRE				OBJETS EN					CIST.	OBSERVATIONS.
	POSITION INCERTAINE.	ÉTENDU.	REPLIÉ.	ASSIS.	PIERRE.	OS.	BRONZE.	FER.	POTERIE.		
44 Haddon Field.					Pointe de flèche, etc.	Règle à mailles.	Poinçon.		Coupe à boire.	Cist.	Deux squelettes. Fragment de poterie.
45 Throwley.					Pointe de flèche.					Cist.	
46 Mare Hill.					Pointe de lance.					Cist.	
47 Deepdale.					Pointe de flèche.		Dague.		Coupe à boire.	Cist.	Deux squelettes. Fragment de poterie.
48 Mouse Low.					Pointe de lance et quatre flèches.	2 instruments.	Dague.				
49 Thornhill.					Un outil soigné.						
50 Stanton.					Quelques outils grossiers.						
51 Ribden Low.					Plusieurs outils.	Plusieurs instruments.				Cist.	
52 Throwley.					Deux silex pointus.	Instrument grossier.			Coupe à en-eus.	Cist.	En outre des os calcinés.
Lomberlow.					Pointe de lance.		Épingle.		Urne funéraire.	Cist.	
54 Gatehaun.					Outil en éclats.						En outre des ossements humains calcinés.
55 Bunster.					Pointe de flèche.						
56 Grublow.					Deux pointes de flèche.						
57 Throwley.					Pointe de lance et hache de basalte.	Plusieurs instruments.	Poinçon.		Urne funéraire. droite		
58 Bore.					Pointe de flèche.	Épingle.	Morceaux				Quelques instruments en silex trouvés dans la terre au-dessus du tombeau.
59 Wetton.					Deux instruments pointus.	Épingle.					Partie d'un vase.
60 Warslow.					Trois instruments.					Cist.	Deux squelettes de jeunes gens.
61					Pointe de lance et instrument ovale.						
62 Scrip Low.					Instrument brisé.						Entouré de morceaux de grès. Deux petits morceaux de poterie.
63 Lady Low.					Silex arrondi.		Bague.				
64 Ecton Hill.											Entouré de six autres squelettes assis, accompagnés de trois silex grossiers.
65 Castern.					Plusieurs instruments		Argilla.				Ossements humains calcinés.
66 Elkstone.					Quelques instruments		Poinçon.			Cist.	Le cist n'est pas entièrement creusé. Le tumulus n'a qu'un pied de haut.
67											Pointe de flèche, etc... trouvé dans le tumulus.
68 Calton Moor.											

N°	Lieu	Objets	Deux peignes.	Fragments.	Vase / Coupe	Cist.	Observations
70	Cold Eaton.		Deux peignes.			Cist.	Vingt-huit objets convexes en os, ressemblant à des moules à boutons.
71	Wyaston.				Boules.		Dame saxonne. Anneau et boucles d'oreilles en argent, broche et collier en ambre, porcelaine et verre. Les dents seules restent.
72	Pickering.	Pointe de flèche.	Épingle.		Vase.	Cist.	
73	Saintaft.	Pointe de lance.			Coupe à encens.	Cist.	
74	Cawthorn Camps.	Deux instruments.	Dague.		Urne funéraire.	Cist.	
75	—	Plusieurs instruments.			Coupe à boire avec manche.		
76	Gindle Tap.						
77	Pickering.						
78		Plusieurs instruments, y compris une pointe de lance.			Vase épais.	Cist.	En outre le squelette d'un enfant.
79		Deux pointes de lance, une autre à extrémité arrondie.					
80		Pointe de lance.			Vase.	Cist.	
81		Pointe de lance.			Vase.	Cist.	
82					Vase.	Cist.	Fragments d'une urne.
83		Lance et pointe de flèche.			Vase.	Cist.	
84		Pointe de lance, et pointe de lance.				Cist.	Mâchoire d'un mouton.
85		Ciseau et pointe de flèche et instrument circulaire.					
86		Lance, pointe de flèche et instruments insignifiants.				Cist.	
87		Deux instruments insignifiants.			Coupe à encens.		
88		Pointe de lance et de flèche.				Cist.	Tête d'un bouc.
89		Marteau. Deux lances et un outil à extrémité arrondie.					
90		Pointe de lance, etc.			Coupe à encens.		
91		Pointe de flèche et outils grossiers.	Burin.		Urne funéraire.	ist.	Deux petites balles en pierre. Dague.
92		Instrument coupant.			Vase.	Cist.	
93		Trois silex grossiers.				Cist.	
94		Vingt et un instruments.				Cist.	
95		Quatre instruments.			Vase.		
96	Allerston Warren.	Cinq silex.			Coupe à encens.		
97	Pickering.	Couteau.			Vase.	Cist.	
98		Pointe de lance.			Coupe à encens.		
99	Allerston Warren.	Instrument arrondi.			Vase très joli.	Cist.	
100	Gib Hill.			Plus. objets.			N'était pas, dans le principe, un tertre tumulaire.
101	Benty Grange.						Saxon. La chevelure seule reste. Coupe à boire en cuir.
102	Croukstone.	Instrument circulaire.				Cist.	En outre des ossements calcinés qui semblent avoir été déposés en même temps.

CONTENU DES TUMULI EXAMINÉS PAR LE RÉV. W. GREENWELL.

		CADAVRE		OBJETS EN					TOMBEAU ou CIST.	REMARQUES.
		Assis.	Brûlé.	PIERRE.	OS.	BRONZE.	FER.	POTERIE.		
NORTH RIDING.										
1	Egton Noor, I.	·	—	·	·	·	·	Vase à aliments.	·	Les ossements sont placés à trois pieds au-dessus de la surface naturelle du sol.
2	— II.	·	—	·	·	·	·	·	·	Les ossements sont à quatre pieds au-dessus de la surface naturelle du sol.
3	Haubleton, .	·	—	·	·	·	·	Urne cinéraire	Peu profond	Sur la surface naturelle du sol.
4	Grimston Moor, I.	·	—	·	·	·	·	Coupe à encens.	Peu profond	
5	— II.	·	—	·	·	·	·	Vase à aliments.	Peu profond	
6	— III.	·	—	·	·	·	·	·	·	
7	Castle Howard, I.	·	—	·	·	·	·	·	·	Ossements déposés à la surface naturelle.
8	— II.	·	—	·	·	·	·	·	·	Ossements déposés à la surface naturelle.
9	— III.	·	—	·	·	·	·	Petite urne	Peu profond	Sur la surface naturelle.
10	— IV.	·	—	·	·	·	·	Coupe à encens.	Peu profond	
11	— V.	·	—	·	·	·	·	Urne cinéraire.	·	
12	— VI.	·	—	·	·	·	·	Coupe à encens.	Peu profond	
13	— VII.	·	—	·	·	·	·	Deux coupes à encens.	Peu profond	
14	— VIII.	·	—	·	·	·	·	Coupe à encens.	·	
15	— IX.	·	—	Racloir en silex non calciné.	·	·	·	·	Peu profond	
16	— X.	·	—	2 morc. de silex calcinés.	·	·	·	·	Peu profond	
17	Wykeham Moor, I.	·	—	·	·	·	·	·	Peu profond	Ossements déposés sur la surface naturelle.
18	— II.	·	—	·	·	·	·	Petite urne	Peu profond	Tranchée carrée autour de la base du tumulus.
19	— III.	·	—	Grand couteau de silex.	·	·	·	2 urnes cinérlaire recouverte par une 3e.	·	Sur la surface naturelle.
20	— IV.	·	—	Morceau de silex calciné	·	Bague.	·		·	
21	— V.	·	—	Morceau de silex calciné	·	·	·	Urne cinér. avec une plus petite à l'intérieur.	Peu profond	Les urnes déposées sur la surface naturelle et entourées par un cercle de pierres de quatre pieds de diamètre.
22	— VI.	·	—	2 morceaux de silex calc.	·	·	·	·	Peu profond	
23	— VII.	·	—	Pointe de javelot calcinée.	·	·	·	Urne cinéraire.	·	Sur la surface naturelle.
24	— VIII.	·	—	Morceau de silex calciné.	·	·	·	·	·	Sur la surface naturelle.
EAST RIDING.										
25	Kirby Underdale.	·	—	·	·	·	·	·	Profond.	Deux omoplates d'ours dans le tom

No. / Localité	Instruments en pierre	Instruments en os	Vase	Profondeur	Observations
27 Duggleby Wold	—				Un homme sur la surface naturelle.
28 Heslerton Wold	—				Près de lui une femme; elle portait à la ceinture une boule de jais, un morceau de dent de daim percée, une nérita percée, une vertèbre de poisson et trois canris.
29 Sherburn Wold, I	—			Tombeau	Cadavre sur la surface naturelle.
30 II.	Pointe de javelot calcinée.		Vase à aliments.	Profond	Un enfant de trois ans environ.
31 III.	Racloir et cinq éclats.		Vase à aliments.	Profond	Sur la surface naturelle.
32 IV.	—			Peu profond	Dans ce tertre se trouvaient les restes d'un homme et d'une femme reposant sur un dépôt d'ossements calcinés. Probablement un homme, sa femme et un esclave.
33 V.	—			Peu profond	
34 VI.	—		Urne	Peu profond	Sur la surface naturelle.
35 Potter Brompton Wold, I.	Hache percée calcinée.			Profond	Dans le tombeau était le corps d'un enfant touchant l'autre cadavre.
36 II.	—		Vase à aliments.	Peu profond	Dans le tombeau quelques ossements humains brisés.
37 III.	Pointe de flèche en silex.			Profond	Sur la surface naturelle.
38 IV.	—	Épingle	Urne	Peu profond	Un homme d'âge moyen à l'extrémité orientale et à l'occident un jeune homme.
39 V.	—	Épingle			L'urne sur le côté reposant sur les ossements.
40 VI.	—	Morceau plat.			Derrière la tête le corps d'un très jeune enfant.
41 VII.	Long couteau de silex dans le tombeau, mais pas avec les cadavres.			Peu profond; Profond	Dans le tombeau les restes épars de trois cadavres et plusieurs fragments d'une coupe à boire: deux pieds au-dessus des cadavres, les ossements d'un cadavre brûlé.
42 Ganton Wold, I.	—				A la surface du sol.
43 II.	Racloir ovale.		Urne	Peu profond	Cinq cadavres placés l'un près de l'autre et évidemment enterrés en même temps.
44 III.	—		Vase à aliments.	Profond	Sur la surface naturelle.
45 IV.	—				Le cadavre avait été placé sur une plate-forme en bois reposant sur des tréteaux.
46 V.	—	Épingle		Peu profond; Profond; Peu profond	Sur la surface naturelle.
47 VI.	Racloir ovale calciné.		Vase à aliments.		
48 VII.	—				
49 VIII.	2 couteaux et 4 éclats.				
50 Willerby Wold, I.	—		Vase à aliments.	Profond	Dans le tombeau les ossements épars d'un cadavre.
51 II.	—		Coupe à boire.	Profond	
52 III.	—			Profond	
53 IV.	—			Peu profond	Sur la surface naturelle.
54 V.	—				

	CADAVRE		OBJETS EN					TOMBEAU ou CIST.	REMARQUES.
	Assis.	Broyé.	PIERRE.	OS.	BRONZE.	FER.	POTERIE.		
55 Willerby Wold. VI								Profond	Une femme. A l'autre extrémité du tombeau un homme et trois enfants dont les ossements avaient été déplacés et remis dans une sorte d'ordre grossier.
56 Rudston			Couteau	Massue faite avec le bois d'un cerf.	Bague, hache		Coupe à boire	Tombeau	Dans le tombeau, les restes d'un cadavre dérangé.
57 Butterwick. I					Poinçon			Profond	Cinq grands boutons en jais et un en pierre.
58 Weaverthorpe. I			Grand éclat				Urne cinéraire	Tombeau	Sur la surface naturelle.
59 II			Couteau et grand éclat				Vase à aliments	Tombeau	Un cadavre coupé en faisant le tombeau.
60 III								Très profond	
61 IV									
62 IV							Coupe à boire	Peu profond	A la surface du sol.
63 V				2 bois de bois de cerf.				Profond	Au-dessus du tombeau se trouvaient trois têtes auxquelles manquait la mâchoire inférieure, disposées avec soin dans la forme d'un Y.
64 VI			Racloir ou couteau ovale.					Tombeau	Quelques ossements épars d'un enfant.
65 VII								Très peu profond	
66 VIII							Urne		Collier de boules de jais; 119 disques plats et un pendant central triangulaire.
67 IX					Brassard, fibule	Épingle de fibule remplaçant l'épingle de bronze brisée.		Très peu profond	A la surface du sol.
68 X								Très peu profond	Collier de boules de verre bleu avec un dessin blanc en zigzag.
69 XI					Brassard.			Très peu profond	Nos 65-69 un petit groupe. 66-67 femmes. 68-69 hommes. Les brassards type celtique récent et comme les colliers semblables à ceux trouvés à Arras.
70 XII								de	
71 XIII								du	
72 XIV								Tombeau	Dans le tombeau quelques ossements d'un enfant tous épars et plusieurs morceaux d'une coupe à boire.
73 XV								Peu profond	Les deux cadavres placés en face l'un de l'autre entre les deux...

No.	Désignation	Objets	Épingle / corne de cerf	Boucles d'oreille	Urne / Vase	Profondeur / Tombeau	Observations
74	XVI.						À la surface du sol.
75	XVII.	Hache percée, un racloir rond en silex et éclat... 2 éclats de silex.	? corne de cerf.	2 boucles d'oreille.		Profond	Homme. Dans le tombeau plusieurs ossements humains épars. Femme. Les deux tombeaux communiquaient par une ouverture de deux pieds de large.
76	XVIII.	Pointe de javelot.			Urne.	Profond	
77	Enthorpe. I.				Urne.	Profond	À la surface du sol. Urne reposant sur les ossements.
78	— II.				Urne.		À la surface du sol. Urne reposant sur les ossements.
79	— III.				2 Urnes.		Un peu au-dessus de la surface. Les urnes se trouvaient au milieu des ossements.
80	— IV.				Urne.		Trois pieds au-dessus de la surface du sol.
81	— V.					Profond.	
82	— VI.				Urne cinéraire.	Tombeau.	
83	Garsham, I.					Peu profond.	
84	— II.					Peu profond.	
85	— III.					Peu profond.	
86	— IV.					Peu profond.	
	WEST RIDING.						
87	Ferrybridge. —		Épingle.		Coupe à boire.	Tombeau.	
	CUMBERLAND.						
88	Castle Carrock. I.	Couteau long et étroit non calciné.			Coupe à boire.	Cist.	Au-dessous du sol.
89	— II.					Peu profond.	
	WESTMORELAND.						
90	Moor Divock. —				Vase à aliments. Coupe à encens.	Tombeau. Peu profond.	Cercle en pierres autour de la base.
91	Kirby Stephen, I.						À la surface naturelle.
92	— II.					Tombeau.	À la surface naturelle. Cercle en pierres autour de la base.
93	— III.					Peu profond.	
94	Warcop. —						
95	Asby. —						
	NORTHUMBERLAND.						
96	Ford. I.				Vase à aliments.	Cist.	Un très jeune enfant. Cercle en pierres autour de la base du tertre.
97	— II.	Fragment de silex calciné.			Urne cinéraire.		4 boules de jais. Dépôt d'ossements à la surface.
98	— III.		Fragment d'épingle.	Épingle.	Urne cinéraire.		
99	— IV.	Couteau ? ovale pointu non calciné. Pointe de flèche calcinée.					Sur la surface naturelle.
100	Chatton. —				Vase à aliments.	Tombeau.	Au-dessous du sol. Cercle de pierres autour de la base.
101	Old, Bewick, I.					Tombeau. Cist.	Au-dessous du sol. Cercle de pierres autour de la base.
102	— II.	Couteau.			Vase à aliments.	Cist.	
103	Chollerton. —					Cist.	À la surface naturelle.

Ainsi donc, il semble prouvé que ces anciens peuples n'avaient en aucune façon l'habitude de déposer auprès de chaque cadavre un assortiment complet de leurs instruments. Le tertre situé sur la colline de Croukstone, par exemple, contenait le squelette d'un homme avec lequel on avait enterré les os calcinés de quelqu'un, probablement d'un esclave ou d'une femme, sacrifié sur son tombeau, et cependant on n'a trouvé auprès du squelette qu'un seul « instrument circulaire », sans doute un racloir en silex ou une pierre de fronde. Le tertre connu sous le nom de « Cow Low » ne contenait aussi qu'une épingle en os. Les parents désolés qui élevèrent un si magnifique tumulus, n'auraient certainement pas envoyé leur défunte sœur dans un autre monde avec une seule épingle en os, s'ils avaient pensé que les objets ensevelis avec elle pouvaient lui être de quelque utilité. Le grand tumulus à Arbor Low ne contenait qu'une épingle en os, un morceau de pyrite de fer, un instrument en silex et deux vases. Il serait facile de multiplier les exemples; mais il est, je crois, suffisamment prouvé qu'on ne peut sérieusement regarder les objets trouvés dans les tombeaux comme le témoignage d'une croyance définie à une existence future, ou comme destinés à l'usage des morts dans le monde nouveau qu'ils allaient habiter. En outre, dans chaque cas, la présence d'un objet spécial nous porte à penser que le dépôt de ces grossiers instruments, loin d'être le résultat d'une croyance nationale, n'est simplement que la preuve touchante d'affections individuelles.

Dans quelques endroits, au lieu des armes elles-mêmes, on a découvert des petits modèles d'armes. On trouve quelquefois dans les tombeaux modernes des Esquimaux, des petits modèles de kajaks, de lances, etc.; on a observé des faits semblables dans les tombes égyptiennes. M. Franks m'a affirmé qu'un grand nombre des bijoux trouvés dans les tombes étrusques sont si minces, qu'il est difficile de supposer que l'on en ait fait un usage journalier.

Au Japon, on place, comme insigne de leur rang, des sabres de bois dans les tombes de ceux qui avaient le privilège de porter une épée pendant leur vie. En Chine, une vieille coutume voulait que l'on brûlât, aux funérailles, des morceaux de papier représentant des chevaux, de l'argent, etc., le décédé devant posséder dans un autre monde les objets ainsi représentés (1).

Il est bon de se rappeler que les anciens tumuli n'appartiennent pas tous à une seule période, ni à une seule race d'hommes. Si nous en exceptons peut-être la caverne d'Aurignac, que nous décrirons dans un chapitre subséquent, nous ne connaissons aucune sépulture que nous puissions, il est vrai, attribuer, en restant dans le domaine des probabilités raisonnables, à l'époque paléolithique. Ce fut, cependant, l'étude des tumuli qui conduisit tout d'abord Sir R. Colt Hoare, et d'autres archéologues, à adopter pour l'Europe septentrionale la division en trois grandes époques, indiquée déjà par d'anciens écrivains. Au Danemark surtout, on supposait qu'il y avait une distinction si tranchée, si absolue, entre les tumuli de l'âge de la pierre et ceux de l'âge du bronze, qu'on pouvait presque en déduire que le bronze avait été apporté par une nouvelle race d'hommes qui avaient exterminé rapidement les anciens habitants; cette race avait, disait-on, des coutumes toutes différentes pour les funérailles, et une civilisation beaucoup plus avancée. On constatait que les tumuli de l'âge de la pierre étaient ordinairement entourés d'un cercle de grandes pierres, et contenaient des salles formées par d'énormes blocs de pierre dans lesquelles on déposait les cadavres dans la position assise, les genoux ramenés sous le menton, et les bras croisés sur la poitrine; au contraire, les tombeaux de l'âge du bronze « ne contenaient aucune pierre massive, aucune salle de pierre, en un mot aucune grosse pierre, à l'exception de cists de pierre placés l'un auprès de l'autre, mais qu'il est facile de reconnaître. Ces tumuli ne consistent, en règle générale, qu'en terre et en monceaux de petites pierres, et se présentent toujours sous forme de tertres entourés quelquefois, mais rarement, d'un petit cercle de pierres; ils contiennent les cendres des cadavres placées dans des vases d'argile et accompagnés d'objets en métal (2). »

Ainsi donc, les tumuli de l'âge du bronze paraissaient se distinguer de ceux d'une période plus reculée, non seulement par le fait important que, « au lieu d'instruments simples et uni-

(1) Voir, par exemple, Marco Polo, *Travels*. Édit. 1846, pp. 248-260.
(2) Worsaae, *Antiquités*, p. 93.

formes, et d'ornements en pierre, en os, en ambre, on trouve
tout à coup un grand nombre et une grande variété d'armes
splendides, d'instruments, de bijoux en bronze, quelquefois
même en or (1) » : mais aussi parce que la construction des tumuli eux-mêmes diffère pendant les deux époques, et que le cadavre, pendant l'âge de la pierre, était toujours inhumé dans
la position assise, tandis que, pendant l'âge du bronze, il était
toujours brûlé. Des recherches plus récentes, cependant, ont
fourni aux antiquaires danois des exceptions à cette règle,
plutôt qu'elles ne leur ont permis de la généraliser. En somme,
il faut admettre que nous ne connaissons aucune différence
extérieure qui nous permette de reconnaître avec certitude
qu'un tumulus appartient à l'âge de la pierre, à l'âge du bronze
ou à l'âge du fer. L'intérieur des tumuli est, au contraire, bien
plus instructif. Plus tard, il n'y a pas à en douter, les restes
humains eux-mêmes, et surtout les crânes, seront nos meilleurs guides ; mais nous ne possédons pas, jusqu'à présent, un
nombre suffisant d'observations dignes de foi, pour qu'il nous
soit possible d'en déduire une conclusion, si ce n'est, peut-être,
que les crânes trouvés avec des objets en bronze ressemblent
beaucoup, dans quelques cas, à ceux découverts dans les tombeaux ne contenant que des objets en pierre : ce qui semblerait prouver que, quand bien même le bronze aurait été introduit par une race nouvelle et plus civilisée, les anciens habitants
n'ont probablement pas été tous exterminés. Les poteries, jusqu'à présent, ne nous aident pas beaucoup : celles qu'on a
trouvées avec des objets en bronze sont grossières, mal cuites,
faites à la main, et par leur forme, leur ornementation et les
substances dont elles sont composées, elles ressemblent beaucoup à celles trouvées dans les tombeaux qui ne contiennent
que des instruments en pierre. On attribue trop souvent à l'âge
de la pierre certains tumuli, parce qu'ils contiennent un ou
deux objets en pierre. C'est là, toutefois, une déduction hasar-
deuse. Nous savons, en effet, que la pierre a été d'un usage général pendant l'âge du bronze. Pour ne citer qu'un exemple,
M. Bateman a découvert que, sur 37 tumuli qui contenaient des
objets en bronze, il y en avait 29 qui contenaient en même

temps des objets en pierre, lesquels, pour la plupart, étaient
fort grossiers.

Il y a aussi des cas où il est évident qu'on a déposé dans les
tombeaux des instruments en silex, plutôt par déférence pour
d'anciennes coutumes que parce qu'ils étaient encore employés.
Ainsi, on a trouvé une quantité de silex aigus dans le tumulus
connu sous le nom de Kouloba, ou « Colline de cendres », près
de Kertch. Ce tumulus considérable contenait les restes d'un
chef, de sa femme, d'un esclave et d'un cheval. Le chef portait
une coiffure ornée de plaques en or, un collier en or émaillé et
des bracelets en or. Son épée était en fer, mais la poignée consistait en lames d'or ornées de figures de lièvres et de renards.
Son bouclier était aussi en or et représentait une tête de Mé-
duse, etc. Une autre plaque, faisant partie d'un carquois, était
aussi ornée de figures d'animaux, telles qu'un tigre saisissant
une chèvre et un cerf attaqué par un griffon. Au-dessus de la
queue du tigre était inscrit ce mot πορνχγο. Des statuettes, des
vases en bronze, et beaucoup d'autres objets se trouvaient épars
dans le tombeau.

La reine, elle aussi, était richement parée. Le tumulus contenait, en outre, un diadème en or, un collier en filigrane d'or
auquel étaient suspendues des petites bouteilles en or fin; des
médaillons émaillés bleu et vert; un vase magnifique, deux
bracelets en or, six couteaux à manche d'ivoire, et un grand
nombre d'autres ornements en or. La plupart de ces objets
étaient décorés de figures d'animaux. Une mitre, par exemple,
portait une plaque représentant quatre femmes en costume
grec, assises au milieu de guirlandes de lotus dont les tiges
leur servaient de sièges et de dossiers. La plaque était fixée à
la mitre par quatre têtes de lion, et la partie inférieure était
ornée d'un diadème en or émaillé de petites roses. Sous cette
tombe, dans le même tumulus, s'en trouvait une autre encore
plus riche, d'où on a tiré, dit-on, 120 livres en poids de bijoux
en or.

Les éclats de silex dans un semblable tumulus ne pouvaient
évidemment avoir qu'une signification symbolique (1).

Ainsi donc la seule présence d'un ou deux objets en pierre

(1) *Journal of the British Archæological Association*, vol. XIII.

n'est pas, en elle-même, une raison suffisante pour attribuer un tumulus à l'âge de la pierre. Mes lecteurs examineront sans doute avec intérêt les tables suivantes où M. Bateman condense les résultats que lui ont fournis 297 tumuli.

INSTRUMENTS.	CADAVRE.				TOTAL.
	ASSIS.	BRÛLÉ.	ÉTENDU.	POSITION incertaine.	
Aucun	27	63	3	7	100
Pierre.	53	48	2	31	134
Bronze	15	10	5	7	37
Fer.	2	3	14	7	26
TOTAL.	97	124	24	52	297

Ces tumuli se trouvaient dans les comtés de Derby, de Stafford et d'York. Dans son ouvrage sur les antiquités du Wiltshire, Sir R. C. Hoare examine 267 tumuli, et l'on pourrait dresser la table suivante :

INSTRUMENTS.	CADAVRE.				TOTAL.
	ASSIS.	BRÛLÉ.	ÉTENDU.	POSITION incertaine.	
Aucun	9	160	3	12	184
Pierre	2	5	1	1	9
Bronze	4	49	2	8	63
Fer.	»	»	7	4	11
TOTAL.	15	214	13	25	267

Nous voyons, par ce dernier tableau, que, dans presque tous les tombeaux où se trouvent des objets en bronze, l'inhumation a été précédée de la crémation du cadavre; dans les sépultures

du Nord, nous observons le contraire. Si donc, dans le Wiltshire, la crémation est une preuve que ces tumuli appartiennent
à l'âge du bronze, il nous faudra les attribuer presque tous à
cette période. Je confesse que je penche quelque peu vers cette
hypothèse. On ne trouve pas moins de 270 tumuli autour de
Stonehenge, et il paraît très probable qu'on apportait les cadavres d'une grande distance pour les inhumer auprès du
temple sacré. S'il en est ainsi, la grande majorité de ces tumuli
doit appartenir à une seule période, celle pendant laquelle on
vénérait ce temple. Quelques-uns, certainement, doivent être
plus anciens; mais comme, sur 152 de ces tumuli examinés par
Sir R. C. Hoare, 39 contenaient des objets en bronze, je suis
disposé à les attribuer tous à l'âge du bronze. Or, si nous observons ces 152 tumuli au point de vue du traitement du cadavre, il se trouve que, dans 4 seulement, il est assis, étendu
dans 3, dans 16 la position est incertaine, tandis que dans 129
il avait été réduit en cendres.

Si nous combinons les observations de Sir R. Hoare et de
M. Bateman, nous obtiendrons le tableau suivant :

INSTRUMENTS.	CADAVRE.				TOTAL.
	ASSIS.	BRÛLÉ.	ÉTENDU.	POSITION incertaine.	
Aucun	36	223	6	61	284
Pierre	55	53	3	32	143
Bronze	19	59	7	15	100
Fer.	2	3	12	11	37
TOTAL.	112	338	37	77	564

Ainsi, sur 37 tombeaux contenant des armes ou des instruments en fer, le cadavre était certainement étendu dans 21 cas
et probablement dans quelques autres; alors que sur 527 tombeaux dans lesquels on n'a pas trouvé de fer, le corps n'était
étendu que 16 fois : ce sont donc les $\frac{7}{12}$ dans un cas, et seulement le $\frac{1}{33}$ dans l'autre. En somme, nous pouvons conclure

que ce mode d'inhumation a été introduit à peu près à la
même époque que l'usage du fer.

Les preuves sont moins concluantes quant à la crémation
des cadavres. Sur 100 tombeaux, il est vrai, contenant des objets en bronze, le cadavre n'a été enterré dans la position assise que 19 fois, et dans la position couchée que 7 fois. Il est
donc évident que, pendant l'âge du bronze, on livrait ordinairement les morts aux flammes du bûcher. Il est vrai que nous
trouvons bien des inhumations par crémation, si je puis m'exprimer ainsi, que n'accompagne aucune arme, aucun objet en
bronze. Nous savons, d'un autre côté, que le bronze devait être
très dispendieux, et il n'est pas déraisonnable de supposer que
quelques-uns, sinon la plupart de ces tombeaux, appartiennent
à l'âge du bronze, quoiqu'on n'y ait trouvé aucun objet fait
avec ce métal.

On ne peut pas douter que, pendant la période néolithique
de l'âge de la pierre, on enterrait ordinairement le corps dans
la position assise. En résumé, il paraît probable, quoique nous
ne puissions rien affirmer de positif, que, dans l'Europe occidentale, cette position du cadavre caractérise l'âge de la pierre,
et la crémation l'âge du bronze; au contraire, quand le squelette est étendu, on peut sans beaucoup d'hésitation attribuer
le tombeau à l'âge du fer. Il faut admettre, en même temps,
que les preuves sont loin d'être décisives, et se rappeler que,
pendant la période anglo-saxonne, quelques tribus brûlaient
leurs morts, alors que d'autres les enterraient.

Quoique la présence seule de quelques éclats de silex, ou
d'autres instruments en pierre, ne soit certainement pas une
raison suffisante pour attribuer un tumulus à l'âge de la
pierre, le cas est tout différent quand on trouve réunis un
grand nombre d'objets en pierre. J'ai, par exemple, dans ma
collection, un groupe d'instruments en pierre, consistant en
quatorze haches admirablement travaillées, en coins, en ciseaux, en pointes de lance, etc., et plus de soixante magnifiques éclats de silex trouvés, tous ensemble, dans une des
grandes chambres funéraires danoises de l'île de Moën : ces
objets ont été décrits par M. Boye (1). Le tumulus avait une

1) *Annaler for Nordisk Oldkyndighed og Historie,* 1858, p. 202.

circonférence de cent quarante ells, et une hauteur d'environ huit ells. Il est probable qu'il avait été entouré d'un cercle de pierres, car M. Jensen, le propriétaire, se rappelait que, bien des années auparavant, le côté septentrional était entouré d'une rangée de pierres placées debout les unes auprès des autres. Il n'en reste plus aucune à présent. Malheureusement, M. Boye n'était pas présent quand on ouvrit ce tumulus; il pense, cependant, que la description qu'on lui a faite des fouilles est parfaitement exacte. M. Jensen commença les fouilles par le côté est du tumulus. Il trouva d'abord une jarre que malheureusement il brisa. Cette jarre contenait des ossements calcinés et une épingle en bronze dont la tête était ornée de lignes concentriques. Vers le S. S. E., on trouva une tombe cubique faite de pierres plates, et ayant environ une ell de longueur; elle contenait des ossements calcinés, un couteau recourbé, et une paire de pinces de deux pouces de longueur : ces deux objets étaient en bronze. Près de cette tombe se trouvait une autre urne contenant des ossements calcinés et plusieurs objets en bronze, c'est-à-dire un couteau ayant quatre pouces de long, partie d'une petite épée symbolique, et deux fragments d'un poinçon. Il est évident que ces trois sépultures appartiennent à l'âge du bronze; mais il est évident aussi que ce sont des sépultures secondaires, c'est-à-dire qu'elles ont une date plus récente que la salle funéraire au-dessus de laquelle le tumulus avait été élevé dans le principe.

Cette chambre funéraire elle-même (fig. 143), s'étendant dans la direction du nord au sud, était ovale; elle avait environ huit ells et demie de longueur, vingt ells et demie de circonférence, et deux ells et demie de hauteur. Les murs consistaient en douze pierres très grosses, non taillées, qui, presque toutes, laissaient entre elles un intervalle rempli de pierres plus petites. Le plafond était formé par cinq grands blocs de pierre. Les espaces entre ces gros blocs étaient aussi remplis par de plus petits. Le passage s'ouvrant à l'orient avait cinq ells de longueur et une ell de largeur; il était formé par onze pierres sur les côtés et trois pierres pour le plafond. A l'endroit *a* se trouvaient, de chaque côté, de plus petites pierres qui, réunies à une autre placée entre elles sur le sol, formaient une sorte de seuil, indiquant probablement le lieu où était la porte. On a retrouvé des traces semblables de portes dans d'autres tumuli danois, et c'est peut-être là une preuve que ces monticules avaient auparavant servi de demeures, car, au moment de l'inhumation, la construction d'une porte aurait été sans objet, le passage conduisant à la salle funéraire étant rempli de débris de toute sorte. La chambre funéraire était pleine de terre qui s'élevait jusqu'à une demi-ell du plafond. Presque au milieu, tout près du sol, se trouvait un squelette étendu, *b*, la

Fig. 143.

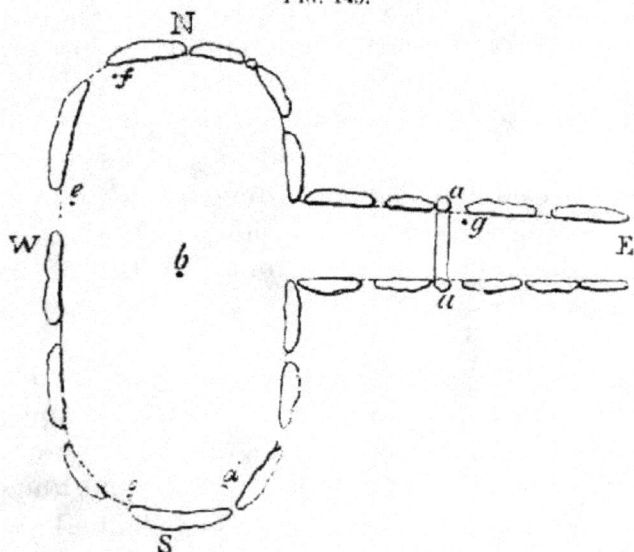

Plan de la salle funéraire dans un tumulus danois à Moën.

tête tournée vers le nord. Du côté sud, en *c* et *d*, se trouvaient deux crânes reposant sur une quantité d'ossements, preuve que les cadavres avaient été enterrés dans la position assise. En *e* se trouvait un squelette semblable auprès duquel étaient trois boules d'ambre, une magnifique hache en silex, qui paraissait n'avoir jamais servi, un petit ciseau imparfait, et quelques fragments de poterie ornée de points et de lignes. En *f* était un autre squelette dans la même posture, avec un éclat de silex, une boule d'ambre et quelques fragments de poterie. Les figures 144 et 145 représentent un des crânes trouvés dans cette chambre. Il y avait plusieurs autres squelettes assis près du mur d'enceinte, mais malheureusement on les avait enlevés et jetés avant l'arrivée de M. Boyc. Auprès d'eux se trouvaient au moins vingt jarres ou urnes différentes, toutes renversées et décorées de points et de lignes.

Outre ces objets, la terre de la chambre contenait cinq pointes de lance en silex ; un fragment de pointe de lance en silex qui avait été brisée et travaillée à nouveau ; deux petits ciseaux en silex ; cinquante-trois éclats de silex, variant de 3 pouces à 5 pouces 1/2 de longueur ; dix-neuf boules d'ambre parfaites et trente et une brisées : le plus grand nombre de ces morceaux

Fig. 144.   Fig. 145.

 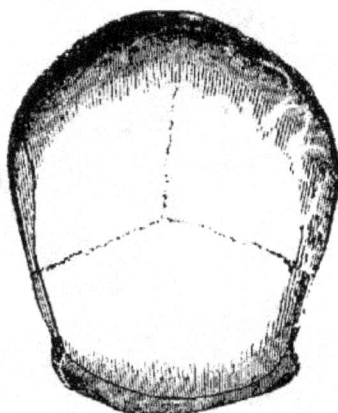

Crâne trouvé dans un tumulus danois à Moën.

d'ambre ressemblaient à un marteau, les autres étaient tubulaires ou affectaient la forme d'un anneau. Le passage était rempli de terre mélangée de fragments de poterie et de petites pierres. Vers le milieu se trouvait un squelette, la tête tournée vers l'orient, à côté duquel étaient cinq éclats de silex et une boule d'ambre, et aux pieds une jarre sans ornementation, beaucoup plus grossière que celles trouvées dans la chambre même. On ne trouva, ni dans la chambre, ni dans le passage, le plus petit morceau de métal.

Comme second exemple de la même sorte, je puis citer le Long Barrow (fig. 146), auprès de West Kennet, dans le Wiltshire, décrit par le docteur Thurnam (1). Le tumulus, dans ce cas, a 336 pieds de longueur, 40 pieds de largeur à l'extrémité ouest, 75 pieds à l'extrémité est, et une hauteur de 8 pieds. Les

(1) *Archæologia*, vol. XXXVIII, p. 405.

murs de la chambre sont formés par six grands blocs de pierre,
et elle s'ouvre sur un passage, de telle sorte que le plan ressemble beaucoup à celui du tumulus que nous venons de décrire; en un mot, celui-ci ressemble à tous les « tombeaux à

Fig. 146.

La salle vue de l'entrée.

passage ». La chambre et le passage étaient presque entièrement remplis de morceaux de craie et contenaient aussi des
ossements d'animaux, des instruments en silex (fig. 147-150)
et des fragments de poterie. Dans la chambre se trouvaient
quatre squelettes, dont deux paraissent avoir été inhumés
dans la position assise. Dans différentes parties de la chambre,
on a trouvé près de 300 éclats de silex, 3 ou 4 rognons de silex, une pierre à aiguiser, un racloir, partie d'une épingle en

os, et plusieurs tas de fragments de poterie (fig. 154-156), provenant apparemment de plus de cinquante vases différents, tous faits à la main, sauf un cas douteux. On ne découvrit aucune trace de métal. Les deux morceaux de poterie (fig. 157,

FIG. 147.

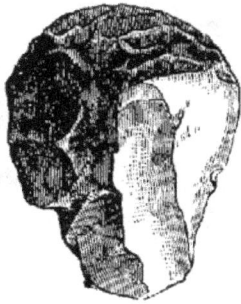

FIG. 148.

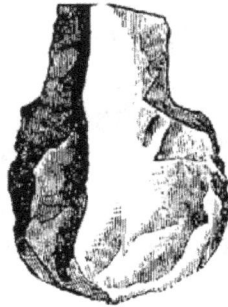

FIG. 149.

FIG. 150.

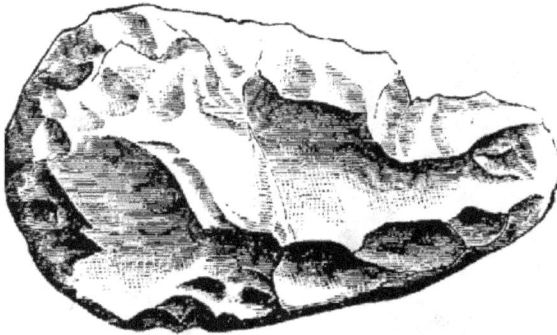

Instruments en silex trouvés dans le tumulus de West Kennet.

158) ont été trouvés à quelque distance des autres et ont peut-être une origine plus récente.

Les grands tumuli de la Bretagne, presque tous récemment ouverts, nous offrent plusieurs exemples du même genre. Ainsi le grand mont Saint-Michel, à Carnac, qui n'a pas moins de 380 pieds de long et 190 de large, sur une hauteur moyenne de 33 pieds (1), contenait une chambre carrée dans laquelle on a

(1) *Rapport à M. le préfet du Morbihan sur les fouilles du Mont-Saint-Michel*, par M. René Galles. 1852.

trouvé onze beaux celts en jade, deux grands celts grossiers et
vingt-six petits celts, outre 110 boules en pierre et quelques

FIG. 151.

FIG. 152.

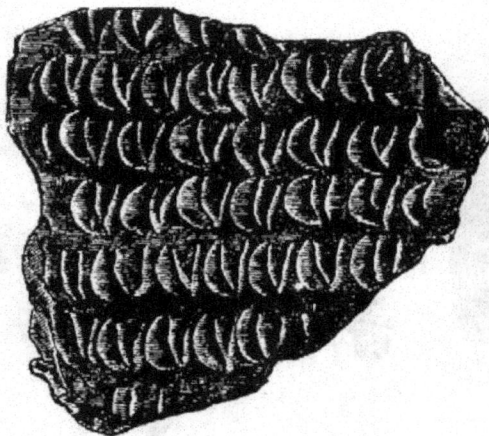

FIG. 153.

FIG. 154.

Poterie trouvée dans le tumulus de West Kennet.

fragments de silex La chambre trouvée dans le tumulus
nommé Manné-er-H'roeck contenait cent trois haches en pierre,
trois éclats de silex et cinquante boules de jaspe, de quartz et

d'agate, mais aucun de ces grands tumuli ne contenait la moindre trace de métal (1).

On pourrait citer (2) d'autres exemples semblables de tumuli de grandeur considérable, recouvrant une chambre funéraire construite à force de travail au moyen d'immenses blocs de pierre, chambre contenant plusieurs squelettes, cadavres, évidemment, de personnes de haut rang, accompagnés de nombreux instruments en pierre et de fragments de poterie, mais sans un morceau de métal.

Il paraît raisonnable de conclure que ces tumuli appar-

Fig. 155.   Fig. 156.

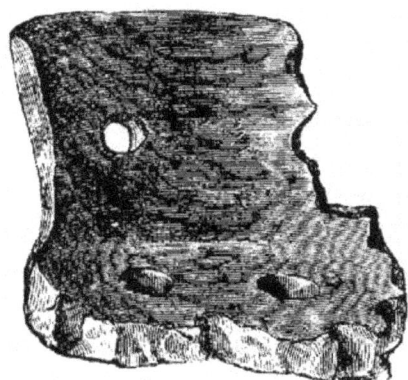 

Poterie trouvée dans le tumulus de West Kennet.

tiennent à la période prémétallique, surtout quand, comme dans le cas de celui que nous avons cité d'abord, nous trouvons plusieurs sépultures secondaires, d'une époque certainement plus récente, qui sont accompagnés d'objets en bronze, quoique ne présentant pas les preuves que leurs occupants appartenaient à un rang élevé.

Il peut paraître, tout d'abord, très improbable que des travaux aussi considérables aient pu être entrepris et exécutés par des peuples qui ignoraient l'usage des métaux. Le tumulus d'Oberea, à Otahiti, a néanmoins 267 pieds de long, 87 pieds de large et 44 pieds de haut. Quand je parlerai des sauvages mo-

(1) *Manné-er-H'roeck. Rapport à la Société polymathique*, par MM. Lefèvre et René Galles. 1863.

(2) Voyez, par exemple, Lukis, *Archæologia*, vol. XXXV. p. 247.

dernes, j'aurai occasion de citer d'autres exemples tout aussi extraordinaires.

La coutume d'inhumer dans de vieux tumuli, coutume qui s'est perpétuée jusqu'au temps même de Charlemagne (1), a produit quelque confusion, parce que des objets de dates très différentes sont souvent décrits comme provenant du même tombeau; d'un autre côté, c'est un fait qui ne manque pas d'importance, car on connaît plusieurs cas dans lesquels, outre celui que j'ai cité plus haut, on retrouve des sépultures contenant des objets en bronze, placées au-dessus de tombeaux ne contenant que des objets en pierre, et qui sont, par conséquent, postérieures à ces derniers (2).

En somme, quoiqu'il soit évident que les objets le plus communément placés dans les tombeaux soient ceux qui étaient les plus usuels; quoique la quantité des objets en pierre prouve le rôle important que la pierre a joué dans l'antiquité, et justifie, en quelque sorte, la croyance à un âge de la pierre, les preuves que nous présenterons sur ce point, dans les chapitres suivants, seront probablement plus satisfaisantes pour beaucoup de personnes. Dans tous les cas, il faut admettre que, dans l'état actuel de nos connaissances, il y a comparativement peu de sépultures que nous puissions avec confiance attribuer à la période néolithique de l'âge de la pierre, quelque convaincus que nous puissions être qu'un grand nombre doivent remonter jusque-là.

M. Bateman a proposé de diviser les poteries trouvées dans les anciens tumuli anglais en quatre classes distinctes : 1° urnes; 2° coupes à encens; 3° vases à aliments; 4° coupes à boire. Les urnes se trouvent ordinairement partout où la sépulture a été précédée de la crémation du cadavre; ces urnes contiennent des ossements humains calcinés ou sont renversées au-dessus. Elles sont généralement grandes; elles ont « de 10 à 16 pouces de hauteur, un rebord très profond; elles sont plus ou moins décorées par l'impression de courroies tordues, ou de dessins

---

(1) Un des règlements de Charlemagne était à l'effet suivant : « Jubemus « ut corpora christianorum Saxonorum ad coemeteria ecclesiae deferantur, et « non ad tumulos paganorum. »

(2) Voir par exemple, Von Sacken, *Leitfaden zur Kunde des heidnischen Alterthumes*, p. 15.

incisés, dans lesquels l'arête du hareng, combinée de plusieurs façons, se retrouve constamment ». Toutes sont faites à la main ; on ne trouve jamais sur elles la trace du tour à potier.

Elles sont faites avec de l'argile mélangée de cailloux, quel-

Fig. 157.

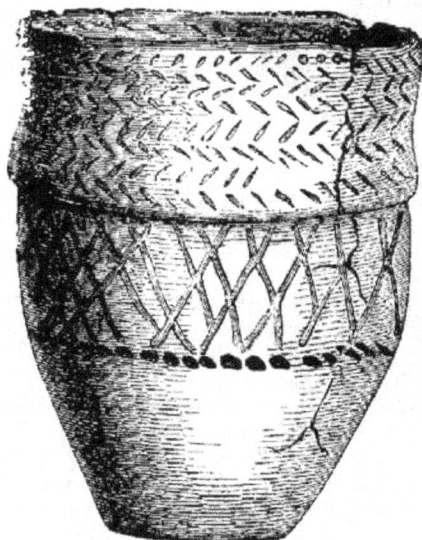

Urne funéraire.

Fig. 158.   Fig. 159.

Vases trouvés dans le tumulus d'Arbor-Low.

ques-unes sont, dit-on, séchées au soleil. M. Bateman, toutefois, n'en a trouvé aucune de cette espèce, et il considère que c'est là une méprise qui a pu provenir de l'imperfection de leur cuisson. Elles sont ordinairement brunes ou couleur ambre brûlé à l'extérieur et noires à l'intérieur. La figure 157 représente un spécimen provenant du tumulus de Flaxdale dans le Derbyshire

Les « coupes à encens », ainsi appelées par Sir R. Colt Hoare, varient beaucoup de forme et ont rarement plus de 3 pouces de haut. Les dessins qui les décorent sont les mêmes que ceux des urnes, mais le plus souvent elles sont toutes simples. Elles sont souvent percées et il est probable que, comme l'a, je crois, suggéré d'abord M. Birch, elles servaient de lampes.

« La troisième division comprend des vases ayant tous les styles de décoration, depuis la plus grossière jusqu'à la plus recherchée; presque tous ont la même grandeur; mais il est plus difficile de leur assigner une date certaine qu'à toutes les autres poteries, par le fait qu'on trouve souvent ensemble des spécimens grossiers et des spécimens parfaits. » Les figures 158 et 159 représentent deux vases trouvés dans un tombeau à Arbor-Low, dans le Derbyshire.

Fig. 160.

Coupe à boire.

Enfin « les coupes à boire » (fig. 160) ont ordinairement de 6 pouces et demi à 9 pouces de haut; leur forme est élancée; elles sont rétrécies au milieu, globulaires par en bas et évasées à l'ouverture. Elles sont faites à la main, mais avec beaucoup de soin, avec de belle argile et du sable fin, et bien cuites: elles ont en moyenne une épaisseur de 3 huitièmes de pouce: elles sont brun clair à l'extérieur et grises à l'intérieur. Elles sont ordinairement très ornées, et accompagnent habituellement des instruments en silex bien faits: quelquefois aussi, on a retrouvé près de ces coupes des poinçons en bronze. M. Bateman pense que le plus grand nombre appartient à la période prémétallique.

Quelque nombreuses que soient les variétés de poteries trouvées dans les tumuli pré-romains, elles semblent (quant à

celles tout au moins qu'a découvertes M. Bateman) avoir été
toutes faites à la main, sans se servir du tour à potier; elles
sont composées d'argile mélangée de sable et souvent de cailloux; très rarement on rencontre des anses, les goulots semblent avoir été inconnus. Leur ornementation consiste en lignes
droites, en points, ou marques telles que si une corde avait
été pressée sur l'argile humide; on trouve rarement des lignes

Fig. 161.

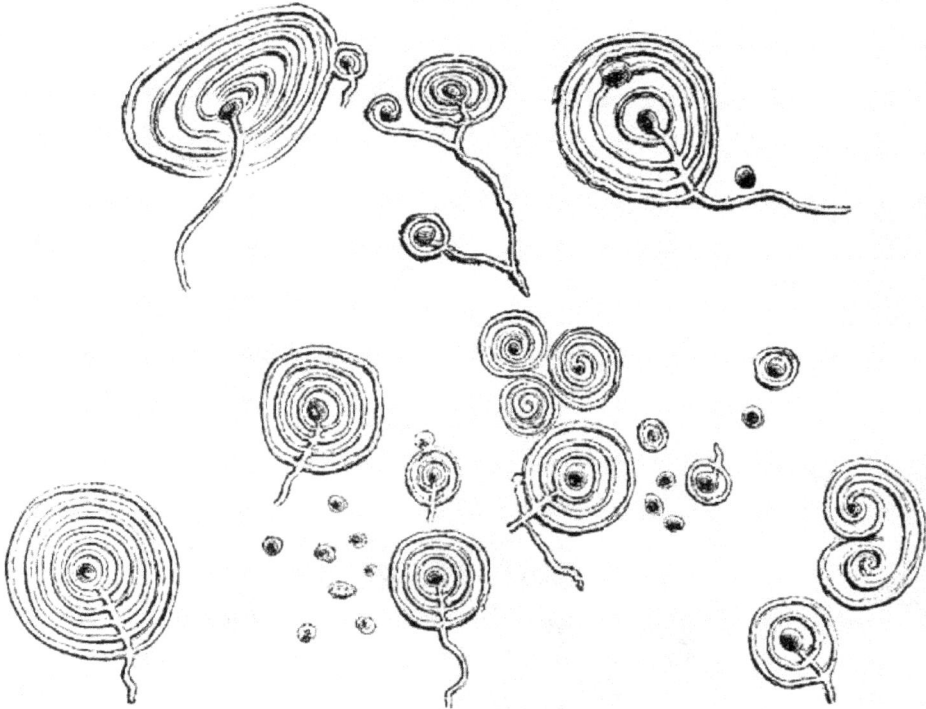

Sculptures. — Irlande.

courbes ou circulaires, et jamais non plus le moindre essai de
représentation d'un animal ou d'une plante.

En règle générale, les monuments mégalithiques sont construits en pierres grossières qui ne sont ni taillées ni ornées.
Dernièrement, cependant, on a découvert de nombreux spécimens de sculptures. Dans le nord de l'Angleterre et en
Écosse, ces sculptures affectent ordinairement la forme de
coupes, de spirales, de cercles avec un point au milieu, ou de
cercles incomplets avec une ligne partant du centre, comme

dans la figure 161 (1). Nous n'avons encore aucune explication
satisfaisante à donner de ces sculptures dont un grand nombre
ont été reproduites par M. Tate et par Sir J. Y. Simpson. On
les retrouve près des anciens oppida et des antiques fortifications, aussi bien que sur les menhirs et sur les pierres composant les dolmens et les cromlechs. La figure 161 représente
un groupe de dessins caractéristiques trouvés sur les rochers
d'Auchnabreach dans l'Argylleshire. La surface du rocher
ayant été polie par l'action des glaces se trouvait toute dis-
posée à recevoir ces dessins.

On a trouvé des sculptures semblables en Irlande; dans ce
pays d'ailleurs, les grands tumuli qui se trouvent près de la
Boyne offrent des traces d'une ornementation plus complète. Par
exemple, la grande pierre à l'entrée de New-Grange est couverte
de spirales doubles, et les pierres qui forment la chambre centrale sont aussi ornées de cercles, de spirales, et d'autres dessins;
l'un des plus remarquables de ces dessins est la prétendue représentation d'une feuille de fougère, dessin que l'on retrouve aussi
en Bretagne et dans le prétendu temple d'Hagar Kem, à Malte.

M. Conwell a récemment découvert toute une série de sculptures funéraires dans le comté de Meath.

A l'exception de la « feuille de fougère », toutes ces antiques
sculptures, en la Grande-Bretagne, ne sont que de simples
figures géométriques. On retrouve les mêmes figures en Bretagne, mais là elles sont souvent accompagnées de la représentation de haches en pierre avec et sans manche.

Les sculptures sur rochers de la Scandinavie indiquent un
progrès déjà considérable : beaucoup d'entre elles représentent
des bateaux et ressemblent un peu aux dessins que l'on trouve
sur les couteaux en bronze (fig. 42-45).

Mais le plus remarquable de tous ces monuments est celui
de Kivik en Scanie, près des bords de la Baltique.

(1) Voir Tate, *On the sculptured rocks of Northumberland*, 1865. Sir
J. Y. Simpson, *On ancient sculpturings of cups and concentric rings*, etc.
Proc. soc. of Antiquaries of Scotland, vol. VI, 1867. Les monuments décrits
par M. Stuart dans son grand ouvrage sur les pierres sculptées d'Écosse
appartiennent à une période beaucoup plus récente, trop récente même pour
que nous ayons à nous en occuper dans ce volume. Pour les sculptures sur
rochers en Espagne, voir Don M. de Góngora y Martínez, *Antigüedades Pre-
histôricas de Andalucía.*

Les restes de mammifères trouvés avec d'antiques preuves
du travail de l'homme présentent beaucoup plus d'intérêt
depuis les admirables recherches des zoologico-archéologues
suisses et danois, et surtout depuis les travaux de Steenstrup
et de Rütimeyer, qui ont tiré de matériaux dont l'apparence
promettait fort peu, des témoignages précieux et inattendus.
Malheureusement, les ossements non humains trouvés dans
les tumuli, sont ordinairement à l'état de fragments, et les
archéologues s'en sont peu préoccupés. On n'a trouvé encore,
dans aucun tumulus de l'Europe occidentale, les restes de
races animales éteintes. On n'y a même pas trouvé d'ossements de rennes. Le cerf et le bœuf se rencontrent fréquemment. Ce dernier était certainement réduit à l'état domestique
pendant la période néolithique. On ne sait pas encore s'il en
était de même dans l'Europe septentrionale. Quelques archéologues croient que le chien était à cette époque le seul animal
réduit à l'état de domesticité; d'autres, au contraire, pensent
que la vache, le mouton, le cochon et la chèvre, peut-être
même le cheval, ont été réduits à l'état domestique, dans le
Nord, à cette époque si reculée. On a fréquemment trouvé,
dans les tombeaux anglais, les ossements de ces animaux,
mais on n'a pas encore déterminé s'ils appartiennent à des individus sauvages ou domestiques.

Quant au cheval, il est fort probable que tous les restes
retrouvés sont ceux d'une race domestique, car il n'y a aucune
raison de supposer qu'il existât en Grande-Bretagne des chevaux sauvages, à une époque aussi récente. J'ai donc pensé
qu'il serait intéressant d'indiquer la classe de tombeaux dans
lesquels on a trouvé des os ou des dents de cheval. M. Bateman en cite en tout 28; mais sur ces 28 tumuli, 9 avaient déjà
été ouverts; dans un autre cas, on ne trouva pas de cadavre.
Sur les 18 restants, 5 contenaient des objets en fer, et 7 des
objets en bronze. Il est douteux, en outre, qu'un autre tumulus,
celui de Liffs, n'eût jamais été fouillé. Sur les 6 tumuli restants, deux contenaient de beaux vases à boire, d'un type
remarquable, certainement en usage pendant l'âge du bronze;
s'ils ne lui sont pas particuliers; et, dans ces deux cas, aussi
bien que dans un troisième, le cadavre était accompagné d'ossements humains calcinés, ce qui suggère l'idée de terribles

cérémonies. En admettant même que ces tombeaux ne puissent pas être attribués à l'âge du bronze, il n'en est pas moins vrai que, sur 297 tumuli, 63 seulement, ou environ 21 pour 100, contenaient des objets en métal, tandis que sur les 18 contenant des restes de chevaux, 12, ou environ 66 pour 100, appartenaient certainement à la période métallique. Ces chiffres semblent prouver, *primâ facie*, que le cheval était très rare, sinon tout à fait inconnu en Angleterre pendant l'âge de la pierre. A une époque plus rapprochée, le cheval et le taureau semblent avoir été sacrifiés sur les tombeaux, et faisaient probablement partie du festin des funérailles. Les dents de bœuf sont si communes dans les tumuli, que M. Bateman a pu dire, avec toute raison, « qu'on les trouve presque constamment dans les tombeaux les plus anciens ».

La présence fréquente d'ossements d'animaux dans les tumuli semble prouver qu'on faisait ordinairement des festins de funérailles en l'honneur des morts, et les cas nombreux où se retrouvent des ossements humains calcinés tendent à prouver aussi que des coutumes plus horribles prévalaient, et qu'on ne se contentait pas de sacrifier des chevaux (1) et des chiens, mais qu'on sacrifiait aussi des esclaves sur le tombeau de leurs maîtres; il est probable qu'on brûlait souvent les femmes avec le cadavre de leur mari, comme cela se pratique dans l'Inde et chez de nombreuses tribus sauvages. Chez les Fijiens, par exemple, il est usuel, à la mort d'un chef, de sacrifier un certain nombre d'esclaves dont les cadavres font, disent-ils, une couche pour le tombeau (2). « Il est probable, dit M. Bateman, que l'examen critique de tous les dépôts d'ossements calcinés conduirait à des résultats curieux sur les statistiques de sacrifices de veuves et sur l'infanticide, abominations qui se pratiquaient dans la Bretagne païenne; des preuves nombreuses nous forcent d'y croire malgré nous. » Il semble probable, quand on considère les cas nombreux où le squelette d'une femme est accompagné de celui d'un enfant, que, lorsqu'une

---

(1) A une époque récente, en 1781, le cheval de Frédéric-Casimir fut immolé sur le corps de son maître et déposé avec lui dans le tombeau. *Horæ feralles*, p. 66.

(2) *Manners and customs of the Feegees*, par T. Williams, 1860, vol. 1, p. 109.

femme mourait en donnant le jour à un enfant, ou pendant qu'elle le nourrissait encore, l'enfant était enterré vivant avec elle, comme cela se fait encore chez quelques tribus d'Esquimaux.

Je désirerais particulièrement recommander à ceux qui, à l'avenir, feront des fouilles dans les tumuli :

1° D'indiquer le sexe de la personne enterrée. Il vaut mieux déterminer le sexe par la forme du pelvis que par celle du crâne. De cette façon nous pouvons espérer arriver à déterminer la position relative et les occupations distinctes (si tel était le cas) de l'homme et de la femme.

2° D'observer avec soin l'état des dents, ce qui peut nous procurer des témoignages précieux sur la nature des aliments.

3° De conserver avec soin les os des quadrupèdes présents, afin de reconnaître les espèces, et, au cas où ce seraient des os de bœuf et de cochon, de déterminer, s'il est possible, s'ils appartenaient à une race sauvage ou à une race domestique.

Nous pouvons espérer que, dès qu'ils seront interrogés avec soin, non seulement les tumuli répondront à beaucoup de ces questions intéressantes, mais encore ils nous apprendront aussi bien des choses que nous ne penserions certainement pas à leur demander. Il est évident, tout au moins, que, lorsqu'on en aura examiné un nombre suffisant, nous apprendrons bien des faits importants sur les coutumes de ces époques reculées : nous saurons si, dans le nord de l'Europe, les habitants avaient, pendant l'âge de la pierre, des animaux domestiques, comme il paraît qu'ils en ont eu en Suisse; nous saurons, en partie, quelle sorte de vêtements ils portaient, et, au moyen des objets accompagnant les squelettes de femmes, nous pourrons même comprendre, jusqu'à un certain point, quelle était la position occupée par la femme par rapport à l'homme.

Mais, si nous voulons demander aux tumuli de nouvelles connaissances, il faut le faire promptement. Beaucoup disparaissent chaque année, et Abury lui-même, le plus grandiose des monuments mégalithiques, a été sacrifié pour un misérable profit de quelques francs.

En outre, à mesure que la population augmente et que la terre acquiert plus de valeur, ces antiques monuments sont exposés à une plus prompte destruction. Nous ne pouvons les mettre à l'abri dans nos musées, mais il serait fort à désirer que l'État confiât à quelque archéologue compétent le soin de veiller à la conservation des antiquités nationales; il aurait, autant que possible, à défendre contre des rapacités sans nom les tombeaux de nos ancêtres et d'autres monuments intéressants du passé; à dessiner avec soin ceux qui ne l'ont pas encore été, et à faire de temps en temps un rapport sur l'état dans lequel ils se trouvent. Moyennant une légère dépense, le gouvernement danois a acquis au nom de la nation un grand nombre de tumuli et a pu ainsi conserver bien des monuments nationaux qui autrement eussent été infailliblement détruits.

CHAPITRE VI

LES ANCIENNES HABITATIONS LACUSTRES
DE LA SUISSE

L'hiver de 1853 ayant été excessivement sec et froid, les rivières de la Suisse ne reçurent pas autant d'eau qu'à l'ordinaire, et les lacs baissèrent beaucoup plus que de coutume, de telle sorte que, dans quelques endroits, un large espace resta à découvert sur les bords, et que les parties peu profondes se trouvèrent converties en îlots. Le niveau de l'eau, pendant cette saison, fut le plus bas qu'on ait encore remarqué. Le niveau inférieur marqué sur la pierre appelée Stäfa était celui de 1674; mais, en 1854, l'eau baissa d'un pied de plus.

Les habitants d'une petite baie, située entre Ober-Meilen et Dollikon, sur le lac de Zurich, profitèrent de cette occasion pour agrandir leurs jardins; ils construisirent un mur au bord de l'eau et enlevèrent des boues du lac pour élever un peu le terrain qu'ils avaient ainsi conquis. En enlevant ces boues, ils trouvèrent un grand nombre de pilotis, des cornes de cerf et aussi quelques ustensiles.

M. Aeppli, de Meilen, sur le lac de Zurich, paraît avoir le premier remarqué ces spécimens de l'industrie humaine, et il supposa avec raison que ces objets pourraient jeter quelque lumière sur l'histoire et les coutumes des habitants primitifs des vallées de la Suisse. Il prévint donc immédiatement le docteur Keller. Cet éminent antiquaire reconnut bientôt la véritable nature de ces objets, et ses recherches ont prouvé que les anciens habitants de la Suisse construisaient quelques-unes, tout au moins, de leurs habitations au-dessus de la sur-

face de l'eau, et qu'ils devaient vivre de la même manière que
les Péoniens dont parle Hérodote (1).

« Leurs maisons sont ainsi construites. Sur des pieux très
élevés enfoncés dans le lac, on pose des planches jointes ensemble; un pont étroit est le seul passage qui y conduise. Les habitants plantaient autrefois ces pilotis à frais communs; mais,
dans la suite, il fut réglé qu'on en apporterait trois du mont
Orbelus à chaque femme que l'on épouserait. La pluralité des
femmes est permise en ce pays. Ils ont chacun, sur ces planches, leur cabane, avec une trappe bien jointe qui conduit au
lac; et, dans la crainte que leurs enfants ne tombent par cette
ouverture, ils les attachent par le pied avec une corde. En
place de foin, ils donnent du poisson aux chevaux et aux bêtes
de somme. Le poisson est si abondant dans ce lac, qu'en y
descendant par la trappe un panier, on le retire peu après
plein. »

Lord Lovaine donna, à la réunion de l'Association britannique à Newcastle en 1863, la description d'une habitation lacustre
observée par lui dans le sud de l'Écosse. J'avais, de mon côté,
inséré, dans le numéro de juillet 1863 de la *Natural History
Review*, quelques mots sur une habitation semblable trouvée
dans le nord de l'Angleterre; mais cette habitation, au moment
où j'écrivais, n'avait pas encore été complétement étudiée. Sir
Charles Bunbury parle, dans le *Quarterly Journal of the Geological Society* (vol. XII, 1856), de quelques ruines analogues
trouvées auprès de Thetford, ruines décrites plus complètement par M. Alfred Newton, dans un mémoire intéressant *Sur
la zoologie de l'Europe ancienne*; ce mémoire a été lu par lui
devant la Société philosophique de Cambridge, en mars 1862.
Dans son cinquième mémoire sur les Pfahlbauten (2), le docteur Keller a décrit un village lacustre trouvé à Peschiera, sur
le lac de Garde, et nous devons à MM. B. Gastaldi (3), P. Strobel
et L. Pigorini, la description de ruines de même nature trouvées dans l'Italie septentrionale. Le docteur Lisch a décrit plu-

(1) Terpsichore, v. 14.
(2) *Mittheilungen der Antiquarischen Gesellschaft in Zurich*, 1863.
(3) *Nuovi cenni sugli oggetti di alta antichità trovati nelle torbiere e nelle
marniere dell'Italia*. Voir aussi Stoppani, *Prima ricerca di abitazioni lacustri
nei laghi di Lombardia. Atti della Soc. italiana di scienze naturali*, 1863,
vol. V, p. 154.

sieurs villages lacustres du Mecklembourg, et M. Boucher de
Perthes, dans son célèbre ouvrage *Antiquités celtiques et anté-
diluviennes*, cite certains débris trouvés dans une tourbière
auprès d'Abbeville, qui paraissent être les ruines de villages
lacustres. Cette observation est du plus haut intérêt, car c'est
un argument de plus pour faire remonter les villages lacustres
de la Suisse à l'époque de la formation de la tourbe dans la
vallée de la Somme, et par conséquent, à une époque beaucoup plus récente que celle des hachettes du diluvium. Cette
conclusion vient d'ailleurs confirmer celle que l'on tire de
l'étude des instruments en pierre.

Mais il n'est pas nécessaire de remonter aux temps préhistoriques, il est inutile de faire appel à des descriptions plus ou
moins obscures que nous ont laissées quelques historiens, pour
trouver les preuves incontestables de cette curieuse habitude
de bâtir au-dessus de l'eau. Aujourd'hui encore, bien des tribus
sauvages ou demi-sauvages habitent de semblables demeures.
Un de mes amis qui habite Salonique, m'a assuré que les pêcheurs du lac Prasias demeurent encore dans des huttes en
bois construites sur l'eau comme au temps d'Hérodote. La ville
de Tcherkask est aussi bâtie tout entière au-dessus du Don.
Dans quelques parties du Sinde, les tribus pastorales « vivent
dans des huttes élevées de 8 ou 10 pieds au-dessus du sol, pour
éviter l'humidité et les insectes qu'elle attire (1) ». Des habitations semblables se rencontrent à chaque pas dans les parties
septentrionales de l'Amérique du Sud. Le Venezuela a même
reçu ce nom parce que les maisons qu'on y trouve ressemblent
à celles de Venise, en ce qu'elles sont construites au-dessus de
l'eau. Mais c'est aux Indes orientales que cette coutume pré-
vaut particulièrement. La ville de Bornéo est tout entière bâtie
sur pilotis et différents voyageurs ont trouvé des habitations
analogues dans la Nouvelle-Guinée, aux Célèbes, à Solo, à
Ceram, à Mindanao, aux îles Carolines et dans beaucoup d'autres lieux. Dampier a, il y a longtemps, décrit ces habitations
construites au-dessus de l'eau, et Dumont d'Urville que cite
M. Troyon, nous dit que (2) : « Jadis toute la ville de Tondano

(1) Burnes, *Travels into Bokhara*, vol. III, p. 90.
(2) *Voyage de l'Astrolabe*, vol. V, p. 635.

était construite sur le lac et l'on ne communiquait d'une maison à l'autre qu'en bateau. Forts de cette situation, les habitants eurent, en 1810, des démêlés avec les Hollandais, et vou-
lurent secouer leur joug; ils s'armèrent et furent battus. Ce ne
fut pas sans peine qu'on en vint à bout; il fallut y porter de
l'artillerie et construire des bateaux canonniers. Depuis ce
temps, pour éviter ces inconvénients, on a défendu aux indigènes de construire leurs habitations sur le lac. » L'évêque de
Labuan décrit ainsi les habitations des Dyaks : « Elles sont
bâties au bord des rivières, sur des plates-formes élevées de 20
à 30 pieds; chaque village consiste en une seule rangée de

Fig. 162.

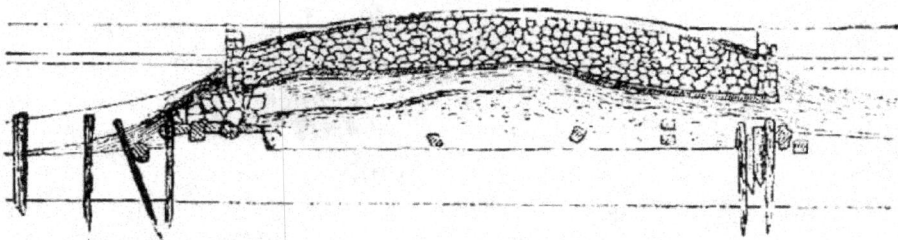

Section d'un crannoge.

quelques centaines de pieds de longueur. Les plates-formes
sont formées de poutres, puis recouvertes de lattes larges d'environ 2 pouces; ils ménagent un espace de 2 pouces entre chacune de ces lattes; aussi leurs maisons sont-elles bien ventilées
et tous les débris tombent dans la rivière (1) ».

Il y a, en Irlande, un grand nombre d'îles plus ou moins
artificielles, appelées « crannoges » (fig. 162) (1): l'histoire
nous apprend que ces îles servaient de forteresses à certains
petits chefs. Elles sont faites en terre et en pierres renforcées
par des pilotis; les archéologues irlandais y ont trouvé des armes, des instruments et des ossements en quantité considérable. Pour ne citer qu'un exemple, on a tiré du crannoge de
Dunshauglin plus de cent cinquante charretées d'ossements
qu'on a employés comme engrais! Ces habitations lacustres irlandaises sont cependant beaucoup plus récentes que

(1) *Trans. of the Ethnol. Soc.*, nouvelle série, vol. II, p. 28.

celles de la Suisse, et sont souvent mentionnées dans l'histoire ancienne de l'Irlande. Ainsi, selon Shirley : « Un certain
Thomas Phettiplace, interrogé par le gouvernement sur le
nombre et la force des châteaux ou des forteresses d'un certain
O'Neil, répond (15 mai 1567) : « Quant aux châteaux, je pense
que vos seigneuries n'ignorent pas qu'il ne s'y croit pas en sû·
reté, car il a élevé la plus grande forteresse du pays dans un
certain lac de son comté, où aucun vaisseau, aucun bateau
venant de la mer ne peut pénétrer. On pense que c'est dans ces
iles fortifiées qu'il dépose toute son argenterie qui est considérable, son argent et ses prisonniers. On a essayé, dans des
guerres précédentes, de s'emparer de ces îles. Le lord député
du comté, sir Harry Sydney, l'a aussi essayé dernièrement,
mais son entreprise a échoué, parce qu'il n'a pas pu se procurer les moyens de traverser le lac. »

La carte des territoires confisqués, faite pour le gouvernement en 1591, A. D., par Francis Jobson, ou le « Platt du
comté de Monaghan », conservé dans les archives de l'État,
contient des vues grossières des habitations des chefs de Monaghan, lesquelles « sont toutes entourées d'eau ». Dans les
« Annales des quatre Maîtres », et dans d'autres annales sur
l'histoire ancienne de l'Irlande, nous voyons les crannoges
souvent cités; nous y lisons aussi que leur position ne les a
pas préservés de la destruction : aussi n'avons-nous pas lieu de
nous étonner que beaucoup de Pfahlbauten suisses aient été
détruits par le feu.

Les *Pfahlbauten*, ou habitations lacustres de la Suisse, ont
été décrits par le docteur Keller, dans six mémoires présentés
à la Société des antiquaires de Zurich en 1854, 1858, 1860,
1863 et 1866, mémoires traduits depuis en anglais par M. Lee,
et par M. Troyon, dans un ouvrage spécial *Sur les habitations
lacustres* (1860). Dans cet ouvrage, l'auteur énumère les recherches faites en Suisse, et compare les anciennes habitations de
son pays natal aux habitations lacustres d'autres contrées et
d'autres époques. Les découvertes faites dans le lac Moosseedorf ont été décrites par MM. Jahn et Uhlmann (*Die Pfahlbau-
alterthümer von Moosseedorf*, Berne, 1857). M. Desor a publié un
mémoire intitulé : *les Palafittes ou constructions lacustres du lac
de Neufchâtel*. L'habitation lacustre du pont de Thiele a été

aussi décrite, dans un mémoire séparé, par M. V. Gilliéron (*Actes de la Société jurassienne d'émulation*, 1860). Nous devons, en outre, au docteur Rütimeyer deux ouvrages sur les débris organiques des Pfahlbauten : le premier, *Untersuchung der Thierreste aus den Pfahlbauten der Schweiz*, publié par la Société des antiquaires de Zurich, en 1860; et plus récemment un ouvrage considérable : *Die fauna der Pfahlbauten in der Schweiz*. Plusieurs archéologues suisses ont fait des collections d'objets trouvés dans ces localités. La flore a été étudiée par M. Heer, qui a consigné les résultats de cette étude dans les mémoires publiés par le docteur Keller et dans un mémoire spécial, *Die Pflanzen der Pfahlbauten*.

Il ne faut pas non plus oublier de citer l'excellent mémoire de M. Morlot, publié dans le *Bulletin de la Société Vaudoise* (mars 1860) et sa non moins admirable *Leçon d'ouverture d'un cours sur la haute antiquité, fait à l'Académie de Lausanne* (déc. 1860).

Les archéologues suisses ont heureusement tiré tout le parti possible d'une excellente occasion. On a découvert des habitations lacustres, non seulement dans le lac de Zurich, mais aussi dans les lacs de Constance, de Genève, de Neuchâtel, de Bienne, de Sempach, de Morat; en un mot, dans tous les grands lacs suisses, aussi bien que dans plusieurs petits (les lacs d'Inkwyl, de Pfeffikon, de Moosseedorf, de Luissel, etc.). Dans les grands lacs, on a découvert plusieurs villages. Ainsi, on en connaît déjà 20 dans le lac de Bienne; 24 dans le lac de Genève; 32 dans le lac de Constance; 49 dans le lac de Neuchâtel : en somme, plus de 200; et bien d'autres sans doute restent à découvrir. Sur ceux déjà connus, quelques-uns appartiennent à l'âge du fer, et même à la période romaine; mais le plus grand nombre semble se partager, en proportion égale, entre l'âge de la pierre et l'âge du bronze.

L'architecture était probablement fort simple à cette époque; cependant les plates-formes en bois avaient à supporter, sans doute, des poids très considérables, car un grand nombre de pilotis sont courbés ou brisés. Quelquefois, pour empêcher les pilotis d'enfoncer trop profondément, on les faisait passer à travers des pièces de bois reposant sur le fond du lac.

Les habitations des Gaulois étaient, dit-on, des huttes circu-

laires, construites en bois et revêtus de boue. Les huttes sur
pilotis étaient probablement semblables. Cette supposition n'est
pas une simple hypothèse, car on a retrouvé des morceaux
d'argile employés pour le revêtement. Il est évident, dans ce
cas, que la maison a été détruite par le feu, qui a durci l'argile,
et lui a ainsi permis de résister à l'action dissolvante de l'eau.
Ces fragments portent, d'un côté, les marques de branches en-
trelacées ; de l'autre, qui formait probablement le mur intérieur
de la hutte, ils sont lisses. Quelques-uns de ces morceaux
d'argile trouvés à Wangen sont si grands et si réguliers, que
M. Troyon croit pouvoir en conclure que les huttes étaient circulaires, et avaient de 10 à 15 pieds de diamètre.

Il serait fort intéressant de pouvoir dresser un recensement
rétrospectif de ces temps reculés. M. Troyon a essayé de le faire.
Le village lacustre de Morges, un des plus grands du lac de
Genève, a 1 200 pieds de long et 150 pieds de large, ce qui donne
une superficie de 180 000 pieds carrés. Il admet que les huttes
avaient 15 pieds de diamètre, et il suppose qu'elles occupaient
moitié de la superficie, laissant le reste pour les passages ; il
estime dans ce cas le nombre des huttes à 311. Si, en moyenne,
chacune de ces huttes contenait quatre personnes, on trouverait
pour le village une population de 1244 habitants. M. Troyon,
partant de ces chiffres, estime la population du lac de Neuchâtel à environ 5000 habitants. Il suppose que les soixante-huit
villages appartenant à l'âge du bronze ont contenu 42500 personnes ; pour l'époque précédente, il arrive par le même raisonnement à une population totale de 31875 personnes.

Les fragments d'argile, base de tous ces calculs, ne me semblent pas une preuve suffisante, puisque le docteur Keller nous
apprend que les plus grands morceaux retrouvés jusqu'ici n'ont
qu'un pied dans leur plus grand diamètre. Il y a aussi de bonnes
raisons pour croire que les huttes n'étaient pas circulaires, mais
rectangulaires. Je ne pense pas non plus qu'il faille attribuer
beaucoup de valeur à une estimation de la population basée sur
l'étendue des plates-formes. M. Troyon lui-même admet que
« ces chiffres sont peut-être un peu élevés, eu égard aux habitations sur terre ferme, dont il ne peut être question dans ce
calcul, et vu qu'on est encore bien loin de connaître tous les
points des lacs qui ont été occupés ». Et, en effet, dans les trois

ans qui se sont écoulés depuis que son livre a été écrit, le
nombre des villages lacustres découverts a été doublé. En outre,
M. Troyon suppose que les villages lacustres de l'âge du bronze
étaient contemporains; il fait la même supposition pour ceux
de l'âge de la pierre. Je ne suis pas non plus disposé à admettre
cette supposition. Ces deux périodes, mais surtout l'âge de la
pierre, ont duré sans doute une longue série d'années, et,
quoiqu'il faille, sur un tel point, parler avec beaucoup de pru-
dence, il n'en est pas moins vrai que, si nous voulons entrer
dans la voie des suppositions, le plus sage serait de penser que,
pendant chaque période, quelques villages ont été détruits, et
d'autres abandonnés, avant que de nouveaux fussent construits.

On pourrait à juste titre s'étonner qu'un peuple si peu civilisé
ait entrepris un travail aussi considérable pour construire ses
habitations au-dessus de l'eau, alors qu'il eût été bien plus
facile de les construire sur la terre ferme. Mais nous avons déjà
vu que, même pendant les temps historiques, des habitations
analogues ont servi de simples mais précieuses fortifications.
Cependant, bien qu'il soit évident que la sécurité ainsi acquise
devait compenser et au delà le travail considérable que nécessitaient ces constructions, il est difficile de comprendre comment on s'y prenait pour enfoncer les pilotis dans le sol.

Les villages de l'âge de la pierre, il est vrai, sont caractérisés
dans bien des cas par ce qu'on a appelé des « Steinbergs », c'est-
à-dire des amas artificiels de pierres, etc., apportés par les habitants pour servir de support aux pilotis. On a découvert, il y
a quelques années, dans le lac de Neuchâtel, un bateau chargé
de pierres destinées, croit-on, à cet objet. En un mot, il était
plus facile d'élever le sol autour des pilotis que d'enfoncer les
pilotis dans le sol. D'un autre côté, quelques-unes de ces constructions, telles, par exemple, que celles d'Inkwyl et de Wauwyl, décrites respectivement par M. Morlot et par le colonel
Suter, ressemblent beaucoup aux crannoges irlandais. Nous
voyons donc que, comme le dit le docteur Keller, les habitants
des lacs avaient deux systèmes différents pour la construction
de leurs habitations, systèmes qu'il distingue sous le nom de
« Pfahlbauten », ou constructions sur pilotis, et de « Packwerkbauten », ou crannoges. Dans le premier cas, les plates-formes
étaient simplement soutenues par des pilotis; dans le second,

outre les pilotis, par des masses solides de boue, de pierres, etc.,
avec des couches horizontales et perpendiculaires de pieux, ces
derniers servant plutôt à supporter le tout qu'à en faire une
masse compacte. Il est évident que le « Packwerkbau » est
une chose beaucoup plus simple, beaucoup plus grossière que
le « Pfahlbau », car, dans ce dernier cas, il fallait beaucoup
d'adresse pour relier fermement ensemble les piles perpendiculaires et horizontales. Cependant les Packwerkbauten ne
pouvaient pas s'employer dans les grands lacs, car, pendant
les orages, ils auraient été détruits par les vagues qui, au contraire, passaient librement au milieu des pilotis des Pfahlbauten.
Aussi, trouvons-nous les premiers dans les petits lacs et dans
les marais, et les seconds dans les grands lacs, quelquefois
même, comme à Ebersberg, sur la *terre ferme;* coutume bien
singulière, mais qui, cependant, existe aujourd'hui encore dans
l'île de Bornéo, et même en Suisse.

Les antiquités trouvées à Wauwyl, à Robenhausen, au pont
de Thiele, à Moosseedorf et ailleurs dans les petits lacs et dans
les tourbières, sont plus ou moins couvertes d'une épaisse
couche de tourbe, ce qui nous permettra peut-être un jour de
calculer approximativement leur antiquité. Dans les grands lacs,
au contraire, il n'y a pas de formation de tourbe. Au confluent
d'une rivière et d'un lac, il s'accumule, bien entendu, beaucoup
de boue et de gravier : le lac de Genève, par exemple, a dû
s'étendre autrefois à une distance considérable dans la vallée
du Rhône. Mais la terre et le gravier qu'apporte cette rivière se
déposent bientôt, comme chacun le sait, et l'eau du lac est dans
d'autres parties admirablement pure et limpide.

Le lac lui-même est très profond, dans quelques endroits il a
jusqu'à 980 pieds de profondeur; ses rives sont ordinairement
élevées, mais, sur ses bords, il y a presque partout une ceinture
d'eau peu profonde, due probablement à l'action érosive des
vagues. Les pêcheurs donnent à cette ceinture le nom de « blanc-
fond », parce que l'eau du lac y est d'une teinte gris pâle, quand
on la compare au bleu foncé des parties plus profondes. C'est
sur ce blanc-fond, et à une profondeur qui atteint quelquefois
15 pieds d'eau, que les Pfahlbauten étaient ordinairement construits. Dans les jours calmes, quand l'eau n'est pas agitée, on
peut facilement apercevoir les pilotis. Bien peu ont plus de

2 pieds de longueur au-dessus du fond ; rongés par l'action incessante de l'eau, quelques-uns n'apparaissent plus que comme des aiguilles, et finissent aussi par disparaître, ne laissant qu'un disque noir à la surface de la vase. Cela arrive le plus ordinairement dans les villages lacustres de l'âge de la pierre. « Ce qui les distingue surtout, dit le professeur Desor, c'est la qualité des pieux, qui sont plus grands que ceux des stations du bronze : ce sont des troncs entiers, mesurant jusqu'à 28 et 30 centimètres. Au lieu de faire saillie dans l'eau, ils sont à fleur du fond. » D'un autre côté, en parlant des pilotis de l'âge du bronze, il dit : « Les pieux sont plus grêles ; ce sont fréquemment des troncs fendus en quatre, n'excédant guère 4, au plus 5 pouces en diamètre. Au lieu d'être à fleur du fond, ils s'élèvent de 1 à 2 pieds au-dessus de la vase, ce qui permet de les reconnaître facilement, malgré leur plus grande profondeur. » M. Troyon nous dit aussi que : « On peut dire que les pilotis de la fin du deuxième âge, anciens de plus de deux mille ans et saillants de 1 à 3 pieds au-dessus de la vase, présentent à peu près partout le même aspect, tandis que ceux de l'âge de la pierre ont été généralement usés jusqu'à la surface du limon, dont ils sont parfois recouverts (1). »

La destruction plus complète des pilotis appartenant aux périodes plus reculées ne provient pas seulement de leur plus grande antiquité, mais aussi de ce qu'ils se trouvent dans les eaux moins profondes. L'action des vagues étant plus grande auprès de la surface et diminuant graduellement à mesure que l'on s'enfonce, les pilotis qui occupent les endroits les plus profonds sont moins sujets à être détruits ; en outre, cette érosion se fait par en haut, aussi leur partie supérieure est souvent plus régulièrement appointie que la partie inférieure. Au milieu de ces pieux, on retrouve des fragments d'os, de corne, de poterie, et quelquefois des objets en bronze. Beaucoup de ces objets sont enfoncés dans la vase ou cachés sous les pierres, d'autres sont simplement déposés au fond ; aussi, quand j'en vis pour la première fois à travers l'eau transparente, je doutai un instant de leur antiquité. Ces objets sont frais et peu changés, on dirait qu'ils sont fabriqués d'hier, et il semble difficile de croire

(1) *Les Constructions lacustres du lac de Neuchâtel.*

qu'ils sont là depuis des siècles. On peut d ailleurs s'expliquer
facilement ce fait, quand on réfléchit que l'action des tempêtes
les plus violentes ne s'exerce qu'à une très petite profondeur.
Excepté donc, à l'embouchure des rivières, excepté aux endroits où il y a beaucoup de végétation, le dépôt de la vase
dans des profondeurs excédant 4 pieds se fait très lentement,
et les objets qui tombent au fond dans de semblables endroits
ne peuvent être ni recouverts par la vase, ni emportés. « J'ai
trouvé, dit M. Troyon, en face du moulin de Bevaix, les fragments d'un grand vase qui gisaient à peu de distance les uns
des autres et que j'ai pu réunir de manière à le reconstituer
complètement. A la Tongue, près d'Hermance, j'ai trouvé les
deux fragments d'un anneau support, distants de quelques
pieds, qui en les rapprochant ne laissent aucun interstice. »
Une légère couche de carbonate de chaux recouvre ordinairement la partie supérieure des objets, baignée par l'eau, tandis
que la partie inférieure, enfoncée dans la vase, n'a subi aucun
changement. M. Troyon a, une fois, en un seul coup de drague,
à Cortaillod, recueilli une paire de bracelets; le premier qu'on
pouvait apercevoir du bateau, était verdâtre et couvert d'in-
crustations; le second, qui se trouvait dans la vase, immédiatement au-dessous, était aussi frais que si l'on venait de le fondre.

On trouve quelquefois des pilotis de l'âge du bronze à une
profondeur de 15 pieds; or, comme il est évident que l'on ne
pouvait construire des habitations sur une plus grande profondeur d'eau, on peut en tirer la conclusion que le niveau des
lacs de la Suisse ne devait pas être plus élevé alors qu'il ne
l'est à présent. La position des ruines romaines de Thonon, sur
le lac de Genève, confirme cette conclusion et nous avons ainsi
la preuve intéressante que le niveau des eaux dans les lacs
suisses a dû rester le même pendant une période considérable.

Dans les grands lacs, le simple voyageur peut se rendre facilement compte du nombre et de la disposition générale des pilotis et de la superficie qu'ils occupent; il peut se procurer des
fragments d'os et poteries; mais les tourbières présentent au
savant un champ de recherches plus instructif et plus intéressant. C'est dans les tourbières que l'on trouve les preuves de
la grandeur, de la forme, du mode de construction des huttes;
c'est là aussi que l'on retrouve des ustensiles en bois, des restes

de fruits, de noix, de grains, et même des fragments d'habille-
ments, objets qui n'auraient pu se conserver dans l'eau agitée
des grands lacs.

Après avoir choisi une situation favorable, il fallait tout d'a-
bord se procurer le bois nécessaire. Abattre un arbre avec une
hache en pierre devait être un rude travail. Aussi est-il très
probable qu'on se servait du feu, comme le font encore aujour-
d'hui les sauvages quand ils veulent abattre un arbre pour en
faire un canot. Brûler le bois, puis enlever la partie carbonisée,
rend la tâche bien plus facile; les hommes de l'âge de la pierre
paraissent d'ailleurs avoir évité l'emploi de gros arbres, si ce
n'est pour faire leurs canots. Les pilotis étaient enfoncés de 1 à
5 pieds dans la vase, et s'élevaient de 4 à 6 pieds au-dessus du
niveau de l'eau, niveau qui devait être alors à peu près le même
qu'aujourd'hui. Les pilotis devaient donc avoir de 15 à 30 pieds
de longueur, et ils avaient de 3 à 9 pouces de diamètre.
L'extrémité pointue enfoncée dans la vase porte encore les
marques du feu et des grossières entailles faites par les haches
en pierre. Les pilotis appartenant à l'âge du bronze, travaillés
avec des haches en métal, sont bien plus régulièrement appointis; l'on a ingénieusement comparé la différence qui existe
entre les pilotis des deux époques à celle que l'on remarque
entre un crayon bien taillé et un crayon mal taillé. En outre,
l'entaille faite par une hache en pierre est nécessairement plus
ou moins concave, tandis que celle faite par une hache en métal est plate. Traîner les pilotis jusqu'au lac, les y enfoncer
solidement, devait être un rude travail dont on a lieu de s'étonner quand on considère le nombre. M. Lohle a calculé qu'il y
a 40 000 pilotis dans le seul village de Wangen; il est probable,
cependant, qu'ils n'ont pas été enfoncés à la même époque, ni
par la même génération. Wangen, en un mot, n'a pas été bâti
en un jour, mais s'est agrandi sans doute par degrés, à mesure
que la population augmentait. Hérodote nous apprend que les
Péoniens construisaient la première plate-forme aux frais du
public; mais que, subséquemment, chaque fois qu'un homme
se mariait, et la polygamie était permise, le nouveau marié
devait ajouter un certain nombre de pilotis au village. La
figure 163 représente une section prise à Robenhausen et indique
deux séries de pilotis l'une au-desssus de l'autre. La couche de

cendres paraît indiquer que le village a été brûlé, puis rebâti à
une époque postérieure. Les ouvrages en pilotis des périodes
subséquentes diffèrent peu de ceux de l'âge de la pierre, tout
au moins autant qu'on peut en juger par les parties encore existantes ; mais les pilotis sont moins pourris, et ils s'élèvent plus
haut que ceux de l'époque précédente.

Grâce à l'obligeance du colonel Suter, j'ai pu examiner en
détail la construction du village lacustre de Wauwyl, près de
Zofingen, dans le canton de Lucerne. Ce village appartient probablement à l'âge de la pierre, car on
n'y a pas encore découvert la moindre
trace de métal. Il est situé dans une
tourbière qui a évidemment été autrefois le lit d'un lac peu profond. L'ac-
cumulation graduelle de la tourbe a
élevé le niveau de plusieurs pieds, et
la plaine a récemment été desséchée.
Nous étions accompagnés de six ouvriers, ils creusaient la tourbe que nous
examinions avec soin. Je rapporte ce
fait, parce que la différence que l'on
remarque dans les objets trouvés dans
les divers Pfahlbauten dépend, tout
au moins en partie, du mode des recherches. La tourbe a, à Wauwyl, entre 3 et 10 pieds d'épaisseur, et repose
sur un lit blanc, composé de coquilles
d'eau douce brisées. Cette couche,
quoiqu'elle n'ait qu'une épaisseur de

Fig. 163.

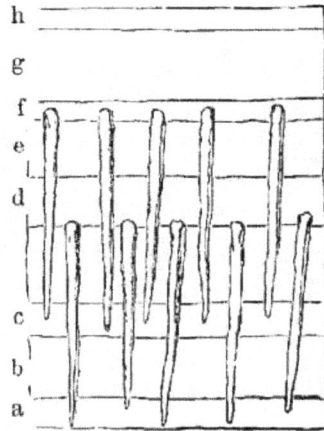

Plan des pilotis à Niederwyl.

a : Sable lacustre. — b : Cendres. — c : Lit de débris.
d : Cendres. — e : sol. — f :
Cailloux brisés. — g : Tourbe,
2 pieds 1/2. — h : Humus, 1/2
pied.

quelques pouces, se trouve dans les vieux lits de beaucoup de
petits lacs ; les archéologues suisses en parlent souvent et lui
donnent le nom de « Weissgrund », qu'il ne faut pas confondre
avec le « blanc-fond » des plus grands lacs. Les pilotis traversent la tourbe, le Weissgrund, et pénètrent dans le terrain
solide au-dessous. Il est difficile de les extraire en entier,
parce que les parties inférieures sont tellement altérées par le
temps et si complètement saturées d'eau, qu'elles sont deve-
nues toutes molles. Le colonel Suter a pu cependant en extraire
deux : l'un avait 14 pieds 6 pouces de long, dont 4 pieds dans

la tourbe et 10 pieds 6 pouces dans le sable; l'autre n'avait que 8 pieds 6 pouces de long, dont 4 pieds dans la tourbe et 4 pieds 6 pouces enfoncés dans le sol. Les pilotis ont de 3 à 5 pouces de diamètre; ils sont toujours ronds, jamais équarris. La partie inférieure est si grossièrement taillée, qu'il est difficile de comprendre comment on a pu les enfoncer si profondément dans le sol.

Les pilotis, dans la plupart des Pfahlbauten, sont plus ou moins irrégulièrement distribués dans toute l'étendue du village. Il n'en est pas de même à Wauwyl où ils entourent, pour ainsi dire, quatre places quadrangulaires dont l'intérieur est occupé par plusieurs plates-formes l'une au-dessus de l'autre; les interstices sont remplis par des branches, des feuilles et de la tourbe. Les objets antiques ne se trouvent pas dans la tourbe, mais sur la couche de coquilles brisées qui formait alors le fond du lac, ou à la partie inférieure de la tourbe. Il est donc évident que presque toute la tourbe s'est formée depuis que cette ruine intéressante était habitée. La partie supérieure, cependant, à l'époque de notre visite, avait été enlevée, de telle sorte que nous n'avions à examiner que le « Culturgeschicht », ou couches contenant les objets antiques.

Quelques pilotis surmontent encore de 2 ou 3 pieds le niveau de la tourbe, mais le plus grand nombre est brisé à la partie inférieure. Nous nous trouvions sur une des plates-formes supérieures, qui semble avoir été celle sur laquelle les huttes étaient construites; les poutres de cette plate-forme sont dans un état parfait de conservation. On se demande d'abord comment les plates-formes étaient soutenues. Reposaient-elles comme un radeau à la surface de l'eau, montant et descendant avec elle (1)? ou bien étaient-elles fixes et s'appuyaient-elles sur une sorte d'îlot artificiel, formé d'argile, de branches, etc., qui occupe à présent les intervalles entre les différentes plates-formes? Des observations récentes, confirmées par des découvertes telles que celles faites, par exemple, à Inkwyl et à Niederwyl, ont permis de résoudre la question en faveur de la dernière hypothèse.

Pendant mon séjour à Wauwyl, nous trouvâmes quatre

(1) On trouve dans l'Orient et dans l'Amérique du Sud des habitations de cette sorte. Voir, par exemple, Anderson, *Mission to Sumatra*, p. 295; Squier, *American naturalist*, vol. IV, p. 18.

petites haches en pierre, une pointe de flèche, quatre éclats de
silex, quinze grossiers marteaux en pierre, huit pierres à aiguiser, trente-trois pierres de fronde, huit instruments en os,
deux en bois, outre de nombreux ossements et une grande
quantité de poteries brisées. Le colonel Suter regarde ces
chiffres comme le résultat moyen d'une journée de travail. En
somme, on a découvert environ 500 instruments en pierre et en
os à Wauwyl; plus de 3 300 à Moosseedorf; plus de 5 800 à
Wangen, et, selon M. Troyon, plus de 25 000 à Concise.

La hache était, par excellence, l'instrument de l'antiquité. On
l'employait à la guerre et à la chasse aussi bien qu'aux usages
domestiques. On en a trouvé un nombre considérable, surtout
à Wangen (sur le lac de Constance), et à Concise (sur le lac de
Neuchâtel). A quelques exceptions près, ces haches sont petites,
surtout quand on les compare aux magnifiques spécimens du
Danemark; elles n'ont guère que de 1 à 6 pouces de longueur,
et le coupant a ordinairement de 15 à 20 lignes de largeur. Elles
sont quelquefois faites en silex, en néphrite ou en jade, mais
le plus souvent en serpentine. La plupart des grands établissements étaient évidemment des fabriques, car on y a trouvé un
grand nombre de spécimens gâtés ou ébauchés. Après avoir
choisi une pierre, la première opération était de la réduire à
coups de marteau à une grosseur convenable. On faisait alors
des rainures artificielles, ce qui doit avoir été une opération
longue et difficile, quand on avait pour tout instrument des
couteaux en silex, du sable et de l'eau. Dès que les rainures
étaient assez profondes, on enlevait à coups de marteau les portions faisant saillie, puis on aiguisait et l'on polissait l'instrument sur des blocs de grès.

Ces haches paraissent avoir été fixées à des manches au
moyen du bitume que les habitants pouvaient se procurer soit
au val Travers, près de Neuchâtel, soit à la perte du Rhône.

On trouve, en Suisse, deux sortes de couteaux en pierre.
Les uns diffèrent principalement des haches, en ce qu'ils sont
plus larges que longs. Les autres consistent en simples éclats
de silex fixés à des manches en bois, au moyen de bitume,
comme les haches. Les scies (fig. 126) étaient faites de la même
manière, si ce n'est que les côtés portaient des dents grossières.
On ne trouve pas, en Suisse, les instruments en pierre sous

forme de croissant, qui sont si communs au Danemark. Les pointes de flèche sont en silex, quelquefois en cristal de roche, et affectent la forme ordinaire. On a trouvé, dans quelques villages lacustres, même de l'âge de la pierre, des quantités de molettes de tisserand en poterie grossière (fig. 165). Ces découvertes prouvent une certaine habileté dans l'art de tisser; mais nous verrons bientôt que nous avons des preuves bien

FIG. 165.   FIG. 166.

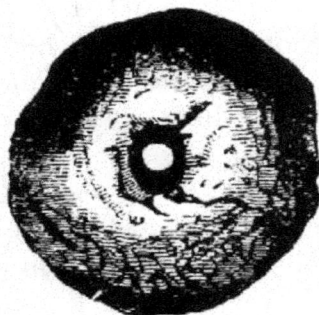

Hache en pierre. — Suisse.   Molette de tisserand (âge de la pierre).

plus frappantes encore de cette habileté. On trouve aussi des pierres arrondies, percées d'un ou quelquefois de deux trous. L'usage de ces pierres est incertain; on les employait peut-être comme poids pour faire enfoncer les lignes à pêcher.

Les éclats de silex n'offrent aucune particularité. Les spécimens suisses sont toutefois assez petits. La présence de pierres à écraser le grain, boules rondes en pierre dure, ayant 2 à 3 pouces de diamètre, prouve que les hommes, même de l'âge de la pierre, connaissaient et pratiquaient l'agriculture.

Voici la liste des principaux objets trouvés jusqu'à présent à Wauwyl :

Haches en pierre, principalement en serpentine.   43
Petites pointes de flèche en silex   36
Éclats de silex   200
Pierres à écraser le grain . . . .   16⎫
Pierres grossières employées comme marteaux,   ⎪ Ces objets n'ont
   nombreuses. . . . .   20⎬ pas tous été
Polissoirs. . . . .   26⎪ recueillis.
Pierres de fronde, etc. . . . .   85⎭

   En tout environ. . . . .   426 objets en pierre.

Les silex qui ont servi à faire les éclats et les pointes de
flèche devaient venir d'une certaine distance ; les meilleurs venaient probablement de France. Ces peuples visitaient, sans
doute, les carrières françaises, de même que, comme nous le
dit Catlin, les tribus américaines venaient de toutes les distances visiter la carrière de pierre à pipe rouge du coteau des
Prairies. On a trouvé à Concise quelques fragments de corail
de la Méditerranée et à Meilen de l'ambre de la Baltique.
Quelques archéologues ont conclu de ces découvertes que, pendant l'âge de la pierre, il devait exister là un certain commerce.
Mais, comme ces deux établissements paraissent avoir appartenu à la période de transition entre l'âge de la pierre et l'âge
du bronze, il est plus sage d'attribuer l'ambre et le corail à
cette dernière époque.

Comme tous les autres sauvages, les habitants des villages lacustres cherchaient à tirer tout le parti possible des animaux
qu'ils prenaient. Ils en mangeaient la chair, employaient la
peau à se vêtir, extrayaient la moelle des os, puis, dans bien
des cas, faisaient des armes avec les os eux-mêmes. Les plus
gros et les plus compacts servaient de marteaux, ou, comme
les bois de cerf, de poignées pour les hachettes. Dans quelques
cas, on aiguisait un morceau d'os ; mais ces instruments
n'étaient ni assez durs, ni assez aigus pour bien couper. Les
poinçons en os sont nombreux, ils étaient probablement employés à préparer les peaux pour en faire des vêtements. La
figure 128 représente un ciseau ou un racloir en os, trouvé à
Wangen. On se servait sans doute de ces ciseaux ou racloirs en
os pour enlever les poils dans la préparation des peaux.

On a trouvé aussi à Wauwyl et ailleurs quelques objets en
bois. Mais, en admettant même que ces objets fussent nombreux dans l'origine, il serait difficile de les retrouver dans la

tourbe, car elle contient une quantité considérable de branches
d'arbres et d'autres fragments de bois; il serait aussi très difficile de les extraire entiers. Il peut donc se faire que les instruments en bois aient été beaucoup plus variés, d'un usage plus
général que les collections ne sembleraient l'indiquer. On a
aussi trouvé de l'amadou dans plusieurs villages lacustres; on
s'en servait sans doute pour se procurer du feu.

La poterie de l'âge de la pierre présente presque les mêmes
caractères dans tous les établissements lacustres. Elle est très

FIG. 167.

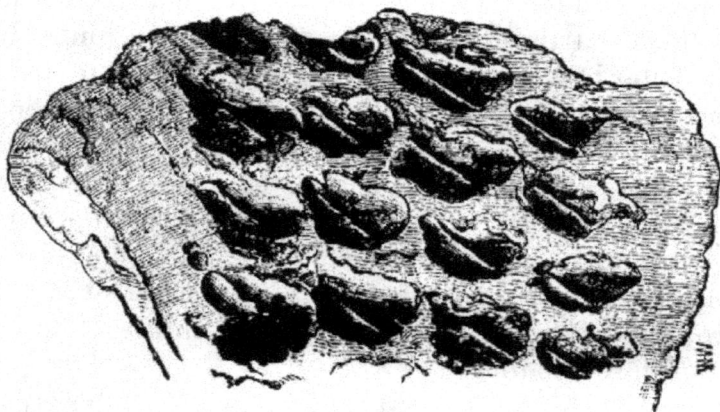

Morceau de poterie. — Lac de Zurich.

grossière; on ne trouve ordinairement que des morceaux et
exceptionnellement ces vases entiers. Rien ne prouve que le
tour à potier fût connu. La cuisson est très imparfaite; probablement elle se faisait au feu en plein air. La matière première
est aussi très grossière, et contient ordinairement de nombreux
grains de quartz. La forme est fréquemment cylindrique; plusieurs vases, cependant, sont arrondis à la base et n'ont pas de
pied. Ces poteries offrent un caractère curieux : c'est presque
toujours une série de dépressions qui ne pénètrent pas complètement l'épaisseur du vase; mais les décorations les plus communes sont de simples lignes ou creux faits quelquefois avec
un instrument tranchant, quelquefois avec l'ongle (lig. 166).
quelquefois aussi, mais plus rarement, en pressant une corde
sur l'argile molle. Les lignes courbes se rencontrent rarement;

on n'a encore trouvé aucune figure d'animaux. Le vase trouvé à Wangen, qu'ont fait graver le docteur Keller et M. Troyon, est presque le seul exemple que l'on connaisse où on ait essayé de représenter une plante. Dans ce cas, le dessin est plus grossier qu'on ne pourrait le supposer par les figures qu'on en a faites. On a trouvé, dans quelques villages de l'âge du bronze, des anneaux en terre cuite qui devaient certainement servir de supports à ces vases arrondis, mais on n'en a découvert aucun, jusqu'à présent, dans les villages de l'âge de la pierre. Peut-être, pendant l'âge de la pierre, posait-on les vases sur la

FIG. 168.

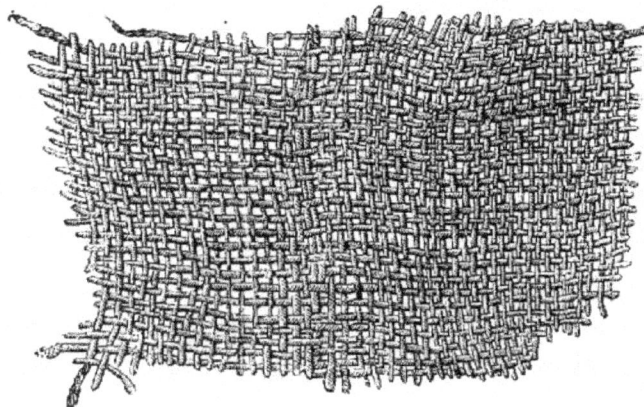

Morceau de tissu trouvé à Robenhausen.

terre molle, et peut-être les tables ne furent-elles introduites que pendant l'âge du bronze, alors que l'usage des outils en métal rendait plus facile le travail du bois, et particulièrement la fabrication des planches. Beaucoup de vases portent de petites projections percées de trous, de sorte qu'on pouvait y passer une ficelle pour les suspendre. Quelques autres sont percés de petits trous à différents niveaux ; on a supposé que ces vases servaient à la préparation du lait caillé, les petits trous étant destinés à laisser échapper le lait. L'ornementation de la poterie de l'âge de la pierre est très simple et très grossière. Quelquefois il y a une rangée de boutons tout autour du vase, immédiatement au-dessous du rebord ; cette ornementation est commune dans les poteries trouvées par M. Gilliéron au pont de Thiele.

Bien qu'on ne puisse mettre en doute que la dépouille des animaux ait formé le principal vêtement des antiques habitants des villages lacustres, on a retrouvé cependant, en assez grande quantité, surtout à Wangen et à Robenhausen, deux villages de l'âge de la pierre, des morceaux d'étoffes grossières (fig. 168). Ces étoffes sont fabriquées avec des fibres de chanvre ou avec de la paille. Nous avons déjà parlé de l'existence de molettes de tisserand.

Nous devons aux recherches du professeur Rütimeyer presque tout ce que nous savons sur les débris organiques trouvés dans les villages lacustres. M. Rütimeyer a publié deux mémoires à ce sujet : *Mittheilungen der antiquarischen Gesellschaft in Zurich*, Bd. XIII, Abth. 2, 1860, et plus récemment, un ouvrage séparé, *Die Fauna der Pfahlbauten in der Schweiz*, 1861. Les ossements ne se retrouvent que par petits morceaux, on les a brisés pour en extraire la moelle. On remarque aussi l'absence de certains os et de certaines parties d'os, de telle sorte qu'il est impossible de reconstituer un squelette parfait, même de l'animal le plus commun.

Le nombre total des espèces retrouvées se monte à environ soixante-dix, sur lesquelles dix espèces de poissons, quatre de reptiles, vingt-six d'oiseaux, et le reste de quadrupèdes. Sur ces dernières, six espèces vivaient probablement à l'état domesque, c'est-à-dire le chien, le cochon, le cheval, la chèvre, le mouton, et au moins deux variétés de bœufs. Les os se trouvent rarement dans leur condition naturelle, ceux des animaux sauvages et des animaux domestiques sont mêlés ensemble, et l'état dans lequel on les trouve, les marques de coups de couteau qui les couvrent, le fait qu'ils ont presque toujours été fendus pour en extraire la moelle, sont autant de preuves de l'intervention de l'homme.

Deux espèces, l'une sauvage, l'autre domestique, sont particulièrement nombreuses, le cerf et le bœuf. On peut dire que les restes de ces deux espèces égalent ceux de toutes les autres ensemble. Il y a, toutefois, un fait intéressant à noter, c'est que dans les plus vieilles stations, à Moosseedorf, à Wauwyl et à Robenhausen, le cerf surpasse le bœuf par le nombre des spécimens, tandis que c'est le contraire dans les stations plus modernes des lacs occidentaux, comme par exemple à Wangen et à Meilen.

Après le cerf et le bœuf, c'est le cochon qui est le plus abondant. Le chevreuil, la chèvre et le mouton sont moins abondants encore et on n'en trouve guère que quelques spécimens alors que les trois espèces précédentes se trouvent en grand nombre ; le mouton est très abondant dans les stations récentes. Le renard et la martre se trouvent à peu près au même rang. Les Esquimaux (1) mangent quelquefois le renard, et le capitaine Lyon paraît avoir assez apprécié cette nourriture (2) ; Franklin nous affirme que le renard est meilleur que le chevreuil maigre (3). Pendant l'âge de la pierre, soit goût, soit nécessité, on le mangeait aussi. Ce qui nous permet de tirer cette conclusion, c'est le fait que souvent les os portent des entailles faites avec des couteaux et qu'on les a fendus pour en retirer la moelle. Le renard, toutefois, très fréquent dans les habitations lacustres de l'âge de la pierre, n'a encore été trouvé dans aucune station appartenant à l'âge du bronze. Chose assez singulière, les recherches faites jusqu'à présent semblent indiquer que le chien, dans les habitations lacustres de l'âge de la pierre, est plus rare que le renard, bien qu'il soit plus commun que le cheval ; on n'a trouvé que quelques spécimens des autres espèces ; dans quelques localités, cependant, le castor, le blaireau et le hérisson, sont en assez grande quantité. Il semble que les hommes de cette époque capturaient quelquefois l'ours et le loup, aussi bien que l'urus, le bison et l'élan ; il est probable qu'on se servait de pièges pour prendre ces derniers animaux.

M. Rütimeyer a identifié les animaux suivants trouvés dans le petit lac de Moosseedorf : le chien, trois individus ; le renard, quatre individus ; le castor, cinq individus ; le chevreuil, six individus ; la chèvre et le mouton, dix individus ; la vache, seize individus ; le cochon, vingt individus ; le cerf, vingt individus. Il est certainement très extraordinaire que deux espèces sauvages présentent le plus grand nombre d'individus ; cela est d'autant plus remarquable que ce n'est pas là un cas exceptionnel ; la somme totale des animaux sauvages surpasse celle des animaux domestiques, résultat que confirment toutes les

(1) Crantz, *History of Greenland,* vol. 1, p. 73.
(2) *Lyon's Journal,* p. 77.
(3) Franklin, vol. III, pp. 219-329.

autres stations de cette époque. Cela ne dénote pas seulement une haute antiquité, c'est aussi une preuve que la population devait quelquefois subir de grandes privations, car il devait être impossible de se procurer avec certitude de semblables aliments, et, en outre, il est probable qu'on ne mangeait les renards que pour satisfaire une faim pressante.

Les os de cerf et de sanglier indiquent souvent des animaux d'une taille extraordinaire; les renards, au contraire, semblent avoir été plus petits qu'ils ne le sont à présent. Il y avait peu de variété chez les chiens, ils appartiennent même tous à une même espèce, de taille moyenne, qui paraît avoir dû ressembler à nos bassets (M. Rütimeyer dit en parlant de ce chien qu'il ressemble au « Jagdhund » et au « Wachtelhund »). Le mouton de l'âge de la pierre différait de la forme ordinaire par sa petite taille, ses jambes fines, ses cornes courtes et ressemblant à celles de la chèvre, particularités qu'on trouve dans quelques variétés habitant à notre époque les pays septentrionaux et les montagnes, comme par exemple, les Shetland, les Orcades, les collines du pays de Galles et quelques parties des Alpes. M. Rütimeyer a cependant trouvé à Wauwyl les restes d'un individu à grandes cornes. Nous connaissons si imparfaitement les espèces sauvages de moutons que M. Rütimeyer n'ose pas exprimer une opinion, quant à l'origine des variétés domestiques, si ce n'est toutefois qu'il est disposé à les faire remonter à plusieurs races sauvages.

Dans son premier mémoire, le professeur Rütimeyer donne une table intéressante que je reproduis ci-dessous avec quelques additions que je dois à l'obligeance du professeur. Le chiffre 1 indique un seul individu; 2, plusieurs individus; 3, les espèces communes; 4, les espèces très communes; 5, celles qui se trouvent en grande quantité.

LISTE DES ESPÈCES.	MOOSSEEDORF.	WAUWYL.	ROBENHAUSEN.	WANGEN.	MEILEN.	CONCISE.	BIENNE.
1. Ursus Arctos	2	2	2	2	...	2	...
2. Meles vulgaris	2	2	3	...	1	3	...
3. Mustela Foina	2	3	3	2	...	1	...
4. — Martes	2	3	3	2	1	2	...
5. — Putorius	2	2	1	...	...	1	...
6. — Erminea	...	2	...	...	...	...	...
7. Lutra vulgaris	1	1	2	...	...	...	...
8. Canis Lupus	...	2	1	1	1	1	...
9. — familiaris (palustris)	2	2	2	3	3	3	3
10. — Vulpes	3	3	3	2	2	2	...
11. Felis Catus (ferus)	2	2	1	...	...	...	...
12. Erinaceus europæus	1	1	3	2	...	...	...
13. Castor Fiber	3	2	2	2	...	2	...
14. Sciurus europæus	2	2	2	2	...	...	...
15. Mus sylvaticus	...	...	2	...	...	...	...
16. Lepus timidus	1	...	1	1	...	...	...
17. Sus Scrofa ferus	3	2	4	2	2	2	2
18. — Palustris	5	5	3	5	5	3	3
19. — Scrofa domesticus	...	1	...	...	...	2	2
20. Equus caballus	1	2	2	2	1	2	3
21. Cervus Alces	1	1	2	...	2	1	1
22. — Elaphus	5	5	5	5	5	5	5
23. — Capreolus	4	2	4	2	2	3	...
24. Capra Ibex	...	...	...	...	1	...	...
25. — Hircus	2	2	2	2	...	2	3-4
26. Ovies Aries	2	2	2	2	1	3	3-4
27. Antilope rupicapra	...	...	1	...	...	...	...
28. Bos primigenius	2	2	3	1	...	2	...
29. — Bison	1	1	4	2	...	...	...
30. — Taurus primigenius	2	?	5	?	2	5	2
31. — brachyceros	5	5	2	5	5	2	5
32. — Taurus frontosus	...	1	...	...	...	2	2

L'absence presque entière du lièvre provient, sans doute, du préjugé curieux qu'avaient et qu'ont encore bien des races contre la chair de cet animal. Les anciens Bretons ne le mangeaient jamais, les Lapons, à notre époque, le repoussent. Chez les Hottentots, la chair du lièvre est permise aux femmes, mais défendue aux hommes (1). Selon Burton (2), les Arabes Somali ne veulent pas toucher à la chair du lièvre, et M. Schlegel affirme aussi que le même préjugé existait chez les anciens Chinois (3). Les Juifs croyaient que c'était une nourriture impure. Selon Crantz, les Groenlandais, en temps de famine,

(1) Kolben, *Cape of Good Hope*, vol. I, p. 205.
(2) *First footsteps*, p. 155.
(3) *Notes and Queries on China, Japan, Hong-Kong*, mai 1868.

mangent les renards plutôt que les lièvres (1). Enfin on ne
trouve pas de restes de lièvres dans les amas de coquilles
danois.

Les oiseaux qu'on a découverts, sont :

Aquila fulva. L'aigle doré. Robenhausen.
Aquila haliætus. M. Rütimeyer attribue, mais sans certitude, à cette
    espèce, un seul os trouvé à Moosseedorf.
Falco milvus. Robenhausen.
Falco palumbarius. Wauwyl, Moosseedorf.
Falco nisus. Moosseedorf.
Falco buteo. Moosseedorf, Robenhausen.
Strix aluco. Concise.
Strix otus.
Sturnus vulgaris. Robenhausen.
Corvus corone.   —
Corvus corax.   —
Cinclus aquaticus.   —
Columbus palumbus.   —   Moosseedorf.
Tetrao bonasia.   —
Tetrao lagopus. Moosseedorf.
Ciconia alba. Assez fréquent à Moosseedorf et à Robenhausen.
Ardea cinerea. Robenhausen.
Grus cinerea.   —
Fulica atra.   —
Larus. 2 espèces.   —
Cygnus olor.   —
Anser segetum.   —
Anas boschas.   —   Moosseedorf et Wauwyl.
Anas querquedula.   —
Podiceps minor.   —
Mergus merganser.   —

Les reptiles et les poissons sont représentés par dix de nos
espèces des plus communes.

La souris commune, nos deux espèces de rats de maisons,
le chat domestique, ne se trouvent ni dans les habitations
lacustres de la Suisse, ni dans les kjökkenmöddings du Danemark ; il en est de même de la poule de basse-cour que, d'ailleurs, ni Homère ni Hésiode ne semblent avoir connue. Le
professeur Rütimeyer attribue à une période récente un seul
os de poule découvert à Morges, station qui appartient à l'âge
du bronze.

Les restes les plus anciens d'ânes, dont parle le professeur
Rütimeyer, sont ceux trouvés à Chabannes et à Noville ; mais

(1) *History of Greenland*, p. 73.

ces stations ne sont en aucune façon des Pfahlbauten, elles appartiennent à l'époque romaine. Il n'est question de l'âne dans la Bible qu'au temps d'Abraham qui, selon la Genèse, possédait « des moutons, des bœufs et des ânes, des serviteurs et des servantes et des ânesses et des chameaux(1) ». On observera que, dans cette énumération, le nom du cheval n'est pas prononcé. Laban, lui aussi, possédait des moutons, des chèvres, des bestiaux, des chameaux et des ânes, mais probablement pas des chevaux. Le présent que Jacob envoya à Ésaü consistaient en deux cents chèvres, vingt boucs, deux cents brebis, trente chamelles et leurs petits, quarante porcs, dix taureaux, vingt ânesses et dix ânons (2). En un mot, la Bible ne parle de chevaux qu'après le départ des enfants d'Israël pour l'Égypte et elle donne sur la vie pastorale des Hébreux des détails si intéressants et si circonstanciés qu'elle aurait certainement nommé les chevaux, s'ils en avaient possédé. Quant à l'Égypte, on ne trouve le cheval représenté sur aucun monument antérieur à la XVIIe dynastie, mais après cette époque, il paraît être devenu fort abondant dans le pays.

Il est singulier que, quoiqu'on ait trouvé des restes du cheval dans tous les villages lacustres suisses, ces restes soient si rares qu'on pourrait dire que la présence de ce quadrupède est accidentelle; ainsi on n'a trouvé à Wangen qu'une seule dent; à Moosseedorf, qu'un os métatarse, poli d'un côté; à Robenhausen, qu'un seul os du tarse; et à Wauwyl, que quelques os qui tous peuvent avoir appartenu à un même individu. D'un autre côté, quand nous arrivons à l'âge du bronze, nous trouvons à Nidau de nombreux ossements appartenant à cette espèce; de telle sorte que, autant que nous pouvons en juger par ces indices, le cheval, en admettant qu'il ait été connu pendant l'âge de la pierre, semble avoir été alors beaucoup plus rare que pendant les périodes postérieures. Tous les restes de cet animal appartiennent à la variété domestique (*Equus caballus*), tandis que les ossements retrouvés dans les graviers du diluvium et dans les cavernes appartiennent à

(1) Gen. XII, 16.
(2) Gen. XXXIII, 14.

deux races bien distinctes, nommées par le professeur Owen
E. Fossilis et *E. Spelæus.*

Tout en attribuant quelques os au sanglier et quelques
autres au cochon domestique, le professeur Rütimeyer considère, cependant, que le plus grand nombre des ossements de
ce genre appartient à une race différente qu'il appelle *Sus palustris.* Cette variété, selon lui, était moins puissante et moins
dangereuse que le sanglier, ses défenses étant proportionnelle-
ment beaucoup plus petites; en un mot, il pense que cet animal avait les dents molaires d'un sanglier de taille ordinaire,
mais que ses prémolaires, ses canines et ses incisives ressemblaient à celles d'un jeune cochon domestique. Il pense que
tous les os de cette variété trouvés à Moosseedorf appartiennent à des individus sauvages, tandis que quelques-uns
trouvés à Nidau, à Robenhausen, à Wauwyl et à Concise
portent, selon lui, quelques traces de domestication. Quelques
naturalistes ont supposé que cette variété n'est basée que sur
des spécimens femelles; mais, dans son dernier ouvrage, le
professeur Rütimeyer combat cette opinion et donne des descriptions nombreuses et des mesures des différentes parties.
Il indique aussi de nombreuses différences sexuelles dans le
S. palustris, différences de la même nature, mais pas si bien
tranchées que celles qui existent chez le sanglier. S'appuyant,
en outre, sur la répartition géographique et historique, si
bien définie, de cette espèce, il nie qu'on puisse considérer
cette variété comme le résultat d'un croisement entre le sanglier et le cochon domestique, ou que les différences qui la
séparent du sanglier puissent être considérées comme de
simples particularités individuelles. En un mot, il pense que,
en tant qu'animal sauvage, cette variété a disparu à une
époque fort reculée, quoique le cochon apprivoisé de l'Inde,
qui ressemble beaucoup à cette race, en soit peut-être des-
cendu.

M. Schütz, au contraire, pense que le *Sus palustris* n'est
qu'une variété du *Sus sennariensis* qui existe encore dans
l'Afrique centrale et il ne pense pas qu'il ait jamais habité la
Suisse à l'état sauvage (1). Il fait en outre remarquer que les

1) *Zur Kenntniss des Torfschweins.* Berlin, 1868, p. 44.

crânes de cet animal, trouvés dans les Pfahlbauten les plus récents, diffèrent considérablement de ceux trouvés dans les plus anciens villages lacustres, ce qui indique clairement l'influence de la domestication et ce qui prouve, en outre, qu'il s'est écoulé un laps de temps considérable entre les premiers et les derniers villages lacustres.

Notre cochon domestique se rencontre pour la première fois dans les villages lacustres les plus récents, comme par exemple à Concise. Le professeur Rütimeyer ne croit pas, cependant, qu'il ait été réduit en domesticité par les habitants de la Suisse; il pense plutôt qu'il a été importé pendant l'âge du bronze, d'autant plus qu'il a trouvé aussi à Concise les restes d'un bœuf (*B. trochoceros*) qu'on ne rencontre pas dans les villages lacustres plus anciens.

La découverte de crottin au milieu des ruines des Pfahlbauten prouve suffisamment que les habitants possédaient des animaux domestiques, mais nous avons d'autres indications qui nous permettent de l'affirmer absolument.

Pour arriver à savoir si un os quelconque appartient à un animal sauvage ou à un animal domestique, il faut se laisser guider par les considérations suivantes : le nombre des individus représentés; la proportion relative des individus jeunes et vieux; l'absence ou la présence de très vieux individus, pour les espèces, tout au moins, qui servent d'aliments; les traces d'une sélection longue quoique indirecte, prouvée par la diminution de toute arme naturelle nuisible à l'homme; l'action directe de l'homme pendant la vie de l'animal, et enfin le tissu et l'état des os.

En appliquant ces considérations au *Sus palustris* de Moosseedorf, il est évident, dit le professeur Rütimeyer : 1° que l'argument qu'on peut tirer du nombre des individus jeunes perd beaucoup de sa valeur à cause de la grande fécondité de la truie et de la facilité avec laquelle on peut trouver et détruire les petits; 2° le nombre des individus représentés est égalé par celui du cerf qui certainement n'a jamais été un animal domestique; 3° on a trouvé quelques ossements appartenant à de très vieux individus, quelques-uns aussi appartenant à des cochons très jeunes, quelquefois même à des individus qui n'étaient pas nés; selon le professeur Rütimeyer,

la petitesse des défenses est un des caractères de la race et
non pas une preuve de domestication : les os ont un tissu ferme
et serré, et les seuls cas de carie proviennent d'une extrême
dégradation des dents, ce qui très probablement n'arriverait
pas chez un animal domestique. Enfin, aucune dent ne porte
la moindre trace de la lime ou de toute autre altération, si ce
n'est postérieure à la mort de l'animal. Le professeur Rütimeyer conclut de toutes ces raisons que les habitants de Moos-

FIG. 169.

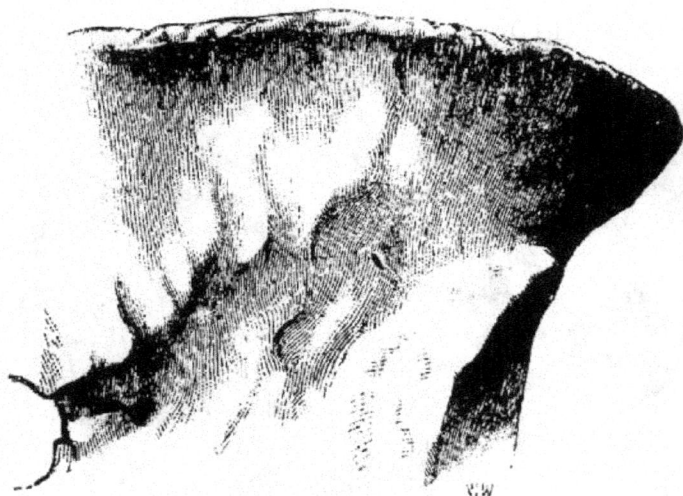

Partie des vertèbres d'une vache.

seedorf n'étaient pas encore parvenus à réduire en domesticité
le *Sus scrofa palustris* ou le *Sus scrofa ferus*.

Le professeur Rütimeyer s'est beaucoup occupé du tissu et
de l'état des os eux-mêmes ; il croit pouvoir, dans bien des cas,
par leur inspection seule, distinguer les espèces, et déterminer même si l'os provient d'un animal sauvage ou d'un animal
domestique.

Les os des animaux sauvages ont un tissu plus ferme et
plus serré ; il existe à leur surface extérieure une nervure in-
descriptible, mais très caractéristique pour l'œil exercé,
nervure produite par les impressions plus nettes et plus nombreuses des vaisseaux et par la rugosité plus grande des sur-

faces pour l'attache des muscles. Il y a aussi exagération des
saillies et des apophyses, et diminution de toutes les surfaces
planes. Les figures 169 et 170, qui représentent la même partie
d'une vertèbre, dont l'une est celle de la vache domestique et
l'autre celle du bison, feront comprendre ce contraste. Ces
différences ont été de la plus grande importance pour l'étude
des restes de bœufs. Grâce à elles, et c'est là sous beaucoup
de rapports une des parties les plus intéressantes de son ouvrage, le professeur Rütimeyer en est arrivé à la conclusion

Fig. 170.

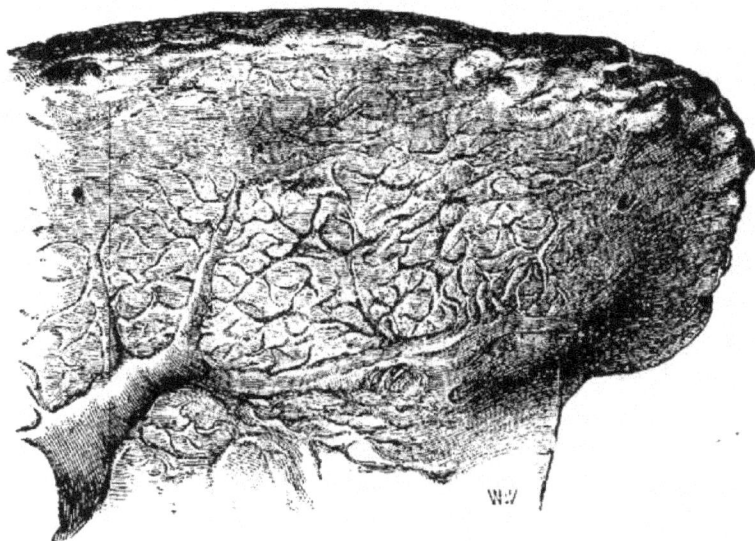

Partie des vertèbres correspondantes d'un bison.

que, outre les deux espèces sauvages de *Bos*, c'est-à-dire l'urus
(*B. primigenius*) et l'aurochs (*B. bison* ou *Bison Europæus*), on
trouve dans les villages lacustres quatre races principales de
bœufs domestiques (1).

La première de ces races, ou race *Primigenius*, ressemble
beaucoup à l'urus ou bos primigenius, et en descend sans
aucun doute. On retrouve les ossements d'individus appartenant à cette race dans tous les villages lacustres les plus
anciens et, à notre époque, les bestiaux sauvages de Chilling-

(1) *Ar. fur anthropologie*, 1866, p. 219.

ham et les grands bœufs du Friedland, du Jutland et du Holstein sont les animaux qui s'en rapprochent le plus.

Pour la seconde, ou race *Trochoceros*, on n'a, jusqu'à présent, trouvé aucun spécimen de cette variété dans les villages appartenant à l'âge de la pierre. Le professeur Rütimeyer la distingue à peine de l'urus et fait observer que les particularités qui la séparent de ce dernier ne se font guère remarquer que chez les individus femelles.

La troisième, ou race *Frontosus*, ne se rencontre que rarement dans les villages lacustres les plus anciens ; elle devient plus fréquente dans les villages de l'âge du bronze et habite aujourd'hui les parties septentrionales de la Suisse. Le professeur Rütimeyer pense que cette variété dérive aussi de l'urus et fait remarquer que, tandis que les bestiaux sauvages de Chillingham représentent parfaitement la vraie faune *primigenius*, quelques-uns des bestiaux de Lyme Park se rapprochent du type *frontosus*. Il n'a jamais vu, cependant, aucun crâne de ce type appartenant à un animal véritablement sauvage.

Le quatrième est la race *Longifrons* ou *Brachyceros*. Le nom de Brachyceros, par lequel on l'avait distinguée tout d'abord, doit être abandonné, parce qu'il a été précédemment appliqué par le docteur Gray à un bœuf africain. Cette variété se trouve abondamment dans tous les Pfahlbauten. Le professeur Rütimeyer pense qu'elle descend, non de l'urus, mais d'une seconde espèce plus petite. Il fait remarquer, en outre, que si elle dérive de l'urus elle en est plus distincte et doit être plus ancienne qu'aucune des variétés dont nous venons de parler. Le professeur Rütimeyer admet que nous n'avons aucune preuve que le *Bos longifrons* ait jamais existé à l'état sauvage dans l'Europe centrale.

M. de Quatrefages [1] pense que tous nos bœufs domestiques descendent de l'urus. M. Darwin [2] regarde, au contraire, le Bos longifrons et le Bos frontosus comme les représentants modernes d'ancêtres sauvages, spécifiquement distincts du Bos primigenius, et en conclut que « nos bestiaux domestiques sont presque certainement les descendants de plus d'une variété sauvage ».

(1) *Revue des cours scientifiques*, 1868, p. 563.
(2) *Animals and plants under domestication*, vol. I, p. 81.

M. Boyd Dawkins (1) a récemment prouvé qu'en tant qu'il s'agit de l'Angleterre, nous n'avons pas de preuve qu'il ait existé plus de deux espèces de bœufs sauvages, c'est-à-dire l'urus et le bison. Les variétés plus petites paraissent avoir été introduites comme animaux déjà réduits en domesticité et ne remontent pas au delà de la période néolithique. Selon Nilsson, au contraire, le B. frontosus et le B. longifrons habitaient la Suède comme races sauvages (2). Quant à moi, je pense que l'urus a été réduit à l'état domestique en Europe, et aussi que quelques-uns tout au moins des premiers habitants ont amené avec eux des bestiaux domestiques provenant probablement d'une race sauvage distincte. Il est à désirer, cependant, qu'on accumule les preuves pour parvenir à résoudre cet intéressant problème.

Si nous en exceptons donc les animaux marins tels que les phoques, les poissons, les huîtres, les buccins, les bucardes, etc., que nous ne pourrions guère nous attendre à trouver aussi loin de la mer, la faune que représentent les débris organiques des lacs suisses se rapproche singulièrement de celle qui caractérise les kjökkenmöddings danois, faune qui appartient évidemment à une époque beaucoup plus récente que celle des célèbres hachettes en pierre que le génie et la persévérance de M. Boucher de Perthes nous ont fait connaître.

Au lieu de l'éléphant et du rhinocéros, nous trouvons, dans le second âge de la pierre, dans l'âge des kjökkenmöddings et des « Pfahlbauten », l'urus et le bison, l'élan et le cerf, déjà monarques des forêts. Le renne même a disparu. Le cerf, ainsi que le sanglier, semble avoir été fort nombreux, et avoir constitué un aliment important pour les habitants des villages lacustres. L'urus, ou grand bœuf fossile, a maintenant complètement disparu, en tant tout au moins qu'espèce sauvage (3). César parle de cet animal, et dit qu'il est presque aussi grand que l'éléphant (*Hi sunt magnitudine paulo infra elephantos, specie et colore et figurâ tauri*). Selon Herberstein, il existait

---

(1) Boyd Dawkins, *Geol. Journ.*, 1867, p. 182.
(2) *Ann. and Mag. of nat. hist.*, 1849, p. 349-351.
(3) Le professeur Rütimeyer considère cependant que les célèbres bestiaux sauvages du parc de Tankerville sont les descendants certains, quoique plus petits, du *B. primigenius.*

encore en Allemagne, dans le courant du xvie siècle, mais il a dû disparaître à peu près à cette époque.

L'aurochs, ou bison européen, semble avoir disparu de l'Europe occidentale à peu près à la même époque que l'urus. L'histoire ne nous fournit aucune preuve de son existence en Angleterre et en Scandinavie. Il semble avoir disparu de la Suisse vers le xe siècle; un *lied* des *Niebelungen* du xiie siècle dit qu'on le trouvait dans la forêt de Worms, et le dernier fut tué en Prusse en 1775. A une certaine époque, il semble avoir habité presque toute l'Europe, une grande partie de l'Asie et même une partie de l'Amérique; il ne se trouve à présent en Europe que dans les forêts impériales de la Lithuanie, où l'empereur de Russie le fait conserver. Selon Nordmann et Von Baer, il existe encore dans quelques parties de l'Asie occidentale.

Nous n'avons pas de preuves certaines que l'élan ait existé en Suisse pendant la période historique, mais César nous dit qu'il vivait dans la grande forêt Hercynienne. Selon Albertus Magnus et Gesner, on le rencontrait au xiie siècle en Sclavonie et en Hongrie. On indique l'année 1746 comme celle de la mort du dernier élan, en Saxe. Il habite, à présent, la Prusse et la Lithuanie, la Finlande et la Russie, la Scandinavie et la Sibérie, jusque sur les rives de l'Amoor.

Le bouquetin disparut de la plus grande partie des Alpes suisses à peu près à la même époque que l'élan. Il a séjourné plus longtemps dans l'ouest. Le dernier périt dans le Glarus en 1550. Il a existé auprès de Chiavenna jusqu'au commencement du xviie siècle, dans le Tyrol jusque pendant la seconde moitié du xviiie siècle, et il se maintient encore dans les montagnes entourant le mont Iséran, où le roi d'Italie protège les derniers représentants de cette race.

L'extermination de l'ours, comme celle du bouquetin, semble avoir commencé dans l'est; cette extermination n'est même pas complète, puisque cet animal se trouve encore dans le Jura, le Valais et les parties sud-est de la Suisse. Le renard, la loutre et les différentes espèces d'écureuils sont encore les carnivores communs de la Suisse; le chat sauvage, le blaireau et le loup se trouvent encore dans le Jura et dans les Alpes; le loup, pendant les hivers froids, s'aventure même dans les plaines. Le castor, au contraire, a tout à fait disparu. Depuis longtemps il était fort rare en Suisse; quelques-uns, cependant, ont survécu jusqu'au commencement de ce siècle à Lucerne et dans le Valais. Au XIIᵉ et au XIIIᵉ siècle, le cerf était abondant dans le Jura et dans la Forêt-Noire, mais l'espèce semble avoir été moins grande que celle de l'antiquité. On tua le dernier dans le canton de Bâle, à la fin du XVIIIᵉ siècle; il exista un peu plus longtemps dans la Suisse occidentale et dans le Valais. Le chevreuil existe encore dans quelques endroits.

Il semble donc prouvé que les animaux dont on trouve les restes dans les villages lacustres de la Suisse appartiennent à la faune qui a occupé l'Europe depuis le commencement de la période paléolithique jusqu'à notre époque.

Mais, bien que la faune de l'âge de la pierre appartienne à la même grande époque zoologique que celle du dépôt des graviers des rivières d'un côté, et celles du temps présent de l'autre, il ne faut pas oublier que l'immense période qui s'est écoulée depuis la fin de l'époque tertiaire a produit de grands changements dans la faune de l'Europe. Les habitations lacustres occupent, pour ainsi dire, la position médium dans cette ère post-tertiaire. Distincte de la faune actuelle de la Suisse par la possession de l'urus, du bison, de l'élan, du cerf et du sanglier, aussi bien que par la distribution plus générale du castor, de l'ours, du bouquetin, etc., leur faune diffère aussi de celle de la formation des graviers du diluvium par l'absence du mammouth, du rhinocéros, de l'ours des cavernes, de l'hyène des cavernes, et du renne.

Le professeur Rütimeyer pense que ces considérations seules, en admettant que nous n'ayons aucune autre preuve, nous permettraient de pousser cette division plus loin encore. Si nous prenons les stations de Moosseedorf, de Wauwyl, de Robenhausen et de Nidau, qui ont été étudiées avec le plus de soin sous ce rapport, les trois premières qui appartiennent à l'âge de la pierre, présentent certainement un contraste frappant avec la dernière, qui est la localité où, jusqu'à présent, on a découvert le plus grand nombre d'objets en bronze.

Bien entendu, il n'est pas nécessaire de faire ressortir l'intérêt et l'importance d'une semblable distinction, qui s'harmonise si bien avec celle indiquée par l'étude des armes et l'état de conservation des pilotis. Ainsi, l'urus n'a encore été trouvé qu'à Moosseedorf, à Wauwyl, à Robenhausen, à Wangen et à Concise; l'aurochs, à Moosseedorf, à Wauwyl, et à Robenhausen; l'ours, à Moosseedorf, à Wauwyl, à Robenhausen, à Wangen et à Concise. Un coup d'œil jeté sur la table donnée page 191 prouve que plusieurs autres espèces n'ont été encore trouvées qu'à Moosseedorf et à Robenhausen; ce fait, cependant, indique plutôt la richesse que l'antiquité de ces localités. Il se peut que l'on considère la présence des espèces plus grandes comme une preuve de leur plus grande abondance pendant la période la plus reculée; mais il ne faut pas oublier que non seulement l'ours et l'élan, mais aussi l'aurochs et l'urus, se retrouvent à une période comparativement récente. D'un autre côté, l'abondance des animaux sauvages, et le fait qu'à Moosseedorf et à Wauwyl, le renard est plus abondant que le chien, tandis que partout ailleurs c'est le contraire qui a lieu, semblerait prouver la plus grande antiquité de ces deux stations.

Les preuves tirées de la distribution des animaux domestiques sont peut-être plus satisfaisantes. Le mouton se trouve à Moosseedorf, mais en quantité moins considérable qu'à Nidau. D'un autre côté, le cheval est fréquent à Nidau, tandis qu'à Moosseedorf on n'a découvert qu'un seul os de cet animal dans un état différent de celui des autres os et probablement plus récent. Enfin, le cochon domestique de la race actuelle n'existe dans aucun village lacustre de l'âge de la pierre, excepté Wauwyl, et ne devient fréquent qu'à Nidau.

Le tableau suivant indique les proportions relatives des animaux domestiques et des animaux sauvages trouvés dans les villages lacustres de Wauwyl et de Moosseedorf, choisis pour représenter l'âge de la pierre; et dans celui de Nidau, qui plus que tout autre peut représenter l'âge du bronze. 1 indique un seul individu; 2, plusieurs; 3, les espèces communes; 4, les espèces très communes, et 5, celles qui se trouvent en grand nombre.

	WAUWYL.	MOOSSEEDORF.	NIDAU.
ANIMAUX SAUVAGES			
Ours brun	2	2	. . .
Blaireau	2	2	. . .
Marten.	3	2	. . .
Pine Marten	3	2	. . .
Putois	2	2	. . .
Loup.	1	. . . .	. . .
Renard	3	3	. . .
Chat sauvage.	2	2	. . .
Castor	2	3	. . .
Élan.	1	1	1
Urus.	. . .	1	. . .
Bison	1	1	. . .
Cerf	5	5	5
Daim.	2	4	. . .
Sanglier	2	3	. . .
Sanglier de marais (1) . . .	5	5	3
ANIMAUX DOMESTIQUES.			
Cochon.	?1	. . .	3
Cheval.	2	?1	3
Bœuf	5	5	5
Chèvre.	2	2	3
Mouton	1	2	4
Chien	2	2	3

Si des observations subséquentes confirment les conclusions que nous venons d'indiquer, on pourrait en conclure aussi que les animaux domestiques, comparativement rares pendant l'âge de la pierre, devinrent plus nombreux après la découverte du bronze. Ce changement indiquerait et aurait produit peut-être de nouvelles habitudes chez les habitants.

Quelque rares qu'aient pu être les bœufs, les chevaux, les moutons et les chèvres, on ne peut conserver ces animaux pendant l'hiver en Suisse, qu'en leur mettant de côté des provisions et en leur procurant un abri. Un peuple pasteur doit forcément atteindre à une civilisation plus avancée qu'une nation de chasseurs. Nous savons, en outre, qu'à cette époque l'agri-

(1) Le professeur Rütimeyer pense que cet animal, jusque-là sauvage, a été réduit en domesticité à Nidau et dans les Pfahlbauten plus récents.

culture n'était pas entièrement inconnue. La découverte, dans différents endroits, de céréales carbonisées, l'a prouvé de la manière la plus inattendue. Le blé est le plus commun; on en a trouvé à Meilen, à Moosseedorf et à Wangen. Dans ce dernier endroit même, on en a recueilli plusieurs boisseaux; les grains sont réunis en blocs épais. Dans d'autres cas, les grains sont isolés, sans paille; ils ressemblent par leur grosseur et par leur forme à nos grains de blé actuels; on les trouve rarement dans l'épi. Les épis de l'*Hordeum hexastichon* L. (l'orge à six rangées) sont assez nombreux. Cette espèce diffère de l'*H. vulgare* L. par le nombre de rangées et par la petitesse des grains. Selon De Candolle, c'est l'espèce que cultivaient ordinairement dans l'antiquité les Grecs, les Romains et les Égyptiens. Dans les épis trouvés à Wangen, chaque rangée contient ordinairement dix ou onze grains; ces épis sont, cependant, plus petits et plus courts que ceux que l'on cultive aujourd'hui.

Les habitants des villages lacustres cultivaient trois variétés de froment; ils possédaient aussi deux espèces d'orge et deux espèces de mil à épis. Les plus anciennes et les plus importantes sont l'orge à six rangées et le petit froment des villages lacustres. Une découverte fort intéressante est celle du froment égyptien (*Triticum turgidum*) à Wangen et à Robenhausen. On cultivait l'avoine pendant l'âge du bronze, mais on n'en a pas retrouvé dans les villages lacustres de l'âge de la pierre. On ne connaissait pas alors le seigle.

Le froment et le mil ne servaient, semble-t-il, qu'à faire du pain. Le professeur Heer pense que l'on grillait probablement l'orge. Dans l'orge à six rangées la balle adhère fortement au grain et il aurait été difficile de les séparer; quand, au contraire, l'orge est grillée, grain et balle se séparent facilement l'un de l'autre.

Une découverte encore plus imprévue fut celle de pain ou plutôt de gâteaux, car le levain semble avoir été inconnu. Ces gâteaux sont plats et ronds; ils ont de 1 pouce à 15 lignes d'épaisseur, et, à en juger par un spécimen, 4 à 5 pouces de diamètre. Dans d'autres cas, le grain semble avoir été rôti, grossièrement écrasé entre des pierres, puis conservé dans de grands pots en terre et mangé après avoir été légèrement humecté. On mange encore, en Suisse et en Allemagne, du grain préparé de la même manière. Comment préparait-on le sol pour la culture du blé? Nous ne le savons pas; car on n'a encore découvert aucun instrument qu'on puisse, avec certitude, attribuer à l'agriculture.

On a trouvé à Wangen des pommes carbonisées, quelquefois entières, quelquefois coupées en deux, ou plus rarement en quatre morceaux, mais évidemment séchées et conservées pour l'hiver. On en a trouvé non seulement à Wangen, mais aussi à Robenhausen, sur le lac Pfeffikon, et à Concise, sur le lac de Neuchâtel. Les pommes sont petites et ressemblent à celles qui croissent à l'état sauvage dans les forêts de la Suisse; toutefois, à Robenhausen, on en a trouvé de plus grosses qui probablement étaient cultivées. On n'a encore découvert aucune trace de la vigne, de la noix, de la cerise ou de la prune de Damas, mais on a trouvé des noyaux de la prune sauvage et de la *Prunus padus*. La vase contient des quantités considérables de pépins de framboises et de mûres, ainsi que des coquilles de noisettes et de faînes, mais rarement des graines de fraisier. On a trouvé des pois à Moosseedorf, mais les haricots ne font leur apparition que pendant l'âge du bronze.

Tout ceci prouve que les habitants des Pfahlbauten se nourrissaient de blé, de fruits sauvages, de poissons et de la chair d'animaux sauvages et domestiques. Le lait, sans aucun doute, faisait la base de leur alimentation.

On a, jusqu'à présent, déterminé 115 espèces de plantes. Les espèces sauvages sont presque identiques à celles actuellement existantes; le *Silene cretica*, cependant, plante de l'Europe méridionale, introduite sans doute accidentellement avec les céréales et qu'on a retrouvée à Robenhausen, n'habite pas actuellement la Suisse; le *Drapa natans*, employé comme aliment par les habitants de Moosseedorf et de Robenhausen et qu'on supposait éteint en Suisse, habite aujourd'hui une seule localité.

J'ai emprunté au mémoire du docteur Heer le tableau ci-dessous qui indique les espèces et les variétés les plus intéressantes.

On n'a encore trouvé ni chanvre, ni avoine, ni seigle. Quelques petits morceaux de ficelle et de nattes en lin ont pu faire partie de quelques articles d'habillement. On employait aussi, sans aucun doute, pour en faire des vêtements, les peaux des animaux, et quelques outils en pierre semblent bien adaptés à la préparation des peaux; les épingles en os et les aiguilles faites avec les dents de sangliers devaient servir à les attacher ensemble.

Le docteur Heer (1), à qui nous empruntons les faits ci-dessus,

	AGE DE LA PIERRE.		TRANSITION.		AGE DU BRONZE.	
	Wangen.	Moosseedorf.	Robenhausen.	Montelier.	Parma.	Ile Peter.
1. Hordeum hexastichon sanctum.			★			
2. » densum.			★	★	★	
3. » distichum.	★					
4. Triticum vulgare antiquorum.	★	★	★			★
5. Triticum vulgare compactum muticum.	★	★	★	★	★	★
6. Triticum turgidum (blé égyptien).	★		★			
7. » spelta.						★
8. » dicoccum.	★					
9. » monococcum.	★ (2					
10. Secale cereale.						
11. Avena sativa (avoine).				★		★
12. Panicum miliaceum.	★			★		
13. Setaria italica.			★	★		
14. Silene cretica.			★			
15. Centaurea cyanus.			★			
16. Pastinaca sativa.		★				
17. Faba vulgaris.				★	★	★
18. Pisum sativum.		★				★
19. Ervum lens.						★
20. Pyrus malus (petite pomme).	★	★	★			
21. Trapa natans.		★	★			
22. Linum angustifolium.	★	★	★			

fait remarquer tout particulièrement que, tandis que les espèces sauvages trouvées dans les Pfahlbauten ressemblent exactement et jusque dans leurs plus petits détails aux espèces habitant encore la Suisse, les plantes cultivées, au contraire, diffèrent de

(1) *Die Pflanzen der Pfahlbauten.*
(2) Un seul épi perdu depuis.

toutes les variétés existantes et ont invariablement des graines et des fruits plus petits. L'homme a évidemment beaucoup amélioré ces espèces par la culture. Il est aussi fort intéressant de remarquer que les preuves fournies par les villages lacustres suisses concordent avec celles contenues dans les écrits les plus anciens qui nous soient parvenus. Ainsi le Pentateuque et Homère mentionnent le lin qui était aussi fort employé par les anciens Égyptiens, tandis que le chanvre semble avoir été inconnu jusqu'à une période beaucoup plus récente. Il en est de même du blé et de l'orge, mais ni l'avoine ni le seigle (1) ne sont mentionnés par Homère ou dans l'Exode. Au temps même de David, quand Barzillai le Gileadite (2) apporte des lits, des bassins, des vases de terre, du blé, de l'orge, de la farine, du blé rôti, des fèves, des lentilles, du miel, du beurre, des moutons et du fromage de lait de vache, on peut observer qu'on ne parle ni d'avoine ni de seigle. L'Ancien Testament cite neuf fois le lin et treize fois la toile de lin, mais pas une seule fois le chanvre.

A quelle race d'hommes ces restes intéressants appartiennent-ils? C'est une question à laquelle nous ne pouvons répondre, faute de preuves directes. Les ossements humains sont très rares dans les habitations lacustres. Ceux qu'on a trouvés peuvent provenir d'accidents, d'autant que ce sont les ossements d'enfants qui sont les plus nombreux. M. Desor va jusqu'à dire qu'on n'a pas encore trouvé un seul squelette humain dans les stations appartenant à l'âge de la pierre, et le docteur Keller, dans son cinquième mémoire, nous informe que tous les villages lacustres pris ensemble n'en ont pas produit plus d'une demi-douzaine. Le professeur His a décrit un crâne bien développé trouvé à Meilen ; il pense qu'il ne diffère pas beaucoup du type suisse ordinaire. Pendant que son ouvrage était sous presse, le professeur Rütimeyer a reçu du colonel Schwab quatre crânes, dont deux ont été trouvés à Nidau, un à Sutz et un à Biel. Le professeur Desor m'a montré un autre crâne trouvé à Auvernier, ce qui complète le nombre indiqué par le docteur Keller. Toutes ces stations, cependant, paraissent avoir appar-

---

(1) Selon les plus savants hébraïsants, le mot traduit par « seigle » dans l'Exode, ix, 32, signifie réellement « épeautre ».

(2) Sam., xviii, 28.

tenu à l'âge du bronze, et il n'a pas encore été possible d'attribuer, avec certitude, à une période plus ancienne la plupart des anciens tumuli trouvés en Suisse.

Si nous passons actuellement aux habitations lacustres de l'âge du bronze, un fait nous frappe tout d'abord, c'est qu'elles sont moins généralement répandues que celles de l'âge de la pierre. On n'en a encore trouvé que sur les lacs de Genève, de Luissel, de Neuchâtel, de Morat, de Bienne et de Sempach; pas une seule dans la Suisse orientale. On a tiré de ce fait la conclusion que l'âge de la pierre a duré plus longtemps dans l'est que dans l'ouest, et qu'on se servait encore du silex et de la serpentine sur le lac de Constance, longtemps après que le bronze les avait remplacés sur les lacs occidentaux. Il est cependant difficile de supposer que les habitants d'Inkwyl et de Moosseedorf, près de Berne, qui tiraient le silex de la France, aient pu ignorer la civilisation voisine du lac de Bienne. On a trouvé, en outre, une station de l'âge du bronze sur le lac de Constance; mais, dans l'état actuel de la question, il n'en est pas moins vrai que les habitations lacustres de la période métallique sont restreintes à la Suisse centrale et occidentale. Les constructions de l'âge du bronze sont plus solidement faites, mais autrement elles ne paraissent pas différer beaucoup de celles de l'âge de la pierre. Le plus ordinairement, toutefois, elles sont plus loin du bord, dans une eau plus profonde, sans doute parce qu'il était plus facile de travailler le bois, probablement aussi parce que les moyens d'attaque étant devenus plus puissants, il fallait une défense plus facile. Les principaux objets en bronze consistent en : épées, dagues, haches, pointes de lance, couteaux, hameçons, faucilles, épingles, anneaux et bracelets. Le nombre des objets découverts est déjà très considérable; la collection du colonel Schwab à elle seule ne contient pas moins de 4346 objets en métal. Cette collection est classifiée, dans un tableau p. 43, qui donne une idée de la proportion relative de ces objets.

Quelques-uns de ces objets, beaucoup même, sont réellement admirables; or, comme le bronze devait, à cette époque si reculée, avoir une valeur considérable, on a peine à comprendre qu'on ait abandonné un si grand nombre d'objets sur les bords des lacs de la Suisse. « Il est évident, dit le professeur Desor, que ce ne sont pas des rebuts qui se seraient perdus sans qu'on s'en inquiétât. Ces objets ne sont pas tombés à l'eau par hasard, non plus que cette quantité de vases qui sont accumulés sur certains points, ni les jattes à provision qu'on retire intactes. » En somme, il incline à penser que dans quelques endroits tout au moins, nous nous trouvons en présence « de simples magasins destinés aux ustensiles et aux provisions, et qui auraient été détruits par l'incendie, comme semble l'indiquer la trace du feu que montrent fréquemment les poutres aussi bien que les vases en terre. On expliquerait ainsi comment il se fait que les objets en bronze sont presque tous neufs, que les vases sont entiers et réunis sur un seul point. Cette hypothèse semble corroborée par l'opinion de plusieurs de nos antiquaires les plus expérimentés, qui prétendent que l'on n'a chance de faire de bonnes trouvailles que là où les pieux sont brûlés, tandis que l'on perd son temps à fouiller les stations où les pieux ne sont pas carbonisés. » Cependant le colonel Schwab, expérimenté plus que personne en ces matières, tout en admettant qu'on trouve peu de choses partout où les villages lacustres ne portent pas de trace d'incendie, se déclare ouvertement et, je pense, avec raison, contre cette théorie des magasins.

On a suggéré aussi que les anciens habitants de la Suisse ont peut-être adoré les lacs, et que les magnifiques bracelets, etc., qu'on y trouve, étaient des offrandes faites à la divinité. Il semble, en effet, d'après d'anciens historiens, que les Gaulois, les Germains et d'autres peuples vénéraient certains lacs. M. Aymard (*Étude archéologique sur le lac du Bouchet*, Le Puy, 1862) a recueilli quelques preuves de cette sorte. Selon Cicéron (1), Justin (2) et Strabon (3), il y avait auprès de Toulouse un lac dans lequel les tribus avoisinantes avaient coutume de déposer des offrandes d'or et d'argent. Tacite, Pline et Virgile parlent aussi de lacs sacrés. Au VIᵉ siècle même, Grégoire de Tours, qui est cité par M. Troyon et par M. Aymard, nous dit (*De Glor. confess.*, chap. II) qu'il y a sur le mont Helanus un lac, objet du culte populaire. Chaque année les habitants du voisinage y apportent des offrandes consistant en vêtements,

(1) *De nat. deor.*, lib. III, xxx.
(2) *Just.*, XXXII, III.
(3) *Geog.*, vol. IV.

en peaux, en fromages, en gâteaux, etc. On peut encore trouver, dans quelques parties éloignées de l'Écosse et de l'Irlande, des traces d'une superstition semblable. En Écosse, j'ai visité une source sacrée entourée des offrandes des paysans voisins qui semblent penser que les gros sous constituent le sacrifice le plus agréable à l'esprit des eaux. Cette hypothèse expliquerait comment il se fait que les ornements en bronze trouvés dans les lacs sont presque tous neufs, car, selon le professeur Desor, bien peu semblent avoir été portés. Mais on ne saurait expliquer de cette façon ni les grossières poteries brisées, ni les fragments d'os, ni les ruines d'habitations (1).

Les poteries de l'âge du bronze sont plus variées, plus habilement faites que celles de l'âge de la pierre; il ne semble pas cependant que le tour à potier fût en usage. On trouve de nombreux anneaux en terre cuite, qui semblent avoir servi de supports à des vases arrondis par le bas. L'ornementation des poteries a le même caractère que celle des objets en bronze. La plupart des grandes urnes paraissent avoir été employées à conserver le grain, etc., recueilli pendant l'été, pour servir d'aliment pendant l'hiver. Dans l'absence, sans doute, de boîtes et d'armoires, les ornements, les instruments même, semblent avoir été conservés dans de grandes jarres. On a trouvé dans une jarre, à Cortaillod, quelques beaux bracelets et plusieurs faucilles. On a découvert, selon M. Troyon, dans bien des villages lacustres, des morceaux de poteries déformées pendant la cuisson, et il en conclut que les poteries étaient fabriquées sur place.

Le colonel Schwab a trouvé à Nidau plus de vingt croissants en terre cuite, dont le côté convexe est aplati de façon à servir de support. Ils sont comprimés sur les côtés, quelquefois ils sont tout simples, quelquefois ornés, et ont de 10 à 12 pouces de largeur sur une hauteur de 6 à 8 pouces. Le docteur Keller les regardait tout d'abord comme des emblèmes d'un culte adressé à la lune, mais il est plus probable qu'ils servaient d'oreillers! (2) Cette explication peut sembler fort extraordinaire, car ce devait être très incommode; nous savons cepen-

___

(1) Voyez aussi Wylie, *On lake dwellings of the early periods (Archæol.*, vol. XXXVIII, p. 181).
(2) Vogt, *Lectures on man*, p. 368.

dant qu'aujourd'hui encore plusieurs peuples sauvages se servent d'oreillers en bois affectant la même forme, les Fijiens par exemple qui, portant d'immenses coiffures, sacrifient leur confort à leur vanité et se servent d'une simple barre de bois en guise d'oreiller. Les longues épingles en bronze trouvées près de ces croissants prouvent que, pendant l'âge du bronze, on portait les cheveux fort longs et arrangés avec soin.

M. Troyon pense que les habitants de la Suisse, pendant l'âge du bronze, appartenaient à une race différente de celle qui peuplait ce pays pendant l'âge de la pierre; il croit, avec quelques archéologues danois, que c'étaient les vrais « Celtes », et leur attribue la coutume de brûler leurs morts. Il serait fort à désirer que nous ayons quelques statistiques afin de pouvoir apprécier la valeur des preuves fournies par ces tumuli suisses. M. Troyon s'appuie sur le fait que beaucoup de villages lacustres ont été détruits par le feu, et que, quand ils ont été reconstruits pendant l'âge du bronze, fait qui se présente dans plusieurs endroits, ils n'ont pas été reconstruits exactement au même endroit, mais plus loin des bords. Le docteur Keller, d'un autre côté, considère que la population primitive ne différait, ni par son caractère, ni par son mode de vie, ni par son industrie, de celle qui connut plus tard le bronze ; et que le phénomène des villages lacustres, depuis leur commencement jusqu'à leur fin, indique clairement un développement graduel et pacifique. Le nombre des villages lacustres détruits par le feu a été, pense-t-il, très exagéré. Selon le colonel Schwab, sur soixante-six villages lacustres retrouvés dans les lacs de Bienne et de Neuchâtel, un quart seulement montrent quelques traces d'incendie : proportion qui n'est certainement pas très considérable si l'on se rappelle que toutes ces huttes étaient en bois et probablement couvertes en chaume. En outre, si ces conflagrations avaient été le résultat des attaques de l'ennemi, on devrait certainement retrouver de nombreux ossements, et les villages lacustres, pris tous ensemble, ne nous ont fourni jusqu'à présent que six squelettes humains.

Il faut admettre, je crois, que les arguments de M. Troyon ne nous autorisent pas à penser avec lui que l'introduction du bronze ait provoqué un changement total de population. La construction de villages lacustres est une coutume si extraor-

dinaire, que la continuation de semblables habitations pendant
l'âge du bronze me semble un fort argument contre une semblable hypothèse.

Vers la fin de l'âge du bronze, les villages lacustres de la
Suisse semblent avoir diminué graduellement. Pendant l'âge
de la pierre, ils étaient disséminés dans tout le pays. Ils ne se
trouvent, pendant l'âge du bronze, que dans les lacs de
la Suisse occidentale; pendant l'âge du fer, ils n'existent plus
que sur les lacs de Bienne et de Neuchâtel. Dans ces dernières
stations, non seulement une nouvelle substance apparaît, mais
la forme des instruments est différente. Nous retrouvons, il est
vrai, des copies de hache en bronze, exécutées en fer, de même
que nous avions trouvé des haches celtiques en bronze ressemblant aux haches en pierre; mais ce sont là des cas exception-
nels. Les épées ont des poignées plus grandes et sont plus
richement décorées; les couteaux ont une lame droite; les faucilles sont plus grandes; la poterie est mieux faite et ressemble
à celle que nous connaissons sous le nom de poterie romaine;
les bijoux sont aussi plus variés, et enfin le verre paraît. Le
bronze s'emploie encore, mais il ne sert plus à la fabrication
des armes, et on le travaille d'une manière différente: on le
travaille au marteau (1), tandis que, comme nous l'avons déjà
dit, tous les objets fabriqués pendant l'âge du bronze sont
coulés.

Un champ de bataille à Tiefenau, auprès de Berne, voir
page 6, est remarquable à cause du grand nombre d'armes et
d'instruments en fer qu'on y a trouvés. Des morceaux de chars,
environ cent épées, des fragments de cottes de mailles, des
pointes de lance, des anneaux, des fibulæ, des ornements, des
ustensiles, des morceaux de poterie et de verre, et plus de
trente pièces de monnaie gauloises et massaliotes d'une date
antérieure à notre ère, nous permettent d'attribuer ce champ
de bataille à la période romaine. On a trouvé aussi dans une
petite île du lac de Bienne environ quarante pièces de monnaie romaine.

Après cette époque, nous ne trouvons plus de villages lacustres sur une grande échelle. Çà et là, peut-être, quelques

_____

(1) Voir Desor, *les Constructions lacustres du lac de Neuchâtel*, p. 27.

pêcheurs ont pu vivre sur les plates-formes à demi détruites, mais les besoins et les habitudes du peuple avaient changé, et l'âge des habitations lacustres en Suisse était passé.

Nous avons suivi ces habitations, à travers l'âge de la pierre et l'âge du bronze, jusqu'au commencement de l'âge du fer. Nous avons vu les preuves d'un progrès graduel de la civilisation et des arts, d'une augmentation dans le nombre des animaux domestiques, et enfin de l'existence d'un commerce considérable. Nous avons trouvé le pays habité par de grossiers sauvages, nous le quittons alors qu'il est le siège d'une nation puissante. Des changements si importants ne s'accomplissent pas en un jour ; le progrès de l'esprit humain est bien lent ; les additions graduelles aux connaissances humaines, comme les anneaux dans le tronc des arbres, nous permettent de nous faire quelque idée de l'antiquité de leur commencement. Mais les conditions de l'esprit humain sont si variées, les nations sont tellement affectées par l'influence que d'autres nations exercent sur elles, que si nous essayons d'exprimer nos impressions en un terme d'années, pour ainsi dire, nous nous voyons arrêtés par la complexité du problème.

On a essayé, il est vrai, d'obtenir une chronologie plus définie ; je parlerai de ces essais dans un des chapitres suivants. Quelque imparfaites que soient les annales archéologiques, nous ne devons cependant pas désespérer d'arriver un jour à une chronologie approximative. Pendant ces dix dernières années, nos connaissances sur la haute antiquité ont fait d'immenses progrès, et nous pouvons tout espérer de l'avenir.

Les archéologues suisses continuent leurs travaux, et ils peuvent être certains que nous, en Angleterre, nous attendons avec impatience les résultats de leurs investigations. Quoi, d'ailleurs, de plus intéressant que le spectacle d'un peuple antique et depuis longtemps oublié, se levant, pour ainsi dire, de son tombeau pour venir reprendre dans l'histoire de la race humaine la place qui lui appartient ?

CHAPITRE VII

LES KJÖKKENMÖDDINGS OU AMAS DE COQUILLES AU DANEMARK

Le Danemark occupe dans l'histoire une place bien plus grande que sur la carte de l'Europe : la nation est plus grande que le pays. Bien que l'augmentation des populations voisines ait fait perdre aux Danois quelque peu de leur influence politique, bien que récemment ils aient été injustement dépouillés d'une grande partie de leurs anciennes possessions, les Danois de notre époque sont les dignes représentants de leurs ancêtres. Des nations plus puissantes peuvent leur envier la place qu'ils occupent dans les sciences et dans les arts, car bien peu ont plus contribué au progrès des connaissances humaines. Copenhague peut, à juste titre, s'enorgueillir aussi bien de ses musées que de ses professeurs. Je désire surtout appeler l'attention sur le célèbre musée des antiquités du Nord, qui renferme les objets les plus caractéristiques et les plus rares.

Le Danemark se trouve dans des conditions exceptionnelles pour la formation d'une semblable collection. A une certaine époque, le pays tout entier paraît avoir été couvert de tumuli ; là où la terre n'est pas cultivée, on en voit encore un grand nombre ; dans les endroits même les plus fertiles et les plus populeux, le soc de la charrue est souvent dévié par une de ces anciennes sépultures. Heureusement, les pierres qui ont servi à leur construction sont si grandes et si dures, que les détruire ou les enlever est une opération difficile et coûteuse. Mais, quand la terre acquiert plus de valeur, quand on recherche des pierres pour les constructions, aucune tradition, aucun

sentiment de respect pour les morts, ne peut les sauver de
la destruction, et l'on compte que chaque jour on détruit un
ou plusieurs de ces tumuli, perte d'un chaînon, peut-être irré-
parable, de l'histoire de la race humaine.

On peut dire, en effet, que chaque sépulture est en elle-même
une petite collection d'antiquités, et l'on peut considérer le
pays tout entier comme un immense musée. Les tourbières,
qui occupent un espace si considérable, abondent en débris, et
le professeur Steenstrup estime que toute colonne de tourbe
de trois pieds carrés de base contient quelque spécimen de
l'industrie antique. Tous ces avantages, cependant, auraient
peut-être été perdus, sans le génie et la persévérance du professeur Thomsen que l'on peut considérer comme l'auteur du
musée qu'il dirige si admirablement.

Outre les objets recueillis dans les tumuli et les tourbières
et ceux qu'on a trouvés de temps en temps, par hasard, sur le
sol, le musée des antiquités du Nord contient une immense
collection de spécimens tirés d'intéressants amas de coquilles;
on a longtemps supposé que ces amas, connus en Danemark
sous le nom de « Kjökkenmöddings », étaient des grèves soulevées, comme celles que l'on rencontre si souvent le long de
nos côtes. Les vraies grèves soulevées, cependant, contiennent
nécessairement une grande variété d'espèces; les individus ont
un âge différent et les coquilles sont, nécessairement, mélangées
à une quantité considérable de sable et de gravier. Ce fut le
professeur Steenstrup qui fit observer le premier, je crois, que
ces prétendues grèves soulevées ne contiennent que des coquilles appartenant à des individus arrivés au terme ou presque
au terme de leur croissance; que toutes ces coquilles consistent en quatre espèces qui ne vivent pas ensemble, qui n'ont
pas les mêmes conditions d'existence, et qu'on ne trouverait
par conséquent pas seules dans un dépôt naturel; et, enfin, que
le stratum contient à peine du gravier et consiste presque entièrement en coquilles.

La découverte de grossiers instruments en silex, et d'ossements portant encore la trace de coups de couteaux, vint confirmer la supposition que ces amas n'étaient pas dus à une formation naturelle; plus tard il devint évident que c'étaient les
sites d'anciens villages, la population primitive ayant vécu sur

la côte et se nourrissant principalement de coquillages, mais en partie aussi du produit de la chasse. On découvrit, dans bien des endroits, des foyers faits avec des pierres plates, arrangées de telle façon qu'elles formaient de petites plates-formes ; elles gardent encore la marque du feu. Les coquilles et les os qu'on ne pouvait manger s'accumulèrent graduellement autour des tentes et des huttes, et finirent par former des dépôts qui ont ordinairement de 3 à 5 pieds, mais quelquefois aussi jusqu'à 10 pieds d'épaisseur, sur une longueur, dans quelques cas, de plus de 300 mètres, et sur une largeur de 100 à 200 pieds. Le nom de *Kjökkenmödding*, qu'on a donné à ces amas, est dérivé de *Kjökken*, « cuisine », et de *mödding*, « amas de rebuts », et il va sans dire qu'un examen sérieux de ces amas devait jeter beaucoup de lumière sur les coutumes et la civilisation de la population d'alors.

Dans ces circonstances, on forma une commission composée du professeur Steenstrup, le célèbre auteur du traité sur les « générations alternantes », du professeur Forchhammer, le père de la géologie danoise, et du professeur Worsaae, l'éminent archéologue : heureuse combinaison qui promettait des résultats importants pour la biologie, la géologie et l'archéologie. On espérait que les travaux d'un tel triumvirat seraient couronnés des plus grands succès ; cet espoir n'a pas été déçu. Plus de cinquante amas déjà ont été examinés avec soin, plusieurs milliers de spécimens ont été recueillis, étiquetés et déposés au musée de Copenhague, et les résultats généraux, condensés dans six rapports, ont été présentés à l'Académie des sciences de Copenhague (1).

C'est à ces rapports et à l'excellent mémoire de M. Morlot que nous avons, en grande partie, emprunté les détails qui vont suivre. Désirant, cependant, donner à mes lecteurs des détails circonstanciés et complets sur ces amas intéressants, j'ai deux fois visité le Danemark, en 1861 avec le professeur Busk, et de nouveau pendant l'été de 1863. Dans ces deux occasions, grâce à l'obligeance du professeur Thomsen et de M. H. Herbst, on me donna toute facilité pour examiner les col-

(1) *Untersögelser i geologisk-antiquarisk Retning af* G. Forchhammer, J. Steenstrup og J. Worsaae. — M. Morlot a aussi publié un excellent extrait de ces rapports dans les *Mém. de la Société Vaudoise*, t. VI, 1860.

lections considérables faites dans différents kjökkenmöddings:
en outre, j'eus le grand avantage de visiter plusieurs amas de
coquilles, accompagné par le professeur Steenstrup lui-même ;
je visitai avec lui l'amas de Havelse en 1861, et ceux de Meilgaard et de Fannerup en 1863.

Accompagné de M. Busk, j'en visitai un aussi à Bilidt, sur
l'Isefjord, près de Fredericksund ; mais il semble qu'à cet endroit les habitants faisaient cuire leurs dîners sur la côte même,
de telle sorte que les coquilles et les os sont mélangés à une
grande quantité de sable et de gravier : nous trouvâmes là fort
peu d'instruments en silex. A Havelse, au contraire, le village
était situé sur un terrain un peu plus élevé, et, quoique tout près
de la côte, entièrement en dehors de l'atteinte des vagues ; aussi
les coquilles et les os n'y sont mêlés à aucune substance étran-
gère. A cet endroit, le kjökkenmödding est de petite étendue,
et affecte la forme d'un anneau irrégulier, enfermant un espace
sur lequel l'habitation ou les habitations se trouvaient probablement situées. Dans d'autres cas, où le dépôt a une étendue
plus considérable, comme par exemple à Meilgaard, la surface
est ondulatoire, la plus grande épaisseur de la couche de coquilles indiquant apparemment, dans quelques endroits, l'arrangement des habitations. Quand l'amas de coquilles à Havelse
fut pour la première fois visité par le professeur Steenstrup, on
les enlevait pour s'en servir d'engrais, et le monticule, présentant une section perpendiculaire, se prêtait admirablement à
un examen minutieux. Le trou ainsi formé avait été comblé à
l'époque de notre visite, aussi fûmes-nous obligés de faire une
nouvelle excavation. Au bout de deux ou trois heures, nous
avions trouvé environ cent fragments d'os, beaucoup d'éclats
grossiers, des pierres de fronde, des fragments de silex, neuf
haches grossières appartenant au type ordinaire des amas de
coquilles (fig. 108-110), quoique plusieurs d'entre elles fussent
à la surface.

Notre visite à Meilgaard en 1863 fut encore plus heureuse.
Cet amas de coquilles, un des plus considérables et des plus
intéressants, se trouve à peu de distance de la côte, près de
Grenaa, au nord-est du Jutland, dans une magnifique forêt de
hêtres appelée Aigt ou Aglskov, propriété de M. Olsen qui, par
dévouement à la science, a donné l'ordre que le kjökkenmöd-

ding ne soit pas détruit, quoique les matériaux qui le composent soient précieux comme engrais; une partie même de cet amas avait été employée avant que la vraie nature du dépôt eût été indiquée. M. Olsen et sa famille nous reçurent avec bonté, quoique nous fussions arrivés chez lui sans invitation, sans même l'avoir prévenu. Il envoya immédiatement deux ouvriers pour enlever les débris qui s'étaient accumulés depuis la dernière visite d'archéologues, de telle sorte qu'à notre arrivée au monticule nous trouvâmes une surface toute fraîche à explorer. Ce kjökkenmödding a, au centre, une épaisseur d'environ 10 pieds, mais cette épaisseur diminue dans toutes les directions; autour du monticule principal s'en trouvent de plus petits d'une nature semblable. Une mince couche de terre recouvre les coquilles, et des arbres y croissent. Une bonne section d'un semblable kjökkenmödding frappe d'étonnement quiconque le voit pour la première fois, et il est difficile de faire par écrit la description exacte de ce spectacle. Le banc tout entier est composé de coquilles : à Meilgaard, les huîtres prédominent; çà et là on découvre quelques os, et plus rarement encore des instruments en pierre ou des fragments de poteries. Il n'y a ni sable ni gravier, excepté au sommet et à la base; en un mot, cet amas ne contient absolument rien qui n'ait servi à l'usage de l'homme. Les seules exceptions que j'aie pu remarquer sont quelques grossiers cailloux de silex, mais en bien petit nombre, et qui probablement ont été pêchés avec les huîtres. Pendant notre séjour dans ce voisinage, nous visitâmes un autre kjökkenmödding à Fannerup, sur le Kolindsund, qui, même dans les temps historiques, était un bras de mer, mais qui est à présent un lac d'eau douce. On a découvert d'autres dépôts semblables sur le Randersfjord et le Mariagerfjord, dans cette partie du Jutland. Il ne faudrait pas croire non plus que les deux villages d'Havelse et de Bilidt soient les seuls qui aient existé sur l'Isefjord; on trouve dans le voisinage de Roeskilde des kjökkenmöddings auprès de Gjerdrup, à Kattinge, à Kattinge Værk, auprès de Trallerup, à Gjershöi, et en face de l'île d'Hyldeholme; outre bien d'autres plus au nord, on en a trouvé sur les îles de Fyen, de Moen et de Samsoe, et dans le Jutland, sur le Liimfjord et le Horsensfjord, aussi bien que sur le Mariagerfjord, le Randersfjord et le Kolindsund. Les côtes méridionales du Danemark n'ont pas encore été explorées avec soin. Il semble évident que des dépôts de cette nature existent le long de toutes les côtes, mais qu'il ne s'en trouve pas à l'intérieur des terres. Le Danemark, pendant l'âge de la pierre, était coupé par beaucoup plus de fjords qu'il ne l'est à présent. Il est évident que, dans ces circonstances, un peuple qui se nourrissait principalement de mollusques ne devait pas s'établir dans l'intérieur. Dans quelques cas, il est vrai, on a trouvé des kjökkenmöddings à une distance de 8 milles de la côte actuelle, mais il y a tout lieu de supposer que la mer s'est retirée. D'un autre côté, on peut expliquer l'absence de kjökkenmöddings sur certaines côtes par l'action des vagues qui ont gagné sur la terre, ce qui explique pourquoi on les trouve bien plus fréquemment sur les bords des fjords intérieurs que sur la côte elle-même ; si ce raisonnement est fondé, nous devons renoncer à l'espoir de découvrir de semblables débris sur les côtes est ou sud-est de l'Angleterre. Cependant on a trouvé des amas de coquilles sur les côtes de ce pays. Le docteur Gordon, de Birnie, en a découvert quelques-uns sur les bords du Firth de Moray. J'ai eu le plaisir de visiter avec lui ces amas de coquilles. Le kjökkenmödding écossais le plus considérable se trouve sur le Loch Spynie. Malgré une recherche de quelques heures, nous n'y avons trouvé ni instruments en pierre, ni poteries, quoiqu'un ouvrier occupé à enlever de l'engrais y ait découvert quelques poteries grossières et une épingle en bronze (fig. 171). Le Loch Spynie est en partie desséché, et séparé de la mer par une barrière de cailloux de telle sorte que l'eau y est à présent absolument douce. D'après d'anciennes traditions, il paraîtrait que la barrière de cailloux a été achevée, et le lac, par conséquent, séparé de la mer dans le courant du XIIIᵉ ou du XIVᵉ siècle. D'un autre côté, j'ai montré à M. Francks l'épingle qui forme le sujet de la figure ci-dessus, et il pense qu'elle date de 800 ou 900 ans après Jésus-Christ.

Fig. 171.

Épingle en bronze.

Si donc cette épingle appartenait réellement à cet amas de
coquilles, et il n'y a aucune raison pour douter de la véracité
de l'homme qui l'a trouvée, nous pouvons fixer la date approximative de l'amas lui-même. M. Evans, M. Prestwich et
moi, nous avons observé à Saint-Valery, près de l'embouchure
de la Somme, un amas considérable de coquilles où nous
avons trouvé plusieurs éclats de silex et quelques morceaux
de grossière poterie. M. Pengelly et M. Spence Bate ont récemment découvert des amas de coquilles dans la Cornouailles
et le Devonshire. Enfin des voyageurs ont observé de semblables débris dans différentes parties du monde, comme par
exemple Dampier (1) en Australie, M. Darwin (2) à la Terre de
Feu, M. Earle dans la péninsule malaise (3), le docteur Sto-
liczka (4) aux îles Andaman, au Japon et dans les deux Amérique (5).

Les amas de coquilles au Danemark se trouvent à une hauteur de quelques pieds seulement au-dessus du niveau de la
mer; c'est là un fait qui semble prouver qu'il n'y a pas eu un
affaissement considérable des côtes depuis leur formation,
mais qui indique clairement aussi qu'il n'y a pas eu de soulèvement. Dans certains endroits, cependant, où la côte est es-
carpée, on les trouve à une hauteur considérable au-dessus du
niveau de la mer. On pourrait supposer que, dans les endroits
où, comme à Bilidt par exemple, les matériaux qui composent
les kjökkenmöddings sont mêlés à une quantité considérable
de sable et de gravier, le sol a dû s'affaisser; mais si un tel dépôt avait été exposé pendant quelque temps à l'action des
vagues, toute trace en aurait disparu : il est donc probable que
la vraie explication est que l'action des vagues et des tempêtes
était alors plus grande qu'elle ne l'est à présent. Les marées,
dans le Cattégat, ne produisent maintenant qu'une différence
de niveau d'un pied et demi, et la configuration des terres est
telle, qu'il est protégé contre l'action des vents. D'un autre
côté, les marées sur la côte ouest du Jutland s'élèvent à envi-

(1) Pinkerton's *Travels*, vol. II, p. 473.
(2) *Journal*, p. 234.
(3) *Ethnological Soc. Trans.*, nouvelle série, vol. II, p. 419.
(4) *Proc. assoc. Bengal.*, janvier 1870.
(5) H. Wyman, *The American Naturalist*, vol. II, nos 8, 9 et 11. — Brett,
Indian Tribes of Guiana.

ron 9 pieds, et l'action du vent produit quelquefois des différences de niveau allant jusqu'à 29 pieds; or, comme nous savons que le Jutland formait anciennement un archipel, et que la Baltique communiquait plus librement avec la mer du Nord, il est facile de comprendre que les différences de niveau ont dû être plus considérables; aussi peut-on expliquer comment il se fait que les vagues se soient élevées au-dessus du kjökkenmödding de Bildt qui, après tout, n'est guère qu'à une élévation de 10 pieds au-dessus de l'eau, sans avoir besoin de recourir à l'hypothèse d'un affaissement, puis d'un soulèvement postérieur de la côte.

Dans les habitations lacustres de l'âge de la pierre en Suisse, on a trouvé des grains de blé et d'orge, et même des morceaux de pain ou plutôt de biscuit. Il ne semble pas, au contraire, que les hommes des kjökkenmöddings aient connu l'agriculture, car on n'a découvert jusqu'à présent dans ces dépôts des céréales d'aucune sorte. Les seuls débris végétaux que l'on ait trouvés dans les amas de coquilles consistent en morceaux de bois brûlé et en quelques substances carbonisées attribuées par M. Forchhammer au *Zostera marina*, plante marine dont on se servait, sans doute, pour en extraire le sel.

Les quatre espèces que l'on trouve le plus fréquemment dans les amas de coquilles sont :

> L'huître (*Ostrea edulis*, L.).
> La coque (*Cardium edule*, L.).
> La moule (*Mytilus edulis*, L.).
> La littorine (*Littorina littorea*, L.).

Ces quatre espèces servent encore à la nourriture de l'homme. D'autres espèces se rencontrent plus rarement, ce sont :

> *Nassa reticulata*, L.
> *Buccinum undatum*, L.
> *Venus pullastra*, Mont.
> *Helix nemoralis*, Müll.
> *Venus aurea*, Gm.
> *Trigonella plana*, Da. C.
> *Littorina obtusata*, L.
> *Helix strigella*, Müll.
> *Carocalla lapicida*, L.

Il est remarquable que les individus des sept premières

espèces soient bien développés et certainement plus grands que ceux trouvés actuellement dans le voisinage. Cette différence est surtout sensible pour le *Cardium edule* et la *Littorina littorea*. L'huître a presque entièrement disparu, et on ne la trouve plus même que dans quelques rares endroits du Cattégat, disparition qu'on peut en partie, peut-être, attribuer aux quantités prises par les pêcheurs. Cependant il y avait encore, au commencement de ce siècle, quelques huîtres dans l'Isefjord, et l'on ne peut entièrement attribuer leur destruction aux pêcheurs, car on trouve une grande quantité d'huîtres vides : il faut, dans ce cas, l'attribuer aux nombreuses astéries qui vivent dans ces parages, et qui sont, on le sait, ennemies acharnées des huîtres. En somme, cette disparition des huîtres, surtout si l'on rapproche ce fait de la taille diminutive des autres espèces, doit être attribuée en grande partie à la diminution de la salure de la mer.

Jusqu'à présent, en fait de crustacés, on n'a trouvé que quelques restes de crabes. Les restes des vertébrés sont très nombreux et fort intéressants. Afin de se faire une idée du nombre des ossements et des proportions relatives appartenant aux différents animaux, le professeur Steenstrup a examiné, dans différentes parties du monticule d'Havelse, des colonnes de débris ayant un mètre carré par la base, et a recueilli avec soin tous les ossements que contenaient ces colonnes. Il trouva dans la première colonne 175 os de mammifères et 35 d'oiseaux ; dans la seconde, 121 de mammifères et 9 d'oiseaux ; dans la troisième, 309 de mammifères et 10 d'oiseaux. Les colonnes, cependant, n'étaient pas exactement comparables, parce que leur cube dépendait de l'épaisseur de l'amas à l'endroit où elles avaient été prises, et variaient entre 17 et 20 pieds cubes. En résumé, le professeur Steenstrup estime qu'il y a 10 ou 12 os par chaque pied cube. On comprend donc que le nombre des os est très considérable. En effet, dans le courant d'un été, et dans l'amas d'Havelse seul, la commission a recueilli 3500 os de mammifères, plus de 200 os d'oiseaux, outre plusieurs centaines d'arêtes de poissons ; ces dernières s'y trouvent en quantité presque innombrable. Les espèces les plus communes sont :

Clupea harengus, L. (le hareng).
Gadus callarias, L. (le cabillaud).

Pleuronectes limanda, L. (la limande).
Muræna anguilla, L. (l'anguille).

Les débris des oiseaux sont très intéressants et très instructifs. La poule domestique (*Gallus domesticus*) est entièrement absente. On ne trouve pas non plus les deux hirondelles domestiques du Danemark (*Hirundo rustica* et *H. urbica*), ni le moineau, ni la cigogne. D'un autre côté, de beaux spécimens du coq de bruyère (*Tetrao urogallus*), qui se nourrit principalement de bourgeons de pin, prouvent que, comme nous le savions déjà par les débris trouvés dans les tourbières, le pays fut à une certaine époque couvert de forêts de pins. Les oiseaux aquatiques sont les plus nombreux, surtout plusieurs espèces de canards et d'oies. Le cygne sauvage (*Cygnus musicus*), qui ne visite le Danemark que pendant l'hiver, est assez fréquent dans ces amas; mais, sans contredit, l'oiseau le plus intéressant, dont les restes aient été identifiés, est le plus grand pingouin (*Alca impennis*, L.), espèce qui a maintenant presque, sinon entièrement, disparu.

Les mammifères de beaucoup les plus communs sont :

Le cerf (*Cervus elephas*, L.).
Le chevreuil (*Cervus capreolus*, L.).
Le sanglier (*Sus scrofa*, L.).

Le professeur Steenstrup estime que ces trois espèces constituent les quatre-vingt-dix-sept centièmes du tout ; les autres sont :

L'urus (*Bos urus*, L.).
Le chien (*Canis familiaris*, L.).
Le renard (*Canis vulpes*, L.).
Le loup (*Canis lupus*, L.).
La martre (*Martes sp.*).
La loutre (*Lutra vulgaris*, Exl.).
Le marsouin (*Delphinus phocæna*, L.).
Le phoque (*Phoca sp.*).
Le rat d'eau (*Hypudæus amphibius*, L., et *H. agrestis*, L.).
Le castor (*Castor fiber*, L.).
Le lynx (*Felis lynx*, L.).
Le chat sauvage (*Felis catus*, L.).
Le hérisson (*Erinaceus Europæus*, L.).
L'ours (*Ursus arctos*, L.).
La souris (*Mus flavicollis*, Mel.).

Il y a aussi des restes d'une plus petite espèce de bœuf. On a trouvé, rarement toutefois, l'aurochs lithuanien (*Bison europæus*) dans les tourbières, mais pas encore dans les kjökkenmöddings. Le bœuf musqué (*Ovibos moschatus*) et le bœuf domestique (*Bos taurus*), aussi bien que le renne, l'élan, le lièvre, le mouton et le cochon domestique, ne se trouvent jamais (1).

Le professeur Steenstrup ne croit pas que le cochon domestique de l'ancienne Europe descende directement du sanglier, il pense plutôt qu'il a été importé de l'Orient. Les crânes qu'il m'a montrés à l'appui de son opinion accusent certainement de grandes différences entre les deux races. Le mouton, le cheval, le renne, ne se trouvant jamais, le chat domestique n'ayant été connu en Europe que vers le IX⁰ siècle, les os de l'urus appartenant probablement à une espèce sauvage, le chien (2) paraît avoir été le seul animal domestique de l'époque; et, quoiqu'on puisse se demander si les os retrouvés n'appartiennent pas à une race de chiens sauvages, la question admet une réponse satisfaisante.

Parmi les débris d'oiseaux, les os longs, qui constituent environ un cinquième du squelette, sont, dans les kjökkenmöddings, environ vingt fois plus nombreux que les autres, et sont presque toujours imparfaits, la diaphyse seule restant. Il en est de même pour les quadrupèdes, et il serait impossible de reconstruire un squelette parfait, certains os et certaines parties d'os manquant toujours. Ainsi, par exemple, pour le bœuf, les parties qu'on ne trouve jamais sont : la tête des os longs (quoiqu'on ne trouve que le corps du fémur, une extrémité de l'humérus est ordinairement intacte), l'épine dorsale, excepté les deux premières vertèbres, les apophyses épineuses, fréquemment les côtes, et les os du crâne, excepté la mâchoire inférieure et la partie orbitaire. Le professeur Steenstrup a pensé qu'on pouvait peut-être attribuer aux chiens ces curieux résultats, et, après en avoir fait l'expérience, il a reconnu que les

(1) Le professeur Steenstrup m'a fait remarquer un fait curieux, c'est que les os des kjökkenmöddings du Jutland indiquent, en règle générale, des animaux plus grands et plus puissants que ceux des îles.

(2) Si l'on en juge d'après les marques de coups de couteau qui se voient sur les os, il semble évident que le chien était alors un aliment, comme il l'est encore chez plusieurs tribus sauvages.

os qui manquent dans les kjökkenmöddings sont précisément ceux que mangent les chiens, et que ceux qui s'y trouvent sont les parties dures et solides qui contiennent peu de nourriture. Depuis, le professeur Steenstrup a publié le diagramme d'un squelette, coloré de telle façon qu'il suffit d'un coup d'œil pour savoir quels sont les os qui se trouvent dans les kjökkenmöddings, et il fait remarquer qu'il coïncide exactement avec le diagramme publié par M. Flourens, qui indique les parties du squelette formées les premières. Quoiqu'un seul coup d'œil sur la section longitudinale d'un os long, un fémur par exemple, et la comparaison du tissu à mailles larges des deux extrémités et de la texture solide et serrée de la diaphyse justifient immédiatement le choix des chiens, il est intéressant qu'il soit ainsi prouvé que leurs préférences, dans les temps primitifs, étaient les mêmes qu'à présent. En outre, nous pouvons expliquer de la même manière l'abondance de certains os dans les couches fossiles. J'ai déjà fait remarquer que la partie orbitaire et la mâchoire inférieure sont les seules parties du crâne qui restent encore; or chacun sait que les *mâchoires inférieures* sont toujours nombreuses à l'état fossile.

Par exemple, le docteur Falconer, après avoir décrit dans les *Proceedings de la Société géologique* de 1857 (page 277) quelques-uns des fossiles trouvés par M. Beccles à Swanage, ajoute : « On a souvent remarqué le fait curieux que, dans les restes des mammifères découverts à Stonesfield, on n'a retrouvé que des mâchoires inférieures. Il en est de même jusqu'à un certain point pour les fossiles trouvés dans les couches de Purbeck... Le plus petit fragment de mâchoire contenant une petite dent fournit immédiatement des preuves certaines, alors qu'il est presque impossible, ou tout au moins très difficile pour ces petites créatures, à moins que l'os ne soit complet, et si c'est un os long, que les deux surfaces articulaires ne soient parfaites, d'indiquer à quel animal cet os appartient. C'est là, je crois, une des principales raisons pour lesquelles nous entendons si souvent parler de mâchoires, et si rarement d'autres os. » Sans aucun doute cela est vrai, mais les observations du professeur Steenstrup complètent l'explication du fait, et il est à regretter que les parties des os longs, qui sont les plus importantes pour le paléontologiste, soient aussi celles qu'affectionnent particulièrement les bêtes de proie.

Tous les os qui contiennent de la moelle sont fendus de façon que l'extraction s'en fasse avec le plus de facilité; cette particularité, qui est en elle-même une preuve satisfaisante de la présence de l'homme, n'a pas encore été observée dans les os trouvés dans les vraies couches tertiaires.

Les kjökkenmöddings n'étaient pas seulement des habitations d'été; les anciens pêcheurs résidaient dans ces endroits au moins les deux tiers de l'année, sinon toute l'année. Les os des animaux sauvages nous prouvent ce fait, car il est souvent possible de déterminer, à quelques semaines près, le temps de l'année où ils ont été tué. Les restes du cygne sauvage (*Cygnus musicus*), par exemple, sont très communs; or cet oiseau ne visite le Danemark que pendant l'hiver; arrivant en novembre, il repart en mars. On aurait naturellement pu espérer que les restes de jeunes oiseaux nous auraient fourni quelques preuves, quant au printemps et au commencement l'année, mais malheureusement, et nous en avons expliqué les raisons, on ne trouve pas de semblables ossements. Il est donc heureux que, chez les mammifères, nous trouvions deux phénomènes périodiques : d'abord la chute et la reproduction des bois de cerf, qui arrivent toujours à la même époque, en variant cependant quelque peu avec l'âge de l'animal; et, ensuite la naissance et la croissance des petits. Ces phénomènes et d'autres semblables nous portent à penser que, très probablement, les habitants des kjökkenmöddings résidaient toute l'année sur la côte danoise, quoique je sois disposé à croire que, comme les habitants de la Terre de Feu, qui mènent encore à présent une existence presque semblable, ils changeaient souvent de domicile. Ce qui le prouve, selon moi, c'est non seulement l'état des foyers abandonnés, mais aussi la couleur des éclats de silex, etc.; car, tandis que nombre d'entre eux gardent la couleur noire bleuâtre qui caractérise ordinairement les silex nouvellement cassés, couleur qui reste la même aussi longtemps qu'ils sont entourés de carbonate de chaux, d'autres sont blanchis, ce qui arrive quand ils ont été exposés à l'air pendant un long espace de temps. Ceux-ci donc sont, sans doute, restés à la surface pendant un abandon temporaire du village, et n'ont été recouverts que quand l'endroit a été habité de nouveau.

Les instruments en silex trouvés dans les kjökkenmöddings ressemblent à ceux qui se trouvent toujours sur les côtes. Ce sont des éclats de silex (fig. 82-96); des haches « d'amas de coquilles », haches qui, comme nous l'avons déjà fait observer, ont une forme particulière (fig. 108-110), des poinçons (fig. 172), des pierres de fronde et de grossières pointes de lance (fig. 173-175). On trouve, en outre, d'autres formes qui, quoique très grossières, sont évidemment artificielles, telles

Fig. 172.

Poinçon.

que la figure 176, qui paraît avoir été une sorte de hache; et d'autres [à côtes aiguës, qui [étaient évidemment employées comme instruments tranchants.

Pendant les deux jours que nous avons passées à Meilgaard, nous avons trouvé les objets suivants :

Haches.	19
Éclats de silex.	139
Épingles en os, etc.	6
Cornes.	6
Poterie, seulement.	4 morceaux.
Marteau en pierre.	1
Pierres de fronde, environ.	20

Quant aux trois « colonnes » de débris dont nous venons de parler (p. 212), on a trouvé dans la première sept éclats de silex, deux haches, un morceau de corne travaillée; trois morceaux d'os travaillés et quelques poteries; dans la seconde, seize éclats de silex, une hache, et sept pierres de fronde ; dans la troisième, quatre éclats de silex, deux haches en silex et un os pointu. En un mot, quoiqu'ils ne paraissent

pas plus riches que les autres kjökkenmöddings, Meilgaard et
Havelse ont déjà chacun produit plus de mille de ces grossières reliques, et on n'a encore examiné que de petites parties
de ces monticules. Il n'y a donc pas lieu de s'étonner du

FIG. 173.   FIG. 174.   FIG. 175.

Pointes de lance.

grand nombre de haches trouvées dans la vallée de la Somme,
où l'on a examiné une quantité bien plus considérable de
matériaux.

On n'a pas encore découvert dans les kjökkenmöddings de
grandes haches polies; cependant, un fragment d'une de ces
haches, trouvé à Havelse, et dont on avait fait un racloir,

prouve qu'elles n'étaient pas entièrement inconnues. On a
trouvé aussi, mais en bien petit nombre, des armes faites avec
soin; toutefois, en règle générale, tous les instruments des
amas de coquilles sont très grossiers. On a découvert quelques
morceaux de poterie très grossière; une quantité considérable
d'os des kjökkenmöddings portent les traces évidentes d'un
instrument tranchant; plusieurs morceaux trouvés par nous

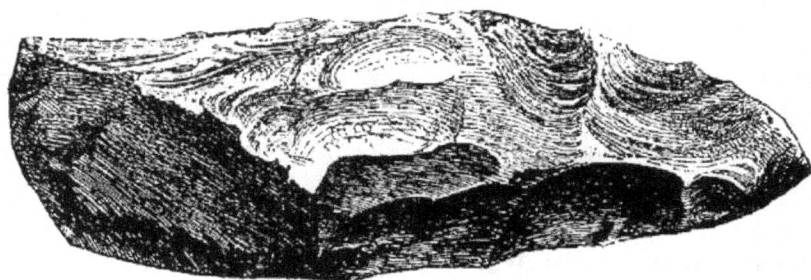

Grossier instrument en silex.

étaient dans cet état, et avaient été façonnés en grossières
épingles.

Les observations faites par les voyageurs dans les régions
arctiques prouvent que, quand bien même on aurait trouvé
dans les amas de coquilles des ossements humains, cette découverte ne serait pas en elle-même une preuve que les habitants fussent des cannibales; mais l'absence de semblables
restes indique clairement que la population primitive du Nord
n'avait pas cette abominable coutume. D'un autre côté, les
tumuli nous ont fourni de nombreux squelettes qui datent probablement de l'âge de la pierre. Les crânes sont très arrondis,
et ressemblent, sous bien des rapports, à ceux des Lapons,
mais ils ont l'arcade sourcilière plus avancée. Une particularité
curieuse, c'est que leurs incisives ne se croisent pas comme
les nôtres, mais se rencontrent comme celles des Groenlandais
de notre époque. Ce qui indique évidemment une manière particulière de manger.

Quoiqu'il reste encore beaucoup à apprendre sur les hommes
de l'âge de la pierre, les faits déjà connus, comme quelques
coups de crayon donnés par un dessinateur habile, nous fournissent les éléments d'une esquisse. Si nous reportons notre

imagination sur le passé, nous verrons sur les côtes basses de l'archipel danois une race d'homme à petite taille, aux sourcils lourds et épais, à la tête ronde, au visage ressemblant probablement beaucoup à celui des Lapons actuels. Comme il leur fallait évidemment se défendre contre les intempéries des saisons, il est plus que probable qu'ils habitaient des tentes faites avec des peaux. L'absence complète de métal dans les kjökkenmöddings prouve qu'ils n'avaient d'armes que celles faites avec du bois, des pierres, des cornes et des os. Leur principal aliment doit avoir été des coquillages, mais ils savaient pêcher les poissons, et ils variaient souvent leur nourriture par le produit de leurs chasses. Ce n'est sans doute pas manquer de charité que de supposer que, quand les chasseurs revenaient chargés de gibier, tous les habitants se gorgeaient, comme le font encore la plupart des races sauvages. Il est évident que la moelle était le mets délicat par excellence, car tous les os qui en contenaient sont fendus.

Nous avons déjà vu que ce n'était pas seulement pendant la saison d'été qu'ils venaient habiter les amas de coquillages; il y a tout lieu de croire qu'ils menaient à peu près la même vie que les habitants de la Terre de Feu, qui demeurent sur la côte, se nourrissent principalement de coquillages, et n'ont que le chien pour animal domestique. Darwin, dans le *Voyage d'un naturaliste autour du monde* (p. 234), en fait une description, et nous en extrayons les passages suivants, qui nous donnent une idée probablement correcte de ce qu'on aurait pu voir il y a bien longtemps sur les côtes danoises. « Les habitants, se nourrissant principalement de coquillages, sont constamment obligés de changer le lieu de leur résidence; mais ils reviennent après un intervalle aux mêmes endroits, ce que rendent évident les tas d'anciennes coquilles, tas qui souvent pourraient s'évaluer à un poids de plusieurs tonnes. On peut distinguer ces tas à une distance considérable, à cause de la couleur vert brillant de certaines plantes qui croissent toujours dessus..... Le wigwam de l'habitant de la Terre de Feu ressemble à un tas de foin. Il se compose de quelques branches cassées enfoncées en terre et très imparfaitement recouvertes d'un côté avec quelques mottes de terre, du gazon et des joncs. Il faut à peine une heure pour construire une semblable hutte; ils ne l'habitent d'ailleurs que quelques jours..... Un peu plus tard, le *Beagle* resta deux jours à l'ancre près de l'île de Wollaston, qui se trouve un peu plus au nord. En allant à terre, nous rencontrâmes un canot contenant six indigènes. Ce sont les créatures les plus abjectes et les plus misérables que j'aie jamais rencontrées. Sur la côte orientale, les indigènes, comme nous l'avons vu, ont des manteaux de guanaco ; sur la côte occidentale, ils possèdent des peaux de phoque. Dans les tribus centrales, les hommes ont ordinairement des peaux de loutre, ou quelque morceau de peau, grand comme un mouchoir de poche, à peine suffisant pour leur couvrir le dos. Cette peau est fixée sur leur poitrine au moyen de ficelles, et ils la passent d'un côté à l'autre de leur corps, selon la direction d'où souffle le vent. Les indigènes que nous vîmes dans le canot étaient entièrement nus, même une femme qui se trouvait avec eux. Il pleuvait très fort, et la pluie mêlée à l'eau de mer leur couvrait le corps..... Ces malheureux étaient petits ; leur visage hideux était couvert de peinture blanche ; leur peau était sale et graisseuse, leur chevelure inculte ; ils avaient la voix discordante, les gestes violents et sans dignité. Quand on voit de tels hommes, on peut à peine croire|que ce soient des créatures commes nous et qu'ils habitent le même monde..... Ils passent la nuit, tout nus, enroulés les uns autour des autres comme des animaux, couchés sur le sol détrempé, à peine protégés contre le vent et la pluie de ce climat orageux. Quand la marée est basse, il faut qu'ils se lèvent pour aller chercher des coquillages sur les rochers ; et les femmes, hiver et été, plongent pour chercher des œufs de mer, ou, assises patiemment dans leurs canots, passent des journées entières à pêcher des petits poissons à la ligne. S'ils arrivent à tuer un phoque, s'ils découvrent la carcasse flottante à demi pourrie d'une baleine, c'est un festin ; ils assaisonnent cette affreuse nourriture de quelques baies sans saveur. Souvent aussi la famine règne, et elle a pour conséquence immédiate le cannibalisme accompagné du parricide. » Sous ce dernier point, cependant, l'avantage paraît être du côté des anciens Danois, que nous n'avons aucun droit d'appeler des cannibales.

Si l'absence de débris de céréales nous autorise à conclure que les habitants des kjökkenmöddings n'avaient aucune notion

de l'agriculture, ils ont dû certainement souffrir souvent de la
famine, ce dont nous trouvons peut-être la preuve dans les
os de renard, de loup et autres carnivores qu'ils ne devaient
sans doute pas manger par goût; d'un autre côté, ils étaient
assez heureux pour ne pas connaître les liqueurs spiritueuses,
le plus grand fléau, à notre époque, de l'Europe septentrionale.

Le professeur Worsaæ a proposé de diviser l'âge de la pierre
en deux périodes, dont il subdivise de nouveau la première.
Sa classification est comme il suit :

Première période de l'âge de la pierre.

1° Les instruments en pierre trouvés dans le diluvium et
dans les cavernes avec les restes du mammouth, du rhinocéros,
de l'hyène et d'autres animaux disparus.

2° Les kjökkenmöddings et les amas sur les côtes.

Seconde période de l'âge de la pierre.

Période caractérisée par les instruments en pierre admirablement travaillés et les grands tumuli.

Les amas de coquilles, selon le professeur Worsaæ, ne contiennent que des instruments en silex très mal faits (fig. 108-110,
172-176), qui sont évidemment les ouvrages de peuples beaucoup
plus grossiers, beaucoup plus barbares que ceux qui ont élevé
les grands tumuli de l'âge de la pierre, et fabriqué les armes
magnifiques, etc., qu'on y trouve. Il reconnaît qu'on a trouvé
dans les kjökkenmöddings quelques armes bien faites et des
morceaux de semblables armes, mais il pense que ces derniers
au moins sont plus récents que les amas de coquilles, où l'on
prétend les avoir trouvés, et que, dans tous les cas, leur présence constitue une exception. A Meilgaard, par exemple, les
recherches entreprises sous les auspices du feu roi, en juin 1861,
ont produit plus de cinq cents éclats de silex et d'autres grossiers instruments, mais pas un seul spécimen qui portât la
moindre trace d'un polissage, pas un seul qui ressemblât aux
instruments en silex trouvés dans les tumuli. D'un autre côté,
ces instruments grossiers ne se rencontrent, dit-on, jamais dans
les tumuli, remplacés qu'ils sont par des instruments d'un caractère différent, et montrant beaucoup d'habileté de la part de
l'ouvrier. En outre, alors que chacun admet que les habitants

des amas de coquilles n'avaient qu'un seul animal domestique, le chien, et qu'ils n'avaient aucune notion de l'agriculture, le professeur Worsaæ pense que, pendant la seconde période de l'âge de la pierre, les habitants du Danemark possédaient certainement des bestiaux et des chevaux, et très probablement cultivaient la terre.

Le professeur Steenstrup est d'une opinion toute contraire, il pense que les kjökkenmöddings et les tumuli de l'âge de la pierre sont contemporains. Il nie complètement qu'on ait trouvé dans les tumuli de l'âge de la pierre des restes de bœufs domestiques et de chevaux, si ce n'est toutefois dans quelques cas très rares, et il pense qu'alors les restes qu'on y a trouvés ne sont pas contemporains des tumuli eux-mêmes, mais qu'ils y ont probablement été introduits par des renards. Il admet que les instruments en pierre trouvés dans les amas de coquilles sont entièrement indifférents, et plus grossiers que ceux trouvés dans les tumuli ; mais il pense que ces deux classes d'instruments ne représentent pas deux degrés différents, mais bien deux phases différentes d'un seul état de civilisation. Les tumuli sont les sépultures des chefs, les kjökkenmöddings sont les débris de la cuisine de simples pêcheurs. Les premiers contiennent tout ce que l'habileté pouvait réaliser, tout ce que le respect pouvait porter à offrir, tout ce que la richesse pouvait procurer ; les seconds, les objets seulement dont l'art ne pouvait tirer aucun parti, objets rejetés comme inutiles ou accidentellement perdus. Afin donc de comparer ces deux classes d'objets, il ne faut pas prendre les grossiers spécimens ordinaires, si nombreux dans les amas de coquilles, mais les quelques instruments mieux faits qui, heureusement pour la science et pour nous, ont été perdus au milieu des coquilles d'huîtres, qui avaient été brisés, et par conséquent rejetés. Ces instruments, quoique en petit nombre, sont, selon le professeur Steenstrup, aussi nombreux qu'on pouvait s'y attendre. En outre, les longs éclats de silex, si communs dans les kjökkenmöddings, prouvent suffisamment toute l'habileté qu'on mettait déjà à travailler le silex. En effet, comme le professeur Steenstrup le fait si bien remarquer, ces éclats sont le résultat d'un si petit nombre de coups, ils ont un aspect si simple, qu'on ne comprend pas assez généralement toute l'habileté qu'il faut pour les fabriquer. Quiconque, cependant, voudra essayer d'en faire un, tout en ne réussissant probablement pas, apprendra tout au moins à apprécier les instruments en silex. Aucun éclat de silex trouvé dans les tumuli n'est supérieur à quelques-uns de ceux découverts dans les kjökkenmöddings : plusieurs de ceux que nous avons trouvés à Meilgaard ont plus de 5, et même un plus de 6 pouces de longueur, et je possède un éclat géant de Fannerup (fig. 82-84), que m'a donné le professeur Steenstrup, qui a 8 pouces 3/4 de long. Quant aux haches grossières et plus ou moins triangulaires qui se trouvent toujours dans les kjökkenmöddings, le professeur Steenstrup refuse de les comparer, comme nous l'avons déjà vu, aux haches polies des tumuli, parce que, selon lui, elles n'étaient pas destinées au même usage. Outre la preuve directe tirée de la découverte de quelques haches bien faites du type tumulus, le professeur Steenstrup s'appuie beaucoup sur la preuve plus directe qu'on peut tirer des autres débris des amas de coquilles. Ainsi, les débris fréquents des grands animaux adultes, comme, par exemple, le phoque et le bœuf sauvage, sont, selon lui, des preuves évidentes que les habitants de ces amas devaient posséder des armes plus utiles et plus terribles qu'aucune de celles que le professeur Worsaæ est disposé à leur concéder : en outre, il pense que les entailles, si communes sur les os trouvés dans les amas de coquilles, ont dû être faites par des instruments polis, et sont trop égales pour être les marques d'éclats de silex, comme le veut le professeur Worsaæ. Enfin, et sans vouloir attribuer autant d'importance que le fait le professeur Worsaæ à l'absence d'instruments grossiers dans les tumuli, en admettant même que cette absence soit prouvée, le professeur Steenstrup dispute le fait en se basant sur ce que ces instruments n'auraient pas, avant les découvertes récentes, été reconnus et recueillis, et que d'autre part on en a trouvé dès qu'on les a recherchés.

Après avoir pesé avec soin les deux raisonnements, je ne puis, comme on pouvait s'y attendre, me ranger entièrement à l'avis de l'un ou l'autre des adversaires.

Les petites haches grossières me semblent encore moins bien adaptées au but suggéré par le professeur Steenstrup qu'aux emplois qui leur sont ordinairement assignés. Sans aucun doute, il y en a beaucoup qui n'auraient jamais pu servir comme instruments tranchants, mais ce sont peut-être des haches inachevées, soit par manque d'habileté de la part de l'ouvrier, soit à cause de quelque défaut dans le silex lui-même. D'autres me paraissent, comme au professeur Worsaæ, utiles, quoique grossières, et bien adaptées à quelques usages (pour détacher, par exemple, des huîtres d'un rocher, ou pour hacher le bois), qui exigeaient un instrument solide plutôt que coupant. Elles ressemblent beaucoup aux haches employées par les indigènes de la mer du Sud : un de ces instruments est représenté pour servir de comparaison (voir pages 95, 96). Leur caractère me paraît cependant tout différent des haches bien faites et ordinairement polies ; elles ne semblent pas être des instruments plus grossiers du même type. Quoiqu'on ne doive certainement pas s'attendre à trouver dans les kjökken-möddings beaucoup de couteaux, de haches, de pointes de lance, etc., parfaits, pas plus qu'on ne s'attendrait à trouver, dans un tas d'ordures moderne, des objets d'art ou de prix, je confesse cependant que les fragments de ces instruments devraient être plus nombreux qu'ils ne semblent l'être.

Outre les cinq cents instruments grossiers trouvés à Meil-gaard pendant la visite du roi, et décrits par le professeur Worsaæ, j'ai trouvé moi-même cent quarante éclats de silex, et environ cinquante autres instruments, dans la visite que je fis, l'année dernière, à cet endroit célèbre, accompagné par le professeur Steenstrup. Il faut y ajouter encore les nombreux instruments recueillis par M. Olsen et les membres de la commission. Or, sur cette quantité considérable d'instruments de différentes sortes, il n'y en a qu'un qui ressemble un peu aux instruments bien faits des tumuli. De même à Havelse, on n'a trouvé qu'un seul fragment de hache polie, au milieu de mille objets plus grossiers. On pourrait, cependant, alléguer avec raison que, pour une semblable comparaison, il faut laisser de côté les éclats de silex et les pierres de fronde ; dans ce cas, et si nous comptons seulement les haches, les nombres seraient considérablement diminués.

Le professeur Steenstrup a aussi expliqué d'une manière satisfaisante la prétendue absence d'instruments grossiers dans les tumuli de l'âge de la pierre. En Angleterre, on pour-

rait conclure, d'après les recherches d'un archéologue aussi
éminent que Sir R. Colt Hoare, que des instruments grossiers
n'ont jamais ou n'ont été que très rarement trouvés dans les
tumuli; et, cependant, les recherches plus récentes de M. Bateman ont prouvé qu'il n'en est pas ainsi, et que les grossiers
instruments en pierre ont dû échapper aux observations des
anciens archéologues. M. Bateman, dans les tumuli qu'il a
examinés, a trouvé de nombreux éclats de silex, etc., tout
aussi grossiers que ceux des amas de coquilles. Je ne sache
pas, cependant, qu'on ait encore trouvé dans les tumuli les
petites haches triangulaires si communes dans les amas de
coquilles. Et, d'un autre côté, on n'a pas encore découvert
dans les amas de coquilles des formes ressemblant à celles de
l'âge palæolithique.

Enfin, quant aux restes supposés d'animaux domestiques,
autres que le chien, qui se trouvent dans les tumuli de l'âge
de la pierre, les preuves avancées par le professeur Worsaae
ne me semblent en aucune façon concluantes; ceci, d'ailleurs,
a peu de conséquence, car cette question, maintenant que
l'attention a été attirée sur ce sujet, sera certainement résolue
avant longtemps.

En somme, ces témoignages complexes prouvent, selon
moi, que les amas de coquilles du Danemark représentent une
période définie de l'histoire de ce pays, et qu'on peut les attribuer à la première partie de l'âge de la pierre néolithique, alors
que l'art de polir les instruments en silex était connu, mais
avant qu'il ait atteint son complet développement.

Il est, jusqu'à présent, impossible d'assigner une date dans
l'histoire à la formation des kjökkenmöddings, qui, néanmoins, ont évidemment une immense antiquité. Nous savons
que le pays a été longtemps couvert de forêts de hêtres, et, cependant, il est prouvé que, pendant l'âge du bronze les hêtres
n'existaient plus qu'en fort petite quantité, et que tout le pays
était alors couvert de chênes. Ce changement exige un laps
de temps considérable, en supposant même qu'il n'y ait eu
que quelques générations de chênes. Nous savons aussi que
les pins ont précédé les chênes, et qu'alors même le pays était
habité.

En outre, le nombre considérable d'objets appartenant à l'âge

du bronze, qui ont été trouvés au Danemark, et le grand
nombre de sépultures, semblent autoriser les archéologues
danois à assigner à cette période une durée considérable. Le
même raisonnement s'applique avec plus de force encore aux
restes de l'âge de la pierre, car un pays où les habitants sub-
sistent par la pêche et par la chasse ne peut être très peuplé.
En somme, nous sommes forcés d'admettre que ce pays a dû
être habité pendant un laps de temps très long, bien qu'aucune
des antiquités danoises ne soit aussi ancienne que beaucoup
d'autres trouvées dans différentes parties de l'Europe et que
nous décrirons dans les chapitres suivants.

CHAPITRE VII

ARCHÉOLOGIE DE L'AMÉRIQUE DU NORD

C'est à quatre excellents mémoires publiés sous les auspices de l'Institution Smithsonienne que nous sommes principalement redevables de tout ce que nous savons sur l'archéologie de l'Amérique du Nord : — 1° *Anciens Monuments de la vallée du Mississipi, comprenant les résultats d'explorations originales considérables,* par E. G. Squier, A. M., et E. H. Davis ; — 2° *Monuments aborigènes de l'État de New-York, comprenant les résultats d'explorations originales,* avec un *Appendice* par E. G. Squier, A. M.; — 3° *les Antiquités du Wisconsin étudiées et décrites,* par J. A. Lapham ; — 4° *l'Archéologie des États-Unis, ou Esquisses historiques et biographiques des progrès, des connaissances et des opinions sur les antiquités des États-Unis,* par Samuel F. Haven. Il y a, il est vrai, plusieurs autres mémoires que nous aurions dû, peut-être, ajouter à notre liste, un surtout de M. Caleb Atwater, qui, selon MM. Squier et Davis, « mérite l'honneur d'avoir ouvert la voie dans cette branche de la science ». Ses recherches forment le premier volume de l'*Archæologia Americana,* volume publié en 1819, et qui contient des plans et des descriptions de plusieurs édifices anciens. Il ne faut pas non plus oublier de citer l'ouvrage de Schoolcraft : *Histoire, condition et avenir des tribus indiennes des États-Unis.*

Le mémoire de MM. Squier et Davis, qui occupe plus de trois cents pages, est consacré tout particulièrement à la description des fortifications, des enceintes, des temples, des tertres et des différents instruments, ornements, etc., qu'on y a trouvés. Ce mémoire est illustré de 48 planches et 207 gravures sur bois.

Dans son second ouvrage, M. Squier ne s'occupe que des antiquités de l'État de New-York. Dans ces limites mêmes, cependant, il décrit bien des monuments antiques différents, et il croit pouvoir estimer à deux cents ou deux cent cinquante le nombre des monuments qui existaient dans l'État de New-York. Il en arrive à conclure, « conclusion à laquelle je m'attendais fort peu, dit-il, quand je commençai mon voyage de recherches, que les fortifications en terre dans la partie occidentale de l'État de New-York ont été élevées par les Iroquois, ou leurs voisins occidentaux, et que l'antiquité de ces ouvrages n'a pas de beaucoup précédé leur découverte ».

L'exploration systématique des ruines du Wisconsin, que relate le mémoire de M. Lapham, a été entreprise par lui pour le compte de la Société américaine des antiquaires, qui a fourni les fonds nécessaires. Le mémoire a été publié aux frais de l'Institution Smithsonienne, et fait partie du septième volume des *Contributions* de cette Société. Les frais de cette publication ont été considérables, à cause du grand nombre des gravures (55 planches, et 61 gravures sur bois).

L'ouvrage de M. Haven est bien décrit par son titre ; cet ouvrage forme une introduction intéressante à l'étude de l'archéologie de l'Amérique du Nord. M. Haven ne donne comparativement que peu d'observations ou d'opinions à lui propres ; mais, après un examen approfondi de ce que les autres ont écrit, il en vient à la conclusion que les terrassements anciens des États-Unis « diffèrent moins par leur nature que par leur degré, d'autres antiquités sur lesquelles l'histoire ne garde pas tout à fait le silence. Ils sont plus nombreux, plus concentrés, et, dans quelques cas, impliquent un travail plus considérable que les travaux qui se trouvent près des frontières des États, travaux auxquels ils ressemblent beaucoup par leurs différents caractères. Leur grand nombre peut être le résultat de fréquents changements de résidence par une population comparativement peu nombreuse, changements résultant d'un trait superstitieux du caractère indien, qui pousse ces peuples à abandonner un endroit où une grande calamité les a frappés ; mais ils semblent plutôt indiquer un pays assez peuplé pen-

dant une période assez longue, pour admettre une grande
extension de mouvements successifs. »

Quoiqu'il s'occupe plus particulièrement de l'état actuel et
des mœurs des tribus indiennes, Schoolcraft, cependant, en
traçant rapidement leur histoire, nous donne bien des renseignements archéologiques, et nous aurons fréquemment occasion de faire des emprunts à son excellent ouvrage.

Les antiquités elles-mêmes peuvent se classer en deux grandes divisions : les *Instruments* (y compris les bijoux) et les
Terrassements. Les archéologues américains ont subdivisé ces
terrassements en sept classes : 1º Enceintes défensives; 2º Enceintes sacrées et diverses; 3º Tertres tumulaires; 4º Tertres
pour les sacrifices; 5º Tertres temples; 6º Tertres « animaux »;
7º Tertres divers. Nous passerons successivement en revue
toutes ces classes, et nous serons alors en meilleure position
pour étudier les peuples qui ont exécuté ces travaux.

Les simples armes en os et en pierre qui se trouvent en
Amérique ressemblent beaucoup à celles des autres pays. Les
éclats, les hachettes, les haches, les pointes de flèche, les
instruments en os, sont, par exemple, très semblables à ceux
qui se trouvent dans les lacs suisses, en faisant, bien entendu,
la part de la différence des matériaux. Outre ces formes simples, qui, pourrait-on dire, se trouvent partout, il y en a d'autres, cependant, qui sont plus compliquées. Dans bien des cas,
ces instruments sont perforés, comme ceux, par exemple, reproduits par MM. Squier et Davis (1). On pense ordinairement
que les haches percées, trouvées en Europe, appartiennent à
l'époque métallique; mais, en Amérique, les données nous
manquent pour déterminer l'antiquité relative des types perforés ou non.

A l'époque de la découverte de l'Amérique, le fer était entièrement inconnu aux indigènes, à l'exception peut-être d'une
tribu vivant près de l'embouchure de la Plata, qui possédait
des flèches armées d'une pointe en fer qu'ils tiraient, suppose-
t-on, de masses de fer natif. Les puissantes nations de l'Amérique du Centre étaient cependant au milieu de l'âge du bronze.

(1) *Ancient monuments of the Mississipi valley*, par E. S. Squier et
E. H. Davis.

tandis que les Américains du Nord étaient dans un état dont
nous ne trouvons en Europe que quelques traces bien rares,
c'est-à-dire un âge du cuivre. L'argent est le seul autre métal
qu'on ait retrouvé dans les anciens
tumuli, et encore n'est-ce qu'en
très petite quantité. Ce métal se
trouve quelquefois, mais rarement,
à l'état natif avec le cuivre du lac
Supérieur, et c'est de là très probablement qu'on le tirait. Il ne paraît pas avoir été jamais fondu.
On trouve, dans les tertres, une si
grande quantité de galène, que
MM. Squier et Davis sont disposés
à croire que les tribus indiennes
de l'Amérique du Nord devaient
employer le plomb; mais, autant
que je le sache, on n'a jamais
trouvé le métal lui-même.

Le cuivre, au contraire, se trouve
fréquemment dans les tumuli, tantôt travaillé, tantôt à l'état naturel.
Il est intéressant d'observer que
les pointes de flèche et les pointes
de lance en cuivre sont conformes
au modèle des pointes de flèche en
pierre. Les haches ressemblent
beaucoup aux haches simples européennes qui contiennent une quantité minime d'étain; la douille,
quand il y en a une, est faite par
l'aplatissement et le renversement
du cuivre (fig. 179); quelques

FIG. 179.

FIG. 178.

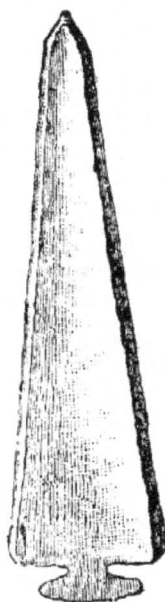

Pointe de flèche
en cuivre.

Pointe de lance
en cuivre.

peintures mexicaines nous montrent comment elles étaient
emmanchées et comment on s'en servait. Les haches mexicaines, il est vrai, étaient en bronze, et avaient par conséquent été fondues, au lieu que les haches indiennes, qui sont
en cuivre pur, paraissent, dans tous les cas, avoir été fabriquées à froid, ce qui est d'autant plus remarquable que,

comme le font si bien observer **MM. Squier et Davis.** « le feu
des autels était assez intense pour fondre les ustensiles et les
ornements en cuivre qu'on y déposait. Mais les Indiens ne
semblent pas avoir profité de la découverte que le hasard leur
offrait (1). » Ceci est d'autant plus surprenant que, comme
Schoolcraft (2) nous le dit, « on trouve, dans presque tous les
tertres dernièrement ouverts, des morceaux de charbon et de
cendres, preuve évidente qu'on se servait du feu ». Ainsi,
quoique ces Indiens connussent le métal, ils ne savaient pas
s'en servir : et, comme le professeur Dana le fait si bien remarquer dans une lettre qu'il m'a adressée, on pourrait dire qu'ils
vivaient dans un âge de la pierre, puisqu'ils employaient le
cuivre non pas comme métal, mais comme pierre. Cet état
intermédiaire entre un âge de la pierre et un âge du métal est
est fort intéressant.

Le cuivre natif se trouve en grande quantité dans le voisinage du lac Supérieur et dans quelques autres localités plus
septentrionales encore ; les Indiens n'avaient donc qu'à en
détacher des morceaux et à lui donner, à coups de marteau,
la forme qu'ils désiraient. Hearne entreprit son célèbre voyage
aux embouchures de la rivière de la Mine de cuivre, sous les
auspices de la Compagnie de la baie d'Hudson, dans le but
d'examiner les localités où les indigènes de ce district se procuraient le métal. Dans ce pays, le cuivre se trouve en morceaux à la surface du sol, et les Indiens semblent l'avoir
ramassé sans essayer d'exploiter ce qu'on pourrait appeler
une mine. Autour du lac Supérieur, cependant, le cas est tout
différent. MM. Squier et Davis, dans l'ouvrage que nous avons
déjà si souvent cité, M. Squier dans les *Monuments aborigènes
de l'État de New-York,* M. Lapham (3) et M. Schoolcraft (1)
décrivent en quelques mots d'anciennes mines de cuivre ; le
professeur Wilson a traité longuement le même sujet. Ces
mines semblent avoir été découvertes en 1847, par l'agent de
la Compagnie des mines de Minnesota.

Suivant une dépression continuelle du sol, il arriva enfin à

(1) On dit cependant avoir trouvé une hache de cuivre *fondue* dans l'État
de New-York, mais il est impossible de prouver par qui elle a été faite.
(2) *Tribus indiennes,* p. 74.
(3) *Loc. cit.,* p. 74.
(4) *Loc. cit.,* p. 95.

une caverne où plusieurs porcs-épics avaient établi leur quartier d'hiver ; apercevant des traces d'excavations artificielles, il enleva les terres qui s'étaient accumulées, et découvrit non seulement une veine de cuivre, mais encore trouva dans les débris une quantité de maillets et de marteaux en pierre ayant appartenu aux anciens ouvriers. Des observations postérieures firent découvrir des excavations anciennes d'une grande étendue ayant fréquemment de 25 à 30 pieds de profondeur et répandues sur une superficie de plusieurs milles. Les terres enlevées sont accumulées sur les côtés ; les tranchées elles-mêmes ont été graduellement comblées par des matières végétales, produit des siècles qui se sont écoulés depuis l'abandon de ces mines, et, sur le tout, les géants des forêts ont poussé, vécu, et ont fini par tomber en pourriture. M. Knapp, l'agent de la Compagnie des mines du Minnesota, a compté trois cent quatre-vingt-quinze anneaux annuels dans le tronc d'un sapin qui avait poussé sur un de ces amas de terre jeté hors d'une ancienne mine. M. Foster mentionne aussi le grand âge et la grosseur d'un pin qui a dû croître et mourir depuis que les mines ont été abandonnées ; M. C. Whittlesley cite non seulement les arbres vivant maintenant sur le sol des tranchées abandonnées, dont quelques-uns, dit-il, ont plus de trois cents ans, mais il ajoute : « Au même endroit, on voit les troncs pourris d'une génération ou des générations précédentes, arbres qui sont arrivés à leur maturité et qui sont tombés de vieillesse. » Selon le même écrivain, dans une communication faite par lui à l'Association américaine, à sa réunion à Montréal en 1857, ces anciennes mines s'étendent sur une longueur de cent à cent cinquante milles, sur le bord méridional du lac.

Dans une autre excavation, on a trouvé une masse de cuivre natif pesant plus de six tonnes. Elle reposait sur un support artificiel de chêne noir, conservé en partie par l'immersion dans l'eau. On trouva à côté plusieurs instruments et plusieurs outils du même métal. Les outils les plus communs sont des maillets ou des marteaux en pierre ; dans un seul endroit, on en a enlevé dix charretées. Dans ce même endroit, il y avait des haches en pierre très grandes, en diorite et faites de façon à être emmanchées.

Les instruments en bois sont si périssables, que nous ne pouvions guère espérer en trouver beaucoup. On n'a découvert, en somme, que deux ou trois écuelles en bois, une auge et quelques pêles à long manche.

On a souvent affirmé que les Indiens possédaient le moyen, à présent inconnu, de durcir le cuivre. S'il faut en croire le professeur Wilson qui a fait de nombreuses recherches à ce sujet, c'est là une erreur. Le professeur Crofts, à qui il avait remis quelques instruments en cuivre, a trouvé qu'ils n'étaient pas plus durs que le cuivre natif ordinaire du lac Supérieur. « Le métal, dit-il, offre une structure très lamellée, comme si l'instrument avait été fait avec une masse de cuivre amenée à sa forme actuelle à force de coups de marteau. »

Avant l'introduction des vases en métal, l'art du potier était encore plus important qu'il ne l'est à présent. Aussi les sites d'anciennes habitations se font-ils ordinairement remarquer par de nombreux fragments de poteries ; ceci est aussi vrai pour les anciennes stations indiennes que pour les villes celtiques de l'Angleterre ou pour les villages lacustres de la Suisse. Ces fragments, cependant, sont ordinairement ceux de grossiers vases usuels, et c'est principalement dans les tumuli qu'il faut aller chercher les urnes et les coupes mieux faites qui nous permettent de juger de l'état de l'art. Or je ne connais pas en Grande-Bretagne une seule urne funéraire appartenant à une période préromaine, qui soit ornée d'une ligne courbe. Il est inutile d'ajouter que ces urnes ne sont jamais décorées de figures d'animaux ou de plantes. Animaux ou plantes ne se trouvent pas non plus représentés sur les objets de l'âge du bronze en Suisse, et je pourrais presque dire dans tout l'ouest de l'Europe, tandis que les décorations consistant en lignes courbes et en spirales sont éminemment caractéristiques de cette époque. Les idées décoratives de l'âge de la pierre, d'un autre côté, se bornent, autant toutefois que nous pouvons en juger, à des agencements de lignes droites ; l'idée d'une ligne courbe ne semble même pas s'être présentée à l'esprit des peuples d'alors. L'impression de l'ongle ou d'une corde sur l'argile molle, telles sont les décorations les plus élégantes de leurs vases.

L'art américain était dans un état bien différent. « L'art du

potier avait atteint une grande perfection. » Quelques vases
trouvés dans les tumuli rivalisent, dit-on, par l'élégance de
leur forme, par leur délicatesse et leur fini, avec les plus beaux
spécimens péruviens. La substance employée est de la belle
argile, parfaitement pure dans les vases les plus délicats; dans
les plus grossiers, elle est mélangée de quartz réduit en poudre.
Les Indiens ne semblent avoir connu ni l'usage du vernis, ni
celui du tour à potier, bien qu'« ils se soient servis sans doute
d'un objet qui en approchait grossièrement, c'est-à-dire d'un
bâton tenu par le milieu, et qu'on tournait à l'intérieur d'un
morceau d'argile, empilé par un autre ouvrier (1) ».

Les pipes sont peut-être les spécimens les plus caractéristiques de l'ancienne poterie américaine. Quelques-unes sont de
simples fourneaux, qui ressemblent assez aux pipes ordinaires
dont elles ne diffèrent qu'en ce qu'elles n'ont pas de tuyau; on
appliquait apparemment les lèvres directement au fourneau.
D'autres sont très ornées ; beaucoup représentent des monstres
ou des animaux, tels que le castor, la loutre, le chat sauvage,
l'élan, l'ours, le loup la panthère, le raton, l'opossum, l'écu-
reuil, le morse, l'aigle, le faucon, le héron, le hibou, la buse,
le corbeau, l'hirondelle, le perroquet, le renard, le coq de
bruyère et beaucoup d'autres. Le fait le plus intéressant est la
figure du morse; on en a trouvé sept dans les tertres de l'Ohio.
Il ne faut pas croire que ce soient là des sculptures grossières,
à propos desquelles on pourrait facilement se tromper; non :
« la tête tronquée, le museau épais demi-circulaire, les narines
particulières, la lèvre supérieure saillante et ridée, les pieds
ou nageoires si singuliers, les moustaches remarquables, tout
est distinctement indiqué et fait immédiatement reconnaître
l'animal (2). » Cet animal curieux ne se trouve pas à présent
au delà des côtes de la Floride, c'est-à-dire à 1000 milles de
distance.

Les bijoux trouvés dans les tertres consistent en : grains,
coquillages, colliers, pendants, plaques de mica, bracelets,
gorgerins, etc. Le nombre des grains est quelquefois surprenant. Ainsi, le célèbre Grave Creek contenait trois ou quatre

(1) Squier et Davis, *loc. cit.*, p. 195.
(2) Id., *ibid.*, p. 232.

grains en écaille, outre environ deux cent cinquante ornements en mica, plusieurs bracelets en cuivre et différents
objets sculptés en pierre. Les grains sont ordinairement en
écaille, mais quelquefois aussi coupés dans des os ou dans des
dents ; leur forme est ordinairement longue, ronde ou oblongue ;
quelquefois la coquille de l'*Unio* est coupée et enfilée de façon
à montrer la surface convexe et nacrée de la coquille. Les colliers sont souvent faits avec des grains ou des coquillages,
mais quelquefois aussi avec des dents. Les ornements en mica
consistent en plaques minces, percées d'un petit trou. Les bracelets sont en cuivre ; on les trouve ordinairement autour des
bras du squelette, mais fréquemment aussi sur les autels. Ce
sont de simples anneaux, faits au marteau avec plus ou moins
d'habileté, et courbés de façon que les deux extrémités se rapprochent ou s'appliquent l'une sur l'autre. Ce qu'on a appelé
les « gorgerins » consistent en plaques minces de cuivre, toujours percées de deux trous, ce qui semblerait indiquer qu'on
les portait comme décoration honorifique.

Les terrassements sont très abondants dans les parties centrales des États-Unis. Leur nombre diminue à mesure qu'on
s'approche de l'océan Atlantique ; ils sont très rares dans
l'Amérique anglaise, et à l'ouest des montagnes Rocheuses.

Les travaux appartenant à la classe des enceintes défensives
« occupent ordinairement de fortes positions naturelles », et
nous pouvons prendre comme spécimen l'enceinte de Bourneville, dans le comté de Ross (Ohio). « Cet ouvrage, disent
MM. Squier et Davis (*loc. cit.*, p. 11), occupe le sommet d'une
haute colline isolée, à 12 milles à l'ouest de la ville de Chilli-
cothe, auprès du village de Bourneville. La colline a près de
400 pieds de hauteur perpendiculaire ; elle est remarquable,
même au milieu des collines escarpées de l'ouest, par l'escarpe-
ment de ses côtés, qui, en quelques endroits, sont absolument inaccessibles..... Les défenses consistent en un mur de
pierre qui entoure la colline, un peu au-dessous du sommet ;
mais, en quelques endroits, il s'élève de façon à isoler des
éperons étroits de la colline, et s'étend à travers le col qui la
relie à la chaîne dont elle fait partie. » Il ne faudrait pas croire,
cependant, qu'il existe aujourd'hui un véritable mur ; ce qui
en reste est ce que l'on devait attendre d'un mur sur le pen-

chant d'une colline, et dont les pierres tendent toujours à
tomber en bas. Aux endroits les mieux conservés, ce mur a de
15 à 20 pieds de large, et 3 ou 4 pieds de haut. La superficie
ainsi enclose a environ 140 acres, et le mur a 2 milles et un
quart de longueur. Les pierres sont de différentes grandeurs;
MM. Squier et Davis pensent que ce mur devait avoir environ
8 pieds de haut avec une base égale. A présent, des arbres
énormes croissent sur ce mur. MM. Squier et Davis ont trouvé
un ouvrage semblable, connu sous le nom de « Fort Hill »,
dans le comté de Highland (Ohio), un splendide châtaignier,
qu'ils pensent être âgé de six cents ans. « Si, disent-ils, nous
ajoutons à ces six cents ans la période qui a dû s'écouler depuis
le temps où l'ouvrage a été construit jusqu'à son abandon, et
la période subséquente jusqu'à son envahissement par la forêt,
nous serons irrésistiblement conduits à la conclusion que cet
ouvrage date de plus de mille ans. Mais, quand nous remar-
quons tout autour de nous les troncs pourris à demi cachés
dans le sol exhaussé, nous sommes disposés à lui attribuer une
antiquité plus grande encore. »

L'enceinte connue sous le nom de « Clark's Work », dans le
comté de Ross (Ohio), est une des plus grandes et des plus intéressantes. Elle consiste en un parallélogramme ayant 2 800 pieds
sur 1 800, et renfermant environ 111 acres. A la droite de ce
parallélogramme est un *carré parfait* contenant une superficie
d'environ 16 acres. Chaque côté a 850 pieds de longueur; au
milieu de chaque côté se trouve une porte ayant 30 pieds de
largeur, défendue par un petit tertre. A l'intérieur de la grande
enceinte se trouvent plusieurs tertres et plusieurs enceintes;
on n'estime pas à moins de 3 millions de pieds cubes les terres
employées dans cet immense ouvrage et cependant l'aspect
tout particulier des terrains semblerait indiquer que ces immenses matériaux ont été apportés dans des sacs (1). On a
aussi remarqué que l'on trouve toujours de l'eau dans ces enceintes ou tout auprès d'elles.

Il est à remarquer qu'on n'a pas trouvé dans un seul endroit
des traces de contre-fortifications. Le colonel Whittlesey (2

---

(1) Whittlesey, *On the weapons and character of the mount-builders.* (Mem.
Boston Soc. of nat. Hist., vol. I, part. V, p. 473.)
(2) *Loc. cit.*, p. 479.

arguë de ce point pour conclure que la période pendant
laquelle ces peuples « ont tourné leur attention vers les affaires
militaires a été probablement de courte durée, et qu'une fois
leurs préparatifs de défense terminés, ils se sont retirés vers le
sud, sans essayer nulle part une vigoureuse résistance ». Je crois,
plutôt, que la manière de faire la guerre de ces peuples res-
semblait à celle des Peaux-Rouges modernes, et qu'elle ne consistait pas en siéges de longue durée, mais en surprises et en
attaques soudaines.

Si l'objet des travaux dont nous venons de parler est évident,
il n'en est pas de même pour ceux que nous allons actuellement étudier. MM. Squier et Davis se basent sur les raisons
suivantes pour affirmer que ces travaux n'avaient pas été entrepris dans un but défensif : leur petite étendue ; le fait que le
fossé est à l'intérieur du remblai ; leur situation, car ils sont
souvent commandés par des hauteurs voisines.

Le docteur Wilson (vol. I, p. 324), adoptant l'opinion de Sir
R. C. Hoare, considère la position du fossé comme marque dis-
tinctive, entre les ouvrages militaires et les ouvrages religieux.
Mais Catlin nous dit expressément que, dans un village Mandan
qu'il décrit, le fossé était à l'intérieur du remblai, et que les
guerriers étaient ainsi à l'abri tandis qu'ils lançaient leurs
flèches à travers les palissades. C'est là un exemple qu'en
Amérique, au moins, la position du fossé n'est pas une preuve
satisfaisante.

Mais, tandis que les enceintes défensives occupent le sommet des collines et d'autres positions très faciles à défendre,
les prétendues enceintes sacrées se trouvent ordinairement
« dans les vallées larges et unies, et très rarement sur les hauteurs et aux endroits où le terrain est accidenté. Ces enceintes
sont ordinairement carrées ou circulaires ; une enceinte circulaire se combine souvent avec un ou deux carrés. Quelquefois
elles sont isolées, mais le plus souvent par groupes. La plupart des cercles sont petits, ils ont un diamètre presque uniforme de 250 à 300 pieds et le fossé se trouve toujours à l'intérieur du mur ». Quelques cercles, il est vrai, sont beaucoup
plus considérables et enferment 50 acres ou plus. Les carrés
ou autres ouvrages rectangulaires n'ont jamais de fossé, et la
terre dont ils sont composés semble avoir été enlevée à la sur

face ou dans des carrières voisines. Ces ouvrages varient beaucoup en grandeur; cinq ou six, cependant, sont des carrés exacts, chaque côté mesurant 1080 pieds, coïncidence qui ne peut être accidentelle et qui doit avoir quelque signification. Les cercles aussi, malgré leur grande étendue, sont si parfaitement ronds, que les archéologues américains en concluent que les Indiens devaient avoir quelque unité de mesure et quelque moyen de déterminer les angles.

Le groupe le plus remarquable est celui de Newark, dans la vallée de Scioto; ce groupe couvre une superficie de *quatre milles carrés!* MM. Squier et Davis donnent un plan de ces travaux gigantesques; M. Wilson en donne un aussi, dressé sur des recherches toutes récentes. Ce groupe consiste en un octogone, ayant une superficie de 50 acres, un carré de 20 acres et deux grands cercles occupant respectivement 30 et 20 acres. Une avenue formée de murs parallèles part de l'octogone et se prolonge vers le sud sur une distance de 2 milles et demi; il y a deux autres avenues ayant un peu plus d'un mille de longueur; l'une d'elles relie l'octogone au carré.

Il y a, en outre, plusieurs autres remblais et petits cercles; la plupart ont environ 80 pieds de diamètre, mais quelques-uns sont plus grands. Les murs de ces petits cercles aussi bien que ceux des avenues et des parties irrégulières de ces groupes sont très faibles et n'ont que 4 pieds de haut. Les autres remblais sont bien plus considérable; les murs du grand cercle ont, à présent encore, 12 pieds de hauteur sur une base de 50 pieds, et un fossé intérieur de 7 pieds de profondeur et de 35 pieds de largeur. Les portes sont bien plus imposantes encore; les murs auprès des portes ont 16 pieds de hauteur et le fossé 13 pieds de profondeur. Cette enceinte tout entière est couverte par « les arbres gigantesques d'une forêt primitive », et, selon MM. Squier et Davis, « quand il entre pour la première fois dans l'antique avenue, le visiteur éprouve une sensation de crainte respectueuse telle que celle qu'il ressent en pénétrant dans un temple égyptien, ou en considérant les ruines silencieuses de Pétra dans le désert. »

La cité de Circleville a emprunté son nom à un de ces monuments qui, cependant, n'est pas plus remarquable que tant d'autres. Cet ouvrage consiste en un carré et un cercle se touchant l'un l'autre; les côtés du carré ont environ 900 pieds de longueur et le cercle un peu plus de 1000 pieds de diamètre. Le carré a huit portes, une à chaque angle et une au milieu de chaque côté, chaque porte est protégée par un tertre. Le cercle était remarquable en ce qu'il avait un double mur. Ce monument, hélas! a été entièrement détruit; bien d'autres ont aussi disparu ou disparaissent tous les jours sous la charrue. Dans ces circonstances, nous voyons avec plaisir que « les administrateurs de la Compagnie foncière l'Ohio, quand ils ont pris possession, en 1788, du pays situé au confluent de la rivière Muskingum, ont adopté des mesures immédiates pour préserver ces monuments. Il faut dire, à leur louange, qu'un de leurs premiers actes officiels a été l'adoption d'une résolution enregistrée dans le journal de leurs séances, à l'effet de conserver, comme places publiques, les deux pyramides tronquées et le grand tertre, ainsi que quelques acres de terrain à l'entour. » Une conduite aussi éclairée mérite les remerciements des archéologues, et j'espère sincèrement que la Compagnie a prospéré.

Les ruines d'Aztalan sont bien dignes d'attention, et parce qu'elles sont la seule enceinte trouvée jusqu'à présent dans le Wisconsin, et parce que, sous bien des rapports, elles ressemblent à une ville fortifiée. Elles sont situées sur le bras occidental de la rivière Rock, et ont été découvertes en 1836, par M. N. F. Hyer, qui les examina rapidement et les décrivit brièvement, en en donnant le plan, dans le « *Milwaukie Advertiser* ». M. Taylor a publié dans *Silliman's American Journal*, n° XLIV, un mémoire sur le même sujet, et c'est à ce mémoire que MM. Squier et Davis empruntent le plan et la courte description qu'ils ont faite de ces ruines (1). La description la plus complète se trouve dans l'ouvrage de M. Lapham, *Antiquités du Wisconsin* (2). M. Hyer a donné à ces ruines le nom d'Aztalan, parce que les Aztecs avaient une tradition selon laquelle ils seraient venus d'un pays septentrional qu'ils appelaient Aztalan. Ce mot est dérivé, dit-on, de deux mots mexicains, *Atl*, « eau », et *An*, « près de ». Le trait caractéristique de ces ouvrages est

(1) *Loc. cit.*, p. 131.
(2) Page 41.

une enceinte de terre (et non pas de briques, comme on l'a dit
par erreur) s'étendant de trois côtés d'un parallélogramme
irrégulier, la rivière forme le quatrième côté à l'est. L'espace
ainsi enfermé contient 17 acres et deux tiers. Les coins ne
sont pas rectangulaires et le mur n'est pas droit. Le mur formant l'enceinte a 631 pieds de long du côté nord, 1419 pieds
de long à l'ouest et 700 pieds au sud, faisant un total de
2750 pieds, sur 22 pieds de large environ et de 4 à 5 pieds de
haut. A des distances presque régulières, ce mur de terre est
renforcé par des tertres de terre. On les appelle arcs-boutants
ou bastions, mais il est évident qu'ils ne servaient ni à l'un ni
à l'autre usage. La distance qui les sépare varie entre 61 et
95 pieds, la distance moyenne est de 82 pieds. Auprès de
l'angle sud-ouest il y a deux ouvrages avancés construits de la
même manière que le mur principal.

Dans bien des endroits, la terre formant les murs paraît
avoir été calcinée. « Des masses irrégulières d'argile dur, rougeâtre, pleine de cavités, conservent les marques distinctes de
paille ou plutôt de foin sauvage, avec lequel cette argile était
mélangée avant d'avoir été calcinée. « C'est là la seule raison
qui les ait fait appeler des murs de briques. Les briques n'ont
jamais reçu une forme régulière, et il est même fort probable
que le mur a été calciné après avoir été construit. » Ces murs
doivent quelque peu ressembler aux célèbres forts vitrifiés
d'Écosse et à des fortifications analogues récemment découvertes en France et en Allemagne. Quelquefois les tertres,
quoiqu'ils fissent partie d'une enceinte, servaient aussi de
tombeau, car on y a trouvé des squelettes, dans la position
assise, accompagnés de fragments de poterie. Le point le plus
élevé à l'intérieur de l'enceinte se trouve dans l'angle sud-
ouest, qui est « occupé par un monticule carré et tronqué, qui
a tout l'aspect d'une pyramide, s'élevant par degrés successifs,
comme les constructions gigantesques du Mexique. » A l'angle
nord-ouest de l'enceinte, on trouve une autre élévation pyra-
midale, rectangulaire et tronquée, ayant une plate-forme de
65 pieds au sommet; on distingue encore les gradins qui y
conduisaient.

Il y a, à l'intérieur de l'enceinte, des remblais ayant environ 2 pieds de haut, qui relient plusieurs anneaux ou cercles,

qu'on suppose devoir être les ruines de maisons en terre.
« Presque tout l'intérieur semble avoir été, soit creusé, soit
élevé en tertres; des excavations irrégulières couvrent presque
tout le terrain qui n'est pas occupé par les monticules. » Ces
excavations et ces monticules sont probablement les ruines
de maisons. Il y a quelques années, on a trouvé dans un de
ces monticules un squelette enveloppé apparemment d'une
étoffe très grossière, mais les fils étaient tellement pourris
qu'on n'a pu déterminer avec quelle plante textile cette étoffe
avait été fabriquée.

Les derniers habitants indiens de cette localité intéressante
n'avaient aucune tradition sur l'histoire ou l'objet de ces
grands travaux.

On ne trouve pas chez les tribus indiennes du nord, actuellement existantes, de monuments correspondants à ces prétendues enceintes sacrées. « Mais, dès que nous nous avançons
vers le sud, dès que nous arrivons chez les Creeks, chez les
Natchez et chez les tribus alliées de la Floride, nous trouvons
des traces de monuments qui, s'ils ne correspondent pas entièrement aux enceintes régulières de l'ouest, semblent, cependant, avoir quelque analogie avec elles (1). » Ces tribus, en
effet, paraissent avoir été plus civilisées que celles du nord,
puisqu'elles avaient des notions d'agriculture, qu'elles vivaient
dans des villes considérables, avaient une religion systéma-
tisée; en un mot, elles devaient occuper une position intermédiaire, économiquement aussi bien que géographiquement,
entre les puissantes monarchies de l'Amérique centrale et les
tribus du nord, qui ne vivaient que du produit de leur chasse.
M. Squier décrit ces monuments des tribus du sud dans son
Second mémoire et aussi dans les *Anciens Monuments de la
vallée du Mississippi* (p. 120). Les « Chunk Yards », encore en
usage chez les Creeks, et qui n'ont été que tout récemment
abandonnés chez les Cherokees, sont des places rectangulaires, occupant ordinairement le centre de la ville, fermées
sur les côté, mais avec une porte à chaque bout. Ces places
ont quelquefois de 600 à 900 pieds de longueur; les plus
grandes se trouvent dans les plus vieilles villes. Ces places

_____

(1. Squier, *loc. cit.*, p. 90.

sont nivelées et légèrement excavées, les terres enlevées servent à établir une petite terrasse basse sur les côtés. Au centre est un monticule peu élevé sur lequel se trouve le Chunk-Mât, au sommet duquel est un objet qui sert de cible. Dans chaque coin, à une des extrémités, il y a une pièce de bois d'environ 12 pieds de haut; on les appelle les mâts à esclaves, parce que, dans le bon vieux temps, les captifs condamnés à la torture y étaient attachés. Le nom de « Chunk » semble dérivé d'un jeu indien appelé « Chunk » qui se jouait sur ces places. A une extrémité, et immédiatement à l'extérieur de ces places, se trouve ordinairement une éminence circulaire, à sommet plat, sur laquelle est élevée la maison du grand conseil. A l'autre extrémité est une éminence carrée, à sommet plat, à peu près aussi élevée que l'éminence circulaire dont nous venons de parler; c'est la place publique.

Ces descriptions, et d'autres semblables faites par les premiers voyageurs chez les Indiens, jettent certainement beaucoup de lumière sur les enceintes circulaires et carrées. Quelques-unes, bien qu'elles soient appelées « enceintes sacrées » par MM. Squier et Davis, me semblent être les légères fortifications qui entouraient les villages et étaient, sans doute, surmontées de palissades. Nous avons déjà vu que la position du fossé n'est pas un argument valide contre cette hypothèse; la position de ces travaux ne semble pas plus concluante, si nous supposons qu'ils étaient moins destinés à soutenir un siège régulier qu'à défendre contre un coup de main.

Les tertres *funéraires* sont très nombreux dans les parties centrales des États-Unis. « Dire qu'ils sont innombrables, dans le sens ordinaire du mot, ne serait pas une exagération. On peut les compter par milliers et par dizaine de mille. » Ils ont de 6 à 80 pieds de hauteur; ils se trouvent ordinairement à l'extérieur des enceintes; ils sont souvent isolés, mais souvent aussi réunis en groupes, généralement ronds, mais quelquefois aussi ils sont elliptiques ou affectent la forme d'une poire. Ils contiennent ordinairement un seul squelette, le plus souvent réduit en cendres. Quelquefois il y a un cist de pierre, mais les urnes se trouvent le plus souvent dans les États du Sud. Le cadavre est ordinairement enterré dans la position assise. On trouve fréquemment auprès du cadavre des instru-

ments en pierre et en métal; mais, tandis que les bijoux, tels
que bracelets, plaques de cuivre percées, grains en os, en
coquillages ou en métal, et les objets semblables sont très
communs, les armes sont très rares : fait qui, dans l'opinion
du docteur Wilson, « indique un état de société entièrement
différent, un courant d'idées tout à fait contraire » à ceux des
Indiens actuels.

On a pensé que certains petits tumuli trouvés en Amérique
étaient les restes de huttes de terre. M. Dille (1) a examiné et
décrit plusieurs petits tumuli observés par lui dans le Missouri.
Il en fouilla plusieurs, mais ne trouva jamais rien autre chose
que du charbon et quelques morceaux de poterie, d'où il conclut que c'étaient les ruines de huttes de terre (2). Les Man-
dans, les Minatarees et quelques autres tribus construisaient
aussi, jusque tout récemment, leurs huttes avec de la terre
supportée par une charpente en bois.

D'un autre côté, il y a quelques tumuli auxquels cette explication serait tout à fait inapplicable, car ils sont pleins d'ossements humains. On a longtemps supposé que le grand tertre
de Grave Creek était dans ce cas, et, en effet, Atwater avait
positivement affirmé qu'il était plein d'ossements humains (3).
C'est là une erreur, mais le fait n'en est pas moins vrai pour
d'autres tertres. Nous pourrions, en même temps, citer les
« puits à ossements » décrits en grand nombre par M. Squier (4).
« Un de ces puits, découvert il y a quelques années dans la
ville de Cambria, comté de Niagara, contenait les ossements
de plusieurs milliers d'individus. Un autre que j'ai visité dans
la ville de Clarence, comté d'Érié, ne contenait pas moins de
quatre cents squelettes. » M. Jefferson, dans ses *Notes sur la
Virginie*, décrit un tumulus qu'il dit devoir contenir les squelettes de mille individus, mais, dans ce cas, le nombre est
peut-être exagéré.

La description faite par plusieurs vieux auteurs de la « Fête
solennelle des morts » explique d'une manière satisfaisante

(1) *Smithsonian Contributions*, vol. I, p. 136.
(2) *Archæologia Americana*, vol. I, p. 223.
(3) Voir aussi Lapham, *loc. cit.*, p. 80.
(4) *Loc. cit.*, pp. 25, 56, 57, 68, 71, 73, 106, 107. Squier et Davis, *loc. cit.*,
p. 118, etc.

ces amas considérables d'ossements. Il paraît que, tous les huit ou dix ans, les Indiens avaient l'habitude de se réunir à quelque endroit précédemment indiqué; ils déterraient leurs morts, rassemblaient les ossements et les déposaient dans un tombeau commun, plaçant auprès d'eux de belles peaux et d'autres objets précieux. Schoolcraft décrit plusieurs de ces ossuaires (1).

« Le nom de « *tertres à sacrifices* », dit le docteur Wilson, a été donné à une classe d'antiques monuments, particuliers au nouveau monde, montrant sous leur vrai jour les rites et les coutumes des races qui ont élevé ces tertres. Ces tertres curieux ont été observés avec soin. Leurs caractères les plus remarquables sont : qu'ils se trouvent invariablement à l'intérieur des enceintes; qu'ils sont régulièrement composés de couches alternatives de gravier, de terre et de sable; qu'ils recouvrent toujours un autel symétrique, fait d'argile cuite ou de pierre, sur lequel sont déposées de nombreuses reliques gardant, dans tous les cas, les traces plus ou moins abondantes d'une exposition à l'action du feu. » Ce prétendu « autel » consiste en un bassin ou table d'argile cuite, ayant une forme symétrique; mais la forme et la grandeur varient beaucoup. Les uns sont ronds, les autres elliptiques, d'autres sont des carrés ou des parallélogrammes; leur grandeur varie de 2 à 50 pieds par 12 ou 15. Les dimensions ordinaires, cependant, sont de 5 à 9 pieds. Ils se trouvent presque toujours à l'intérieur des enceintes sacrées; sur le nombre total examiné par MM. Squier et Davis, quatre seulement étaient à l'extérieur des murs d'enceinte et encore n'en étaient-ils distants que de quelques pas.

L'*autel* est toujours de niveau avec le sol naturel, et porte les traces d'une chaleur longtemps continuée. Dans un cas où il paraît avoir été fait de sable au lieu d'argile, le sable est décolorée à une profondeur de 2 ou 3 pouces, comme si l'on avait brûlé dessus des matières grasses. Dans ce cas, une seconde couche de sable avait été placée sur la première, et, sur cette couche, des pierres, un peu plus grosses qu'un œuf de poule, étaient arrangées de façon à former un pavage qui

_____
(1) *Loc. cit.*, p. 102.

256   ARCHÉOLOGIE DE L'AMÉRIQUE DU NORD.

rappelle beaucoup les anciens foyers des kjökkenmöddings danois.

Dans quelques endroits, on a trouvé des débris de bois au-dessus de l'autel. Ainsi, dans un des vingt-six tumuli formant le « Mound city », sur la rivière de Scioto, il y avait un certain nombre de morceaux de bois ayant 5 ou 6 pieds de long sur 6 ou 7 pouces d'épaisseur. « Ces morceaux de bois avaient une longueur presque uniforme; cette circonstance, jointe à la position dans laquelle on les a trouvés, justifierait presque la conclusion qu'ils servaient à supporter quelque bûcher funéraire ou pour les sacrifices (1). » Le contenu de ces tertres varie beaucoup. Celui dont nous venons de parler contenait une quantité de poterie et beaucoup d'instruments en pierre et en cuivre; tous avaient été soumis à une forte chaleur. Les objets en cuivre consistaient en deux ciseaux et environ vingt lames minces. De cinquante à cent pointes de flèche, des éclats et deux pipes sculptées complétaient la liste des objets trouvés dans cet intéressant tumulus. Dans un autre tertre on a trouvé près de deux cents pipes. En règle générale, le dépôt est homogène : « c'est-à-dire qu'au lieu de trouver une grande variété de reliques, d'ornements, d'armes et d'autres objets composant les propriétés d'un chef barbare, nous trouvons, sur un autel, seulement des *pipes;* sur un autre, un seul morceau de galène; sur d'autres, une quantité de poterie, ou une collection de pointes de lance, ou bien, enfin, aucun objet si ce n'est peut-être une légère couche de charbon. Il ne pourrait en être ainsi si l'hypothèse dont nous venons de parler était fondée, car la lance, les flèches, la pipe et les autres instruments ou bijoux du mort se trouveraient réunis (2). »

Cette conclusion ne me semble pas tout à fait satisfaisante, et, quoique ces tertres, contenant des autels, soient si différents des tumuli que nous venons de décrire, je suis cependant disposé à y voir des tertres tumulaires plutôt que des endroits destinés aux sacrifices. N'ayant cependant pas eu l'avantage de les examiner moi-même, je propose cette explication comme une suggestion plutôt que je n'exprime une opinion. Il est difficile

(1) Squier et Davis, *loc. cit.*, p. 151.
(2) *Id., ibid.,* p. 160.

de comprendre pourquoi des autels seraient recouverts de cette façon ; je ne puis me rappeler aucun cas analogue. D'un autre côté, si la suggestion du professeur Nilsson, par rapport aux anciens tumuli, est correcte, le feu longtemps continué est facile à expliquer. Chez les Buraets, par exemple, le foyer consiste en terre battue, sur laquelle on entretient toujours un grand feu (1). Si une semblable maison était plus tard employée comme sépulture, elle contiendrait un autel ressemblant beaucoup à ceux que nous venons de décrire. En outre, les constructions en bois et les ossements brûlés s'expliquent facilement par l'hypothèse que nous proposons, c'est-à-dire un tombeau plutôt qu'un temple.

L'homogénéité des dépôts ne me paraît pas non plus aussi décisive qu'à MM. Squier et Davis. Prenons, par exemple, le tumulus où l'on a trouvé des pipes. L'exécution de ces pipes est si parfaite que sculpter des pipes était sans doute une profession ; la division du travail devait avoir déjà commencé. Or le même sentiment qui pousse bien des races sauvages à enterrer des armes avec le chasseur défunt, pour qu'il puisse, dans un autre monde, se procurer ses aliments comme il le faisait sur la terre, — sentiment qui poussait bien des nations anciennes à placer de l'argent dans le tombeau, — suffit à expliquer non seulement la présence de ces pipes, mais aussi leur nombre considérable. Le chasseur ne peut employer que quelques armes, le succès dépend surtout de sa vigueur et de son adresse ; le marchand de pipes, au contraire, s'il peut en vendre une seule dans un autre monde, peut aussi bien les vendre toutes.

J'ai déjà parlé du grand nombre d'objets trouvés dans le tertre de Grave Creek, qui, sans aucun doute, est un tombeau, et dans lequel un des squelettes est accompagné de dix-sept cents grains en os, de cinq cents coquillages marins, de cent cinquante morceaux de mica, outre d'autres objets. On a souvent trouvé dans les tumuli beaucoup d'éclats, de pointes de flèche, etc., de telle sorte que le simple nombre des objets ne me semble pas un argument contre la nature funéraire de ces prétendus « tertres à sacrifices ».

(1) Eman, *loc. cit.*, vol. II, p. 408.

Si donc « les matières carbonisées accumulées, ressemblant aux cendres de feuilles ou d'herbes », qui suggèrent au professeur Wilson « les gracieuses offrandes des premiers fruits de la terre, si conformes aux charmants sacrifices antiques institués en l'honneur du dieu des moissons », ne me représentent que la charpente de la maison ou les matériaux du bûcher, j'évite aussi d'en arriver à la conclusion à laquelle il est forcément conduit, que « les autels de ces peuples servaient aux sacrifices humains et que, dans les enceintes sacrées, ils accomplissaient des cérémonies non moins hideuses que celles qui caractérisaient le culte des féroces Aztecs, peuples qui affirmaient que les sacrifices humains étaient les seuls acceptables pour leurs divinités sanguinaires ».

La classe de tertres appelés par MM. Squier et Davis « *tertres temples* » « sont des constructions pyramidales tronquées, ayant ordinairement des avenues en gradins montant jusqu'au sommet, Quelquefois elles sont à terrasses ou bien ont des étages successifs. Mais, quelle que soit leur forme, qu'elles soient rondes, ovales, octogones, carrées ou oblongues, elles ont invariablement un sommet plat ou de niveau, d'une superficie plus ou moins grande ». Ces monticules ressemblent beaucoup aux Teocallis du Mexique et ont probablement la même origine. Rares dans le Nord, quoiqu'on en trouve jusque sur les bords du lac Supérieur, ils deviennent de plus en plus nombreux à mesure qu'on descend le Mississippi et surtout qu'on s'approche du Golfe où ils constituent la partie la plus nombreuse et la plus importante des anciennes ruines. Quelques-uns des plus grands, cependant, sont situés dans le Nord. L'un des plus remarquables se trouve à Cahokia, dans l'Illinois. Ce mont gigantesque a 700 pieds de long, 500 pieds de large à la base et 90 pieds de haut. Son contenu solide a été estimé à 20 millions de pieds cubes.

Il est probable, cependant, que ces monticules n'étaient pas seulement des temples, mais que l'on y construisait des habitations, sans doute pour les chefs. On rapporte que, chez les Indiens Natchez, « les temples et les demeures des chefs étaient élevés sur des monticules, et que, pour chaque nouveau chef, on construisait un nouveau monticule et une nouvelle demeure ». Garcilasso de la Vega, cité par M. Haven, dit dans son *Histoire*

de la Floride : « La ville et la maison du cacique d'Osachile
sont semblables à celles de tous les autres caciques de la Floride, il vaut donc mieux faire une seule description qui pourra
s'appliquer à toutes. Les Indiens aiment à placer leurs villes
dans des endroits élevés; mais de semblables situations sont
rares dans la Floride, et ils y trouvent difficilement les matériaux nécessaires pour bâtir leurs demeures; aussi élèvent-ils
des éminences. Ils choisissent un endroit sur lequel ils apportent
une quantité de terre, avec laquelle ils construisent une plate-
forme haute de 18 à 25 pieds, le sommet en est plat et peut
recevoir dix, douze, quinze ou vingt maisons pour loger le
cacique, sa famille et sa suite (1). »

Les antiquités américaines les plus remarquables peut-être
sont les *tertres animaux* qui se trouvent principalement, mais
non pas exclusivement dans le Wisconsin. On trouve dans ce
district « des milliers de bas-reliefs gigantesques représentant
des hommes, des bêtes, des oiseaux et des reptiles, tous taillés
à force de travail à la surface du sol », tandis que les enceintes
et les travaux de défense ne s'y rencontrent presque jamais;
« l'ancienne cité d'Aztalan » était, suppose-t-on, le seul exemple
de cette classe.

Les « tertres animaux » ont été découverts en 1836, par
M. Lapham, et décrits dans les journaux de l'époque; mais la
première description qu'on en ait faite dans un journal scientifique est celle de M. R. C. Taylor dans le *Journal américain de
Science et d'Art,* n° d'avril 1838. En 1843, M. S. Taylor publia un
plus long mémoire dans le même journal. Le professeur J. Locke
en parla quelque peu dans un « Rapport sur les gisements minéraux des États-Unis », rapport présenté au Congrès en 1840.
MM. Squier et Davis consacrent au même sujet une partie de
leur ouvrage sur les « *Anciens Monuments de la vallée du Mississippi,* et enfin le septième volume des « *Smithsonian Contributions* » contient l'ouvrage de M. Lapham, qui donne la description la plus complète de ces ruines intéressantes.

M. Lapham a dressé une carte montrant la distribution de
ces curieux travaux. Ils semblent être plus particulièrement
nombreux dans la partie méridionale du Wisconsin, et s'éten-

(1) Voir aussi Schoolcraft, *loc. cit.,* vol. III, p. 47.

dent du Mississippi au lac Michigan, suivant ordinairement le
cours des rivières ; la plus grande quantité se trouve le long
de la grande piste ou sentier de guerre des Indiens, allant du
lac Michigan auprès de Milwaukie, jusqu'au Mississippi, au-
dessus de la prairie du Chien. Ce n'est pas là, d'ailleurs, une
preuve de rapports entre les Indiens actuels et les tertres ; la
même voie a été adoptée comme la route militaire des États-
Unis, et a dû être fréquentée depuis une époque qu'il est impossible de déterminer.

Les tertres représentent non seulement des animaux, tels
que des hommes, des buffles, des élans, des ours, des loutres,
des loups, des ratons, des oiseaux, des serpents, des lézards,
des tortues et des grenouilles, mais aussi, si toutefois les archéologues américains ont bien observé, quelques objets ina-
nimés, tels que des croix, des pipes, etc.

Beaucoup de ces sculptures sont exactes et bien conservées,
d'autres, altérées par le temps, sont moins bien définies ; une,
par exemple, auprès du village de Muscoda, peut représenter
« un oiseau, un arc et une flèche, ou une figure humaine ». La
hauteur de ces tertres varie de 1 à 4 pieds, quelquefois cependant ils ont jusqu'à 6 pieds, et, comme « une élévation régulière de 6 pouces peut facilement s'apercevoir sur les prairies
plates » de l'Ouest, leurs lignes sont parfaitement distinctes,
quand ils occupent des positions favorables. Il est très probable
que l'action des pluies et de la végétation a fait disparaître bien
des détails. A présent « un homme » consiste généralement en
une tête et un corps, en deux longs bras, en deux jambes
courtes ; aucun autre détail n'est visible. Les « oiseaux » diffèrent des hommes », principalement en ce qu'il n'y a pas de
jambes. Les soi-disant « lézards », une des formes les plus
communes, ont une tête, deux jambes et une longue queue.
Presque tous les animaux sont représentés de profil.

Un groupe remarquable dans le comté de Dale, tout près de
la grande piste indienne, comprend un homme aux bras étendus, sept tertres plus ou moins allongés, un tumulus et six
quadrupèdes. La figure humaine a 125 pieds de long, et mesure 140 pieds de l'extrémité d'un bras à l'autre. Les quadrupèdes varient entre 90 et 126 pieds de longueur.

Il y a, à Waukesha, un grand nombre de tertres, de tumuli

et d'animaux, comprenant plusieurs « lézards », un très bel « oiseau » et une magnifique « tortue ». « Cette tortue, quand on la découvrit, était un des plus beaux spécimens de ces tertres ; les courbes en étaient gracieuses, les pattes étaient inclinées en avant et en arrière, et la queue, s'abaissant graduellement, était si admirablement faite, qu'il était impossible de déterminer exactement où elle se terminait. Le corps avait 56 pieds de longueur et la queue 250 ; la hauteur était de 5 pieds. » Hélas ! ce groupe de tertres est actuellement couvert d'édifices. « On a bâti une maison sur le corps de la tortue et une église catholique sur la queue. »

« Mais », dit M. Lapham, « la collection la plus remarquable de lézards et de tortues qu'on ait encore découverte, se trouve à environ un mille et demi au sud-ouest du village de Pewaukee. Ce groupe consiste en sept tortues, deux lézards, quatre tertres oblongs, et une des excavations remarquables auxquelles nous avons déjà fait allusion. Un des tertres-tortue, partiellement endommagé par la route, a 450 pieds de longueur, ce qui est près du double des dimensions ordinaires. Trois autres se font remarquer par leurs queues recourbées, caractère observé en cet endroit pour la première fois. »

Dans plusieurs endroits, on a trouvé une variété curieuse. Les animaux, conservant les mêmes dimensions, sont représentés non pas en relief, mais en creux ; non pas par un tertre, mais par une excavation.

Les quelques « tertres-animaux découverts hors du Wisconsin diffèrent, sous bien des rapports, du type ordinaire. Auprès de Granville, dans l'Ohio, sur une haute colline, se trouve un terrassement connu dans le voisinage sous le nom de l' « Alligator ». Il a une tête et un corps, quatre pattes étendues et une queue recourbée. Il a une longueur totale de 250 pieds ; la largeur du corps est de 40 pieds ; la longueur des pattes de 36 pieds. « La tête, les épaules et la croupe sont plus élevées que les autres parties du corps, et l'on a évidemment essayé de conserver les proportions de l'animal représenté. » La hauteur moyenne est de 4 pieds et de 6 aux épaules. Le grand serpent, dans le comté d'Adams (Ohio), est encore plus remarquable. Il est situé sur une colline qui s'élève à une hauteur de 150 pieds au-dessus de Brush Creek. « Le serpent occupe le

sommet de la colline; sa tête repose auprès du point le plus
élevé; le corps se déroule suivant la courbe de la colline, sur
une longueur de 700 pieds; ces ondulations gracieuses se terminent par un triple repli. Si ce serpent était étendu, la longueur entière serait de plus de 1 000 pieds. Un plan seul peut
donner une idée de la grandeur de conception de ce travail,
qui a plus de 5 pieds de haut par 30 pieds de base au centre
du corps, mais qui diminue quelque peu vers la tête et vers la
queue. Le cou du serpent est étendu et légèrement courbé, la
gueule est toute grande ouverte comme si elle avalait ou rejetait un objet ovale, qui repose en partie sur ses mâchoires. Cet
ovale est fait de terre sans ouverture perceptible: il a 4 pieds
de haut et a une forme parfaitement régulière, l'un de ses dia-
mètres étant de 160 et l'autre de 80 pieds. »

Quand, pourquoi, par qui ces travaux remarquables ont-ils
été exécutés? Nous n'en savons rien jusqu'à présent. Les Indiens
modernes, tout en vénérant ces travaux, ne peuvent donner
aucune explication sur leur origine. Le contenu de ces monticules eux-mêmes ne nous aide pas dans nos recherches. Plusieurs ont été fouillés, et, en faisant les rues de Milwaukie,
beaucoup ont été entièrement détruits, mais le seul résultat a
été de prouver qu'ils n'ont jamais servi de sépulture, et que,
si ce n'est très rarement, ils ne contiennent ni instruments ni
ornements.

Dans ces circonstances, les hypothèses seraient vaines; nous
ne pouvons qu'attendre et espérer que le temps et la persévérance résoudront le problème et expliqueront la nature de ces
monuments remarquables et mystérieux.

Il y a une classe d'objets dont je n'ai pas encore parlé et qui,
cependant, mérite une certaine attention.

Le plus remarquable de ces objets est le célèbre rocher de
Dighton, sur la rive orientale de la rivière de Taunton. Le docteur Wilson raconte d'une façon fort amusante l'histoire de ce
rocher et les différentes explications qu'on en a données (1).
En 1783, le rév. Ezra Stiles, D. D., président du collège de
Yale, cita ce rocher, couvert, disait-il, de caractères phéniciens,
comme preuve que les Indiens descendaient de Chanaan et

(1) *Prehistoric. Man*, vol. II. p. 172.

étaient par conséquent maudits. Le comte de Gebelin pensait
que l'inscription était carthaginoise. Dans le huitième volume
des *Archæologia*, le colonel Vallency essaie de prouver qu'elle
est sibérienne, tandis que certains antiquaires danois pensent
qu'elle est écrite en caractères runiques, et qu'ils ont pu y dé-
chiffrer le nom de « Thorfinn », « avec une énumération exacte,
quoique pas très claire, des guerriers qui, selon le « Saga », ac-
compagnèrent l'expédition de Karlsefne, en Vinland, en 1007,
A. D. ». Enfin, M. Schoolcraft en présenta une copie à Ching-
wauk, chef indien fort intelligent, qui « y lut le récit d'une
victoire indienne sur quelque tribu rivale », mais sans exprimer aucune opinion sur son antiquité.

On a trouvé, dans le tertre de Grave Creek, un petit disque
ovale de grès blanc sur lequel étaient gravées vingt-deux
lettres. Selon le docteur Wilson (1), M. Schoolcraft, qui a étudié cette relique avec soin, en arrive, après avoir correspondu
avec un grand nombre d'archéologues américains et européens,
à la conclusion que, sur ces vingt-deux lettres, « quatre correspondent à l'ancien grec, quatre à l'étrusque, cinq aux vieux
caractères runiques du Nord, six à l'ancien gaélique, sept au
vieux erse, dix au phénicien, quatorze à l'anglo-saxon et seize
au celtibérique; qu'en outre on peut trouver des équivalents
dans le vieil hébreu. Il paraît ainsi que cette ingénieuse petite
pierre est encore plus accommodante que le rocher de Dighton
et qu'elle s'adapte à toutes les théories possibles de colonisa-
tion précolombienne. » Une pierre ayant un caractère aussi
douteux serait une preuve bien insignifiante dans toutes les
circonstances; mais nous devons ajouter que le docteur
James W. Clemens a communiqué au docteur Morton tous les
détails de l'exploration du tertre de Grave Creek,.... sans parler de la découverte de la pierre à inscriptions. Et ce fut seulement quand le souterrain eut été arrangé par son propriétaire comme une exhibition, ouverte à tous ceux qui voulaient
bien payer le privilège d'y être admis, que la merveilleuse inscription surgit tout à coup pour ajouter à l'attrait du spectacle. »

On cite un ou deux autres cas également douteux; mais, en

(1) *Prehist. Man*, vol. II, p. 80.

somme, nous pouvons affirmer, sans crainte de nous tromper,
qu'il n'y a aucune raison de supposer que les peuples de l'Amérique fussent arrivés à un degré de civilisation assez avancée
pour avoir un alphabet. Les Indiens de l'Amérique du Nord,
outre les hiéroglyphes qu'ils partageaient avec les Aztecs, et
le quipa des Péruviens, avaient encore le *wampum*. Ce curieux
substitut de l'écriture consistait en grains de diverses couleurs
fixés ordinairement sur du cuir. Un exemple fort intéressant
est la ceinture wampum « donnée par les sachems des Lenni
Lenape au fondateur de la Pensylvanie, à la conclusion du
grand traité sous l'orme de Shachamox en 1682 ». Ce wampum
est encore conservé dans la collection de la Société historique
de Philadelphie; il consiste en dix-huit courroies de cuir ornées de grains blancs et violets, le tout formant une ceinture
de 28 pouces de long sur 2 pouces 1/2 de large. « On y voit
cinq dessins en grains violets sur un fond blanc et au centre se
trouve Penn donnant la main au sachem indien. » Peut-être
les grains trouvés en si grand nombre dans les tumuli étaient-
ils destinés à rappeler les actions et les vertus du défunt?

De même que le wigwam du Mandan moderne consiste en
une couche extérieure de terre reposant sur une charpente de
bois, de même aussi, dans les anciens tumuli, le cadavre
n'était protégé que par des poutres et des planches; aussi,
quand ces dernières furent pourries, la terre s'effondra et
écrasa le squelette placé à l'intérieur. Partie pour cette cause,
partie parce que c'était la coutume d'enterrer dans d'antiques
tumuli, ce qui rend quelquefois difficile la distinction entre les
enterrements primitifs et les enterrements secondaires, il se
fait que dans tant de milliers de tumuli on n'a trouvé que
quelques crânes bien conservés qui appartiennent certainement à l'ancienne race. Ces crânes sont sans contredit brachycéphaliques; mais il est évident qu'il ne faut pas essayer de
raisonner sur des données aussi incomplètes.

On n'a encore découvert aucune preuve de la connaissance
d'un alphabet, aucune trace de briques cuites, et, autant que
nous pouvons en juger d'après leurs armes, leurs bijoux et leurs
poteries, les tribus qui ont élevé les tertres ressemblaient beaucoup à quelques tribus indiennes modernes, et les travaux de
terrassements, quoiqu'ils diffèrent en grandeur, s'accordent par

la forme avec ceux d'aujourd'hui ou dernièrement encore en usage. Cependant, cette grandeur même suffit pour prouver qu'à une époque reculée, les grandes vallées des États-Unis devaient être beaucoup plus peuplées qu'elles ne l'étaient quand elles ont été découvertes par les Européens. Le nombre immense de petits terrassements, et les tertres qui peuvent se compter par milliers et par dizaines de mille, indiquent certainement soit un laps de temps fort long, soit une population considérable; mais, dans d'autres cas, l'alternative ne nous est pas permise. Les constructions de Newark; le tertre près de Florence, dans l'Alabama, qui a 45 pieds de haut sur 440 pieds de circonférence à la base, avec un sommet de niveau de 150 pieds de circonférence; le monticule encore plus grand sur la rivière d'Etowah, aussi dans l'Alabama, monticule qui a plus de 75 pieds de hauteur avec une circonférence de 1 200 pieds à la base et de 140 pieds au sommet; les remblais à l'embouchure de la rivière de Scioto, qui ont plus de 20 milles de longueur; le grand monticule de Selserstown (Mississippi), qui couvre 6 acres de terrain; la pyramide tronquée de Cahokia, dont nous avons déjà parlé; tous ces travaux et bien d'autres que nous pourrions citer indiquent une population à la fois considérable et stationnaire, population à laquelle la chasse n'aurait pas fourni des aliments suffisants, et qui devait, par conséquent, tirer de l'agriculture une grande partie de ses ressources; on a calculé en effet que, dans un pays couvert de forêts, tout chasseur, pour subvenir à ses besoins, doit avoir la libre disposition de 50 000 acres. « Il n'y a pas », disent MM. Squier et Davis, « et il n'y avait pas au XVIe siècle une seule tribu d'Indiens entre l'Atlantique et le Pacifique, sauf toutefois les nations à demi civilisées du Sud, qui eût les moyens de subsistance suffisants pour pouvoir appliquer à de tels ouvrages un travail improductif; il n'y en avait pas une seule non plus qui fût dans un état social tel qu'on pût contraindre le peuple à les entreprendre. » Nous savons aussi que presque toutes les tribus indiennes, à cette époque, cultivaient le sol jusqu'à un certain point; on pourrait même prouver que, depuis les temps historiques, les Indiens se livraient plus à l'agriculture qu'ils ne le font aujourd'hui. Ainsi, De Nonville estime que la quantité de maïs détruit par lui dans quatre villages des Seneca se montait à 2 400 000 hectolitres.

M. Lapham (1) donne quelques raisons fort ingénieuses qui
le portent à penser que les forêts du Wisconsin étaient, à une
époque peu reculée, beaucoup moins abondantes qu'elles ne le
sont à présent. D'abord, les plus grands arbres n'ont probablement
pas plus de cinq cents ans ; de grandes surfaces sont, en
outre, couvertes de jeunes arbres, et l'on ne trouve dans ces
endroits aucune trace d'une végétation précédente. Chaque année, bien des arbres sont renversés par des orages violents qui
traversent les forêts, renversant tout sur leur passage. M. Lapham donne une carte des destructions produites ainsi dans
un district; elles sont très remarquables, d'abord, parce que les
arbres, conservant une certaine quantité de terre au milieu de
leurs racines, continuent à végéter; et, en second lieu, parce
que, lorsque les arbres sont morts et tombés en pourriture, la
terre ainsi arrachée forme de petits monticules que les personnes
peu expérimentées dans ces sortes de recherches prennent souvent pour des tombeaux indiens. » La petite quantité de ces
monticules nous porte à penser qu'on ne peut pas assigner une
très grande antiquité aux épaisses forêts du Wisconsin, car, si
le climat n'a pas matériellement changé, on devrait s'attendre
à trouver un grand nombre de ces petits tertres disséminés
partout sur le sol. »

Mais il y a des preuves plus concluantes d'une antique agriculture. Le sol, dans bien des endroits, est couvert des petites
élévations mamillaires que l'on connaît sous le nom de buttes
à maïs. « Aucun ordre ne préside à leur arrangement, elles sont
disséminées sur le sol avec la plus grande irrégularité. La coutume actuelle des Indiens est une présomption que ces buttes
ont l'origine que nous venons d'indiquer. Les Indiens plantent
chaque année le maïs au même endroit et les additions cons-
tantes finissent par former un petit monticule (2). » M. Lapham a aussi trouvé des traces d'une culture plus ancienne et
plus systématique. Elle consiste en sillons bas, parallèles,
comme si le grain avait été semé en lignes. Ces sillons ont ordinairement 4 pieds de largeur, car on en a compté 25 sur un

(1) Loc. cit., p. 90.
(2) Lapham, loc. cit., p. 19 Voir aussi Cheney, On ancient monuments in
Western New-York, dans le 13e rapport des régents de l'université de l'État
de New-York, 1860, p. 40.

espace de 100 pieds ; la profondeur du sentier qui les sépare est d'environ 6 pouces. Ces « anciens jardins », c'est le nom qu'on leur a donné, indiquent un système antique de culture plus parfait que celui qui existe aujourd'hui, car les Indiens modernes ne paraissent pas posséder les idées de goût et d'ordre qui les mettraient à même d'arranger les objets en rangées consécutives. Des traces de cette sorte de culture, quoique peu abondantes, se trouvent dans diverses autres parties de l'État du Wisconsin. Les jardins varient de grandeur, couvrant généralement de 20 à 100 acres. En règle générale, on les trouve dans les terrains les plus riches, tels que ceux que l'on trouve dans les prairies et dans les plaines ombragées de chênes. Dans ce dernier cas, ces arbres sont immenses.

Les auteurs des *Anciens Monuments de la vallée du Mississippi* affirment qu'on n'a jamais trouvé de travaux sur la première terrasse ou terrasse inférieure des grandes rivières et que cette « observation est confirmée par tous ceux qui ont étudié ce sujet ». Si cette affirmation est fondée, ce serait la preuve d'une haute antiquité ; mais, dans son ouvrage suivant, M. Squier nous informe que les travaux en terre « se trouvent indistinctement sur toutes les terrasses et même sur les îles des lacs et des fleuves ». MM. Squier et Davis (1) pensent que l'état des squelettes trouvés dans les tertres permet « d'évaluer approximativement leur haute antiquité », surtout quand on considère que la terre qui les entoure « est très compacte, très sèche, et que les conditions dans lesquelles ils sont placés sont de tout point favorables à leur conservation ». « Dans les tumuli des anciens Bretons », ajoutent-ils, « on a trouvé des squelettes entiers bien conservés, quoiqu'il n'y ait pas lieu de douter qu'ils soient enterrés depuis dix-huit cents ans au moins. » Le docteur Nilsson (2) s'appuie aussi sérieusement sur ce fait qui, selon lui, « nous fournit des preuves plus concluantes de leur grande antiquité que celles que l'on peut tirer, soit de l'âge d'une forêt, soit des changements accomplis sur les bords des rivières où ils se trouvent le plus communément. » Il est vrai que les ossements dans les

(1) *Loc. cit.*, p. 168.
(2) *Loc. cit.*, p. 359.

tombeaux de l'âge de la pierre sont souvent admirablement
conservés; mais il est également vrai que ceux qui se trouvent
dans les tombeaux saxons ont souvent presque entièrement
disparu. En un mot, l'état des anciens ossements dépend tellement des circonstances dans lesquelles ils se trouvaient placés, que nous ne pouvons pas attribuer beaucoup d'importance
à cet argument.

Les preuves tirées des forêts sont plus concluantes. Ainsi le
capitaine Peck (1) a observé auprès de la rivière Ontonagon,
à une profondeur de 25 pieds, quelques maillets et autres
instruments en pierre, en contact avec une veine de cuivre.
Au-dessus se trouvait le tronc abattu d'un grand cèdre et
par-dessus le tout croissait un sapin dont les racines entouraient l'arbre tombé. Ce sapin avait au moins trois cents ans,
auxquels il faut ajouter l'âge du cèdre, ce qui implique une
succession de siècles encore plus considérable, postérieure-
ment à la longue période qui a dû s'écouler, pour que la tranchée abandonnée se remplît lentement par les accumulations
successives de bien des hivers.

Feu le président Harrison, dans un discours prononcé devant la Société historique de l'Ohio, a fait quelques remarques
fort intéressantes à ce sujet, remarques citées par MM. Squier
et Davis (2). « La marche », dit-il, « que suit la nature pour
remettre la forêt en son état primitif, après qu'elle a été défrichée, est extrêmement lente. Les riches terres de l'Ouest sont,
il est vrai, bientôt recouvertes, mais le caractère de la nouvelle forêt est essentiellement différent, et cette différence
persiste longtemps. Dans plusieurs parties de l'Ohio et sur la
ferme même que j'occupe, on a fait des défrichements à l'époque où le pays a commencé à être habité; plus tard ces parties
défrichées ont été abandonnées et l'on y a laissé repousser les
arbres. Quelques-unes de ces nouvelles forêts ont maintenant
plus de cinquante ans, mais elles sont si peu semblables à la
forêt immédiatement contiguë que tout homme qui réfléchit
doit, en les voyant, arriver à la conclusion qu'il faudra au
moins dix fois cinquante ans avant que l'assimilation soit com-

(1) Wilson, loc. cit., vol. I, p. 256.
(2) Loc. cit., p. 306.

plète. Nous trouvons dans les forêts qui recouvrent les anciens travaux toutes ces variétés d'arbres qui, par leurs proportions naturelles, donnent à nos forêts une beauté sans égale. Quand, au contraire, la terre a été défrichée et qu'elle est ensuite abandonnée à la nature, la forêt est presque homogène et ne consiste souvent qu'en une, deux, ou tout au plus trois essences d'arbres. Si le sol a été cultivé, le caroube jaune croît en immense quantité; s'il ne l'a pas été, le noyer noir et le noyer blanc seront les espèces principales..... Quelle immense antiquité doivent donc avoir les travaux dont on a si souvent parlé, recouverts qu'ils sont par des forêts qui se sont renouvelées au moins deux fois depuis leur abandon (1)! »

Nous trouvons une autre preuve de haute antiquité dans les « jardins » que nous avons déjà décrits. Ce système de culture est depuis longtemps remplacé par les simples collines à maïs irrégulièrement disséminées, et, cependant, selon M. Lapham (2), les « jardins »sont beaucoup plus récents que les tertres, à travers lesquels ils s'étendent quelquefois de la même manière que sur les terrains avoisinants. Si donc ces tertres appartiennent à la même époque que ceux qui sont couverts de bois, nous obtenons ainsi les traces de trois périodes : la première, celle des tertres eux-mêmes; la seconde, celle des jardins; et la troisième, celle des forêts.

En outre, l'agriculture américaine n'a pas été importée de l'extérieur; elle résulta du développement graduel de la demi-civilisation américaine et par contre la rendit possible. Ceci est prouvé par le fait que les céréales du vieux monde manquent complètement et que la base de l'agriculture américaine est le maïs, plante indigène. Ainsi donc, nous paraissons avoir l'indication de quatre longues périodes :

1º Celle pendant laquelle les tribus américaines, sortant de la barbarie primitive, ont développé chez elles la connaissance de l'agriculture et la vie en société.

2º Celle pendant laquelle, pour la première fois, on élève les tertres et où l'on entreprend d'autres grands travaux.

3º L'époque des « jardins » qui occupent au moins quelques

(1) Voir aussi *Arch. amer.*, vol. 1, p. 306.
(2) *Loc. cit.*, p. 19.

tertres. Aussi est-il probable que ces « jardins » n'ont été établis qu'à une période où ces tertres avaient perdu leur caractère sacré aux yeux des indigènes ; car il est difficile de supposer que des travaux exécutés avec tant de soins aient été ainsi profanés par ceux-là même qui les avaient construits.

4° La période pendant laquelle les Indiens redeviennent sauvages et pendant laquelle les endroits qui d'abord avaient été forêts, puis, peut-être, monuments sacrés, et enfin sol cultivé, redeviennent forêts une fois de plus.

Mais en attribuant même à ces changements toute l'importance qu'il convient, ils n'exigent pas une antiquité de plus de trois mille ans. Je ne prétends pas dire, bien entendu, que cette période n'ait pas été plus considérable ; mais, selon moi tout au moins, il n'est pas nécessaire qu'elle l'ait été. En même temps, il y a d'autres observations, qui, si elles finissent par être confirmées, indiqueraient une bien plus haute antiquité.

L'une de ces observations est la description faite par le docteur A. C. Koch (1), d'un mastodonte trouvé dans Gasconade County (Missouri), mastodonte qui semblait avoir été lapidé par les Indiens, puis brûlé en partie. Le feu, dit-il, « n'a certainement pas été un feu accidentel, tout au contraire, il semble avoir été allumé par les hommes, et, selon toute apparence, dans le but de tuer l'immense animal qui s'était enfoncé dans un bourbier et ne pouvait se mouvoir.....

..... Tous les ossements qui n'ont pas été consumés par le feu ont conservé leur position originale, ils sont droits dans l'argile et ne paraissent pas avoir été dérangés. Les portions extérieures, au contraire, ont été en partie consumées.....

..... Au milieu de ces cendres et de ces os, il y avait un grand nombre de morceaux de rochers qui certainement avaient été apportés des bords de la rivière Bourbense, pour être lancés à l'animal, car la couche d'argile, dont je viens de parler, ne contient pas le plus petit caillou, et, en allant sur le bord de la rivière, je trouvai des roches semblables aux morceaux ; il est donc évident qu'on est venu les chercher à cet endroit...

..... Je trouvai aussi, au milieu des cendres, des os et des

(1) *Trans. of the Academy of science of Saint-Louis*, 1857, p. 61.

pierres, plusieurs pointes de flèche, une pointe de lance en
pierre et des haches en pierre. »

Dans un second cas, le même auteur nous affirme qu'il a
trouvé plusieurs pointes de flèche en pierre, mêlées aux ossements d'un mastodonte. « Une des pointes de flèche se trouvait
sous l'os de la cuisse du squelette, l'os reposant sur l'arme, de
telle sorte qu'elle n'aurait pu y être placée après l'os, fait que
j'observai avec soin. » Je dois toutefois ajouter que les géolo-
gues ne sont pas d'accord sur l'exactitude de ces faits.

Dans la vallée du Mississippi, le docteur Dickeson, de Natchez, a trouvé l'os *innominatum* d'un homme accompagnant
quelques os du *Mastodon ohioticus*, tombés du haut d'une dune
minée par un ruisseau. Sir C. Lyell fait remarquer qu'il est
parfaitement possible que cet os provienne d'un des tombeaux
indiens qui sont très nombreux dans cet endroit. Le Dr Usher,
au contraire, regarde cet os comme un fossile, appartenant à
la même période que les restes du mastodonte auprès desquels
on l'a découvert (1)! En outre, le comte Pourtalis a trouvé
quelques ossements humains dans un congloméré calcaire,
auquel M. Agassiz assigne une antiquité de plus de dix mille
ans; et, enfin, le docteur Douler a découvert dans des fouilles
auprès de la Nouvelle-Orléans, du charbon et un squelette humain auquel il attribue une antiquité de cinquante mille ans
au moins.

La plaine dans laquelle est construite la ville de la Nouvelle-
Orléans ne s'élève guère que de 10 pieds au-dessus du niveau
de la mer et consiste en terrains d'alluvion; des sondages ont
prouvé que ces terrains d'alluvion ont plus de cinq cents pieds
de profondeur et contiennent plusieurs couches successives
de cyprès. Les bords de la rivière portent des traces de restes
analogues d'anciennes forêts, et MM. Dickeson et Brown ont
trouvé les débris de dix forêts de cyprès au moins à différents
niveaux au-dessous de la surface actuelle. Ces arbres ont fréquemment dix pieds de diamètre et ont de 95 à 120 anneaux
par pouce. Le squelette humain, dont nous venons de parler,
a été trouvé à 16 pieds de profondeur et au-dessous des
racines d'un cyprès appartenant au niveau de la quatrième

(1) Docteur Usher, dans Nott et Gliddon, *Types of mankind*, p. 341.

forêt au-dessous du niveau actuel (1)! Que nous acceptions
donc ou non les calculs du D' Douler, il n'en est pas moins
évident que, si ces découvertes sont authentiques, ce squelette
fait remonter la présence de l'homme en Amérique à une antiquité fort reculée.

Cependant on ne peut, je crois, considérer cette question
comme résolue jusqu'à ce qu'on ait trouvé d'autres preuves;
et, en admettant même *a priori* que le fait soit fort probable,
nous ne possédons pas encore de preuves certaines que l'homme
ait coexisté avec le mammouth et le mastodonte en Amérique.

(1) Docteur Usher, *loc. cit.*, p. 338.

CHAPITRE IX

MAMMIFÈRES QUATERNAIRES

Outre les espèces encore existantes, la faune de l'Europe septentrionale, pendant la période paléolithique, comprenait plusieurs espèces de mammifères dont quelques-unes ont entièrement disparu, ou dont la distribution géographique est devenue fort restreinte depuis l'apparition de l'homme en Europe.

Ces principales espèces sont :

Ursus spelæus (Ours des cavernes).
Ursus priscus.
Hyæna spelæa (Hyène des cavernes).
Felis spelæa (Lion des cavernes).
Elephas primigenius (Mammouth).
E. antiquus.
Rhinoceros tichorhinus (Rhinocéros à poils).
R. leptorhinus, Cuv.
R. hemitæchus.
Hippopotamus major (Hippopotame).
Ovibos moschatus (Bœuf musqué).
Megaceros hibernicus (Élan irlandais).
E. fossilis (Cheval sauvage).
Gulo luscus (Glouton).
Cervus tarandus (Renne).
Bison europæus (Aurochs).
Bos primigenius (Urus).

On croyait que les dix premières de ces espèces avaient entièrement disparu, mais des recherches récentes ont conduit beaucoup de naturalistes à penser que quelques-unes d'entre elles sont les ancêtres directs d'espèces habitant encore d'autres parties du monde ; de telle sorte que l'élan irlandais, les éléphants et les trois espèces de rhinocéros seraient peut-être les seules qui soient absolument éteintes. La plupart des petites espèces habitant aujourd'hui l'Europe existaient déjà à l'époque quartenaire ; d'où nous pouvons conclure que les extinctions qui ont lieu proviennent d'un changement graduel des conditions d'existence plutôt que d'un cataclysme soudain qui aurait entraîné la destruction générale de la vie sur le globe. Il est aussi fort peu probable que ces espèces aient disparu simultanément. Aussi M. Lartet (1), s'emparant de cette idée, a-t-il essayé d'établir une chronologie paléontologique.

Il pense qu'on peut établir quatre divisions, c'est-à-dire : l'époque de l'ours des cavernes, celle du mammouth et du rhinocéros, celle du renne, et celle de l'aurochs. Il est évident, je crois, que l'apparition de ces mammifères en Europe n'a pas été simultanée et qu'ils ont disparu successivement. Des témoignages nombreux tendent à prouver que, dans l'Europe centrale et dans l'Europe occidentale, l'aurochs a survécu au renne, et que le renne d'un autre côté y a vécu plus longtèmps que le mammouth ou le rhinocéros à poils de laine. Mais la distinction chronologique entre ces deux espèces et l'ours des cavernes ne semble pas aussi bien établie. Admettons, si l'on veut, qu'on n'a pas encore trouvé l'ours des cavernes dans les graviers d'alluvion de la vallée de la Somme ; mais il faut se rappeler que cet animal habitait essentiellement les cavernes et qu'il faut attribuer son absence, plutôt peut-être à l'absence de toute caverne dans cette région qu'à l'extinction de l'espèce. En outre, les ossements trouvés dans le gravier sont brisés en petits morceaux et rarement en condition telle que le paléontologue puisse distinguer les restes de l'*ursus spelæus* de ceux des autres ours de grande taille.

Nous n'avons, jusqu'à présent, aucune preuve certaine que l'ours des cavernes ait existé en Europe avant le commencement de la période quaternaire ; mais, pendant cette période, il semble avoir été fort abondant dans l'Europe centrale et dans les parties méridionales de la Russie. Il est douteux qu'on l'ait jamais rencontré au nord de la Baltique et on ne l'a pas encore trouvé en Espagne. En Italie, au contraire, on l'a

(1) *Ann. des scienc. nat.*, 1861, p. 217.

découvert, et dans un endroit, dit-on, on a retrouvé près de ses restes un instrument en pierre polie et de la poterie (1). M. Regnoli a été assez bon pour m'envoyer un moulage de l'os sur lequel est basée cette assertion ; cet os appartient à l'ours des cavernes, mais j'ai quelques doutes sur sa contemporanéité avec la poterie et la hache en pierre trouvées près de lui. On ne connaît, jusqu'à présent, aucun cas semblable dans l'Europe septentrionale, mais il est certainement possible qu' l'ours des cavernes ait survécu en Italie jusqu'à une période plus récente qu'au nord dés Alpes. M. Busk et le docteur Falconer n'en ont, jusqu'à présent, trouvé aucune trace dans les nombreux ossements de Gibraltar, et on ne l'a pas encore rencontré en Sibérie.

Mais la découverte la plus intéressante peut-être d'ossements appartenant à cette espèce est celle faite dans la caverne de Brixham. Je cite les passages suivants d'une lettre que m'a adressée le docteur Falconer, parce que tous les rapports publiés jusqu'ici n'établissent pas aussi clairement les faits : « Toutes les circonstances relatives à la découverte de la patte entière d'un ours des cavernes comprenant le fémur, le tibia et le fibula, avec la rotule en partie disloquée, la position dans de l'argile schisteuse pulvérisée, au-dessous du terreau jaune de la caverne et au-dessus d'un instrument en silex, ont été déterminées par moi à Torquay et à Brixham le 2 septembre. M. Pengelly nous avait prévenus..... J'ai reconnu les ossements et l'instrument en silex et j'en ai tiré la conclusion que cette patte de l'ours des cavernes doit avoir été emprisonnée en cet endroit, alors que les ligaments étaient encore assez frais pour tenir les os assemblés et après que le silex travaillé par la main de l'homme avait été déposé dans une couche inférieure. »

Toutefois M. Busk, qui a examiné ces ossements avec la plus scrupuleuse attention, et qui les a détachés plus complètement de la couche dans laquelle ils étaient enfouis, qu'on ne l'avait fait lors de la visite du docteur Falconer, ne croit pas qu'il y ait raison suffisante pour les attribuer à l'*ursus spelæus*

(1) *Ricerche paleoetnologiche nelle Alpi Apuane.* Nota del Dottore C. Regnoli.

plutôt qu'à l'une ou l'autre des grandes espèces d'ours fossiles.

On a prétendu que des ossements de l'ours des cavernes
avaient été trouvés dans les graviers de rivière à Ilford et à
Gray's Thurrocks. Or, selon M. Busk et M. Boyd Dawkins, il
n'est pas encore authentiquement prouvé qu'on ait retrouvé
ces ossements dans les graviers des rivières. En un mot, à
mesure que les matériaux se sont augmentés, il est devenu de
plus en plus difficile de séparer l'*ursus spelæus* des autres
grandes espèces d'ours. Les mâchoires et les dents ont un
caractère particulier, mais les autres parties du squelette sont
à peine reconnaissables, surtout quand elles sont fracturées,
ce qui arrive presque toujours pour les ossements trouvés
dans les graviers.

Vogt a même exprimé l'opinion que l'on peut retrouver
toutes les gradations entre cette espèce et notre ours brun
commun (*ursus arctus*); Brandt partage la même opinion (1).
M. Boyd Dawkins dit aussi que « si l'on compare des spécimens
français, allemands et anglais, on arrive à s'apercevoir que les
restes fossiles d'ours forment une série graduée dans laquelle
disparaissent toutes les différences qui, au premier abord,
semblaient spécifiques (2) ». Quoi qu'il en soit, que l'on finisse
ou non par considérer l'ours des cavernes comme appartenant
à la même espèce que l'ours brun, il n'en restera pas moins
une variété bien caractérisée de cette espèce, variété que, jusqu'ici, on n'a retrouvée ni dans les tourbières, ni dans les tumuli
de l'Europe occidentale, ni dans les amas de coquilles du
Danemark, ni dans les villages lacustres de la Suisse, en un
mot dans rien de ce qui constitue la période néolithique.

M. Busk (3) a récemment fait la remarque intéressante que
quelques ossements d'ours trouvés dans les cavernes et dans
les graviers anglais sont identiques aux ossements correspondants de l'*ursus ferox*, ou ours gris des montagnes Rocheuses.

L'*hyène des cavernes*, de même que l'espèce précédente,
caractérise en Europe l'époque paléolithique. Aujourd'hui, on
la distingue à peine spécifiquement de la *hyæna crocuta*, ou
hyène tachetée de l'Afrique méridionale.

(1) *Zoogeographische und Palæontologische Beiträge*, 1867, p. 220.
(2) *Pleistocene mammalia*, Palæontographical Soc., vol. XVIII, p. 22.
(3) *Geological journal*.

Le *lion des cavernes*, *felis spelæa*, était, en somme, plus grand que les lions actuels et possédait à un degré exagéré les caractères qui distinguent cette espèce de tigre. On l'avait jusqu'à présent considéré comme une espèce distincte. Mais MM. Dawkins et Sanford (1) ne le considèrent plus que comme une grande variété du lion. On ne l'a trouvé encore, ni en Écosse, ni en Irlande, ni en Scandinavie, ni en Danemark, ni en Prusse. Il se rencontre cependant en France, en Allemagne, en Italie et en Sicile. Dès 1672, le docteur John Hains publiait le *fac-simile* d'un os appartenant à cette espèce, os provenant des Carpathes. Cette observation offre l'intérêt le plus considérable, car elle reporte l'habitat du *felis spelæa* jusque sur les confins des montagnes de Thessalie, où, selon, Hérodote, les bêtes de somme accompagnant l'armée de Xerxès furent attaquées par des lions (2). MM. Boyd Dawkins et Sanford rattachent aussi à la même espèce des restes trouvés à Natchez près du Mississippi, reste que le docteur Leidy pensait appartenir à une nouvelle espèce à laquelle il avait donné le nom de *felis atrox*. On retrouve, dans quelques-uns des ossements du *felis spelæa* découvert dans les collines de Mendip, certains caractères qui avaient conduit le docteur Leidy à regarder ces spécimens comme appartenant à une espèce distincte. Si cette opinion est correcte, le *felis spelæa* a dû s'avancer vers l'est à travers la Russie et la Sibérie, où on n'a pas encore observé ses ossements. Mais comme le mammouth, le bœuf musqué, le renne, le bison, l'élan, le cheval, le loup, en un mot la plupart de nos mammifères quaternaires les plus caractéristiques, se trouvent aussi en Amérique, il semble probable *a priori* que MM. Dawkins et Sanford regardent avec raison le *felis atrox* de ce continent comme spécifiquement identique avec le *felis spelæa* d'Europe.

On a découvert dans les cavernes à ossements de l'Angleterre, de la France, de l'Allemagne, de la Belgique, de l'Italie et de l'Espagne, les restes d'une seconde espèce de *felis*, espèce fort grande et qu'on considère comme identique avec le léopard. Le docteur Ransom a trouvé le lynx dans une caverne du Derbyshire.

(1) Palæontological Soc., vol. de 1868, p. 149.
(2) Voir aussi l'intéressant mémoire de M. Newton, *Zoology of ancient Europe*, Cambridge, Phil. Soc., mars 1862.

Le *mammouth* ou *elephas primigenius* était fort répandu. On en trouve les restes dans l'Amérique du Nord, de la côte de l'Atlantique à la baie d'Escholtz et du détroit de Behring jusqu'au Texas, mais non à l'est des montagnes Rocheuses, ni au sud de la rivière de Colombie, sur le vieux continent, de l'extrémité de la Sibérie jusqu'à l'extrémité occidentale de l'Europe. On le trouve même, quoique rarement, en Irlande; il a traversé les Alpes et s'est établi en Italie jusque dans le voisinage de Rome; mais, jusqu'à présent, on ne l'a découvert ni à Naples, ni au sud des Pyrénées, dans aucune des îles de la Méditerranée, ni en Scandinavie. On le trouve très rarement dans le nord de l'Espagne et en Danemark.

Dans l'extrême Nord, au contraire, les restes de cette espèce sont très abondants. Ce fait frappa Kotzebue dans la baie d'Escholtz (nord-ouest de l'Amérique), et ces remarques ont été absolument confirmées par Beechey (1). Les îles de Lachowski et de la Nouvelle-Sibérie sont presque entièrement composées, dit-on, d'ossements d'animaux disparus et particulièrement d'ossements de mammouth. On trouve dans ces îles, et dans d'autres parties de la Sibérie, une telle quantité d'ivoire fossile, qu'il forme un article de commerce régulier. On a même découvert plus que le squelette. En 1799, un chasseur Tunguse découvrit le corps d'un mammouth incrusté dans une dune glacée où il resta exposé pendant plusieurs années. M. Adam visita cet endroit en 1806; le corps du mammouth avait été dévoré en partie par des loups et d'autres animaux sauvages, et en partie dépecé par les Yakuts qui se servaient de cette chair pour nourrir leurs chiens. Heureusement, toutefois, il restait encore une partie considérable de l'animal. La peau, couleur gris foncé, était recouverte d'une laine rougeâtre, mélangée de longues soies noires quelque peu plus épaisses que le crin de cheval. Depuis cette époque, on a découvert en Sibérie plusieurs autres parties bien conservées de mammouths, et c'est probablement à cause de découvertes analogues que les tribus sibériennes attribuaient au mammouth l'habitude de vivre dans des terriers.

Il n'est pas nécessaire de faire observer que l'état de con-

(1) *Narrative of a voyage to the Pacific*, vol. I, p. 257

servation où on a trouvé bien des mammouths n'est pas une preuve d'existence récente, car, une fois incrustés dans un sol glacé, ils peuvent se conserver sans altération pendant un temps presque infini. Les meilleures autorités pensent que le mammouth et le rhinocéros à toison de laine vivaient en Sibérie, avant aussi bien que pendant la période glaciale; mais on n'a, jusqu'à présent, trouvé ni l'un ni l'autre en Europe, dans aucune couche antérieure au gravier des rivières. MM. Murchison, de Verneuil et Keyserling en concluent que ces animaux habitaient la Sibérie longtemps avant de passer en Europe; qu'en un mot, ils appartenaient à la faune tertiaire de l'Asie septentrionale, quoiqu'ils n'aient paru en Europe que pendant la période quaternaire. Falconer, au contraire, est disposé à croire, principalement après avoir étudié les spécimens rassemblés par le révérend John Gunn et le révérend S. W. King, que l'*elephas primigenius* existait en Angleterre avant la formation de l'argile caillouteuse. Toutefois M. Gunn lui-même regarde ces spécimens comme post-glaciaires, et

Fig. 180.

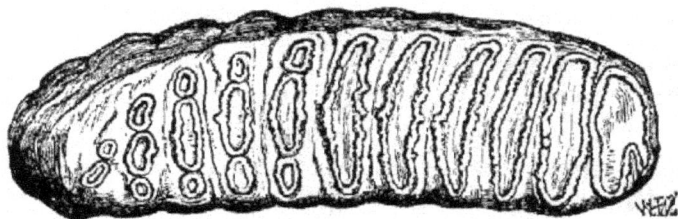

Molaire de l'*Elephas antiquus.*

nous ne possédons certainement, jusqu'à présent, aucune preuve satisfaisante qui nous permette d'affirmer que le mammouth existait en Angleterre avant la période glaciale. Quelque incertitude que l'on ait, cependant, quant à la date exacte à laquelle cette espèce a paru en Europe, nous ne pouvons plus douter que nos ancêtres, ou tout au moins nos prédécesseurs, aient coexisté en Angleterre avec le mammouth, que, sans aucun doute, ils chassaient comme le font aujourd'hui les tribus les plus sauvages de l'Afrique et de l'Inde.

On a trouvé, dans l'Europe méridionale, des restes de l'éléphant africain actuel; mais la seule espèce qui ait habité l'Europe septentrionale pendant la période quaternaire a été l'*ele-phas antiquus*, dont on a trouvé les restes dans les cavernes et dans les graviers de l'Angleterre. En somme, cependant, cet animal avait un habitat plus méridional que le mammouth. Il se trouve ordinairement avec le *rhinoceros leptorhinus* (Cuvier), tandis qu'au contraire le mammouth et le *rhinoceros ticho-rhinus* se trouvent ordinairement ensemble.

La figure 180 représente une molaire de l'*elephas antiquus* et la figure 181 une molaire de l'*elephas primigenius*, on verra

FIG. 181.

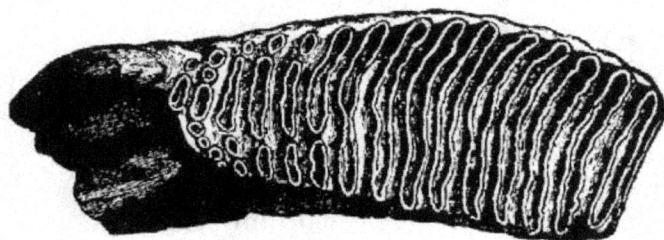

Molaire d'un mammouth.

immédiatement que les plaques de la seconde sont beaucoup plus étroites que celles de la première.

Trois espèces au moins de rhinocéros ont habité l'Europe pendant la période quaternaire. Sur ce point tout le monde est d'accord, mais malheureusement la nomenclature offre la plus grande confusion. Le *rhinoceros leptorhinus* reçut tout d'abord ce nom de Cuvier en 1812, d'après le dessin d'un spécimen trouvé dans le val d'Arno, et dans lequel le *septum osseux* entre les narines manquait absolument. En 1835, toutefois, M. de Christol constata qu'il avait examiné le spécimen en question, que le dessin était incorrect, et le nom par conséquent inapplicable. Un peu plus tard, le docteur Falconer visita l'Italie et déclara que, après tout, le dessin original était correct et qu'on devait rendre à cet animal le nom que Cuvier lui avait donné. Pendant ce temps, le professeur Owen avait décrit une autre espèce de rhinocéros trouvé à Clacton et lui avait malheureu-sement donné le nom de *rhinoceros leptorhinus*, nom qu'il fallait abandonner si la désignation faite par Cuvier était acceptée de nouveau. Le docteur Falconer proposa alors de donner à cette dernière espèce le nom de *rhinoceros hemitœchus*. Il est donc

indispensable de se rappeler que le *rhinoceros leptorhinus* d'O-
wen n'est pas le *rhinoceros leptorhinus* de Cuvier, mais est le
rhinoceros hemitæchus de Falconer tandis que M. Lartet soutient
qu'il est identique au *rhinoceros Merckii* de Kaup. D'un autre
côté, M. de Christol, en 1835, décrivit un rhinocéros qui n'avait
certainement pas de septum nasal et, croyant avoir prouvé que
le dessin sur lequel Cuvier avait basé sa description du *rhinoceros leptorhinus* était incorrect, il nomma cette espèce *rhinoceros megarhinus*. Ainsi le *rhinoceros leptorhinus* de Cuvier est le
même que le *rhinoceros megarhinus* de Christol. La troisième
espèce est le *rhinoceros tichorhinus* de Cuvier, nom qui a été
généralement adopté bien que Blumenbach ait proposé anté-
rieurement celui de *rhinoceros antiquitatis*.

M. Boyd Dawkins pense qu'il y a encore quelques doutes sur
le caractère réel du spécimen sur lequel Cuvier a fondé son
rhinoceros leptorhinus; il adopte donc la nomenclature suivante : *rhinoceros megarhinus*, de Christol; *rhinoceros leptorhinus*, Owen; et *rhinoceros leptorhinus*, Cuvier. M. Lartet emploie les noms de : *rhinoceros Merckii*, Kaup; et *rhinoceros
tichorhinus*, Cuvier. Ces différences d'opinion n'affectent toutefois que la nomenclature et ne touchent pas à l'existence des
espèces elles-mêmes. Les premières appartiennent à la période
pré-glaciale aussi bien qu'à la période post-glaciale. Le *rhinoceros tichorhinus*, au contraire, qui paraît avoir été le plus
commun pendant la période post-glaciale, a-t-il existé ou non
en Europe avant l'époque glaciale? C'est là une question que
les preuves obtenues jusqu'ici ne nous permettent pas de résoudre. Les deux premières espèces avaient aussi un habitat
plus méridional, car on les a trouvées en Italie et en Espagne,
tandis que le *rhinoceros tichorhinus*, bien qu'on l'ait rencontré
dans toute l'Europe centrale et en Angleterre, jusqu'à l'extrême
nord de la Sibérie (1), ne paraît avoir traversé ni les Alpes ni
les Pyrénées. Il est fort remarquable qu'on n'ait découvert des
restes de rhinocéros ni en Sicile, ni à Malte, ni en Irlande (2)
et Écosse, ni en Amérique (3), toutes contrées où l'on a ren-

(1) On a trouvé plus d'une fois l'animal tout entier conservé dans la glace
comme le mammouth.
(2) Lartet, *Note sur deux têtes de carnassiers fossiles*. (*Ann. des sc. nat.*,
5e série, vol. VIII.)
(3) D'Archiac, *Leçons sur la faune quaternaire*, p. 196.

contré l'éléphant. D'un autre côté, selon Brandt, on en a
trouvé une seule dent en Scandinavie où on n'a découvert aucune trace d'éléphant.

Le *bœuf musqué*, ou plutôt le *mouton musqué*, est aujourd'hui
confiné dans la partie septentrionale de l'Amérique arctique.
On trouve cependant les restes de cet animal en Sibérie, et,
en 1866, M. Kingsley et moi nous avons été assez heureux pour
trouver une partie d'un crâne dans un grand puits à gravier
près de la station de Maidenhead. Depuis lors, j'en ai trouvé
un autre à Greenstreet Green, près de Bromley, dans le comté
de Kent; on l'a aussi trouvé dans le gravier de l'Avon près de
Bath, dans celui de la Severn près de Gloucester et à Crayford.
En France, on l'a trouvé deux fois : dans la vallée de l'Oise et
dans la Dordogne.

Bien qu'on ait, jusqu'à présent, regardé l'*hippopotamus*
comme une espèce distincte de l'*H. amphibius* d'Afrique, il lui
était sinon identique, tout au moins allié de très près. Quelques paléontologues croient que, comme le mammouth et le
R. tichorhinus, il était couvert de poils; rien, cependant, ne le
prouve. On peut cependant remarquer, bien qu'il ne faille pas
attacher trop d'importance à cette observation, que notre hippopotame ancien a été moins souvent trouvé près de ces deux
espèces que près de l'*E. antiquus* et du *R. hemitœchus*, Falc.
(*leptorhinus*, Owen), qui, comme nous venons de le dire,
avaient un habitat plus méridional. Ainsi, on ne l'a trouvé que
dans quatre cavernes en Angleterre, celles de Durdham Down,
de Kirkdale, le trou de Kent et Ravenscliff à Gower, et dans
les deux premières il était associé avec l'*E. antiquus* et le *R.
hemitœchus*. Dans les graviers des rivières on a trouvé ses
restes à Grays et à Ilford, en compagnie du *R. tichorhinus*, du
R. leptorhinus et du *R. hemitœchus;* à Walton et à Folkestone,
avec l'*Elephas antiquus;* à Peckham, avec l'*Elephas antiquus*
et l'*Elephas primigenius;* à Bedford, avec l'*Elephas antiquus*, le
Rhinoceros tichorhinus et le renne; et à Barton avec le mammouth et le *Rhinoceros hemitœchus* (1).

Le magnifique élan irlandais, ou *Megaceros hibernicus*, qui
atteignait une hauteur de plus de 10 pieds et dont les bois

(1) *The British Pleistocene mammalia*. Palæontological Soc., 1866, p. 28.

mesuraient 11 pieds d'une extrémité à l'autre, a peut-être
vécu à une époque un peu plus récente, mais paraît avoir
occupé un habitat plus restreint. On a retrouvé ses restes en
Allemagne jusqu'en Silésie, en France jusqu'aux Pyrénées et
dans l'Italie centrale. C'est dans les îles Britanniques qu'il
était le plus abondant et surtout en Irlande. On prétend l'avoir
trouvé dans les tourbières, mais le professeur Owen croit
qu'en réalité les os de cet animal se trouvent ordinairement
dans la marne coquillière lacustre qui est au-dessous de la
tourbe (1).

Le « Niebelungen Lied » du xII° siècle parlent d'un mystérieux animal appelé *Schelch* :

« Après quoi il tua immédiatement un bison, un élan,
quatre gros uri et un terrible schelch. »

Quelques écrivains ont supposé que le schelch n'était autre
que le *Megaceros hibernicus*. Il n'y a cependant pas de raison
suffisante pour adopter cette hypothèse, et nous devons nous
rappeler que le même poème, comme le docteur Buckland l'a
si bien fait remarquer, contient des allusions à des géants, des
nains, des pygmées et des dragons de fer. Ni César ni Tacite
ne parlent de l'élan irlandais, et ils n'auraient pas, sans doute,
oublié un animal aussi remarquable s'il avait existé de leur
temps.

On n'a encore trouvé, jusqu'à présent, aucun reste de l'élan
irlandais accompagné d'instruments en bronze et je ne sache
pas qu'on puisse l'associer à la période néolithique de l'âge de
la pierre.

Ces douze espèces caractérisent donc les dépôts des graviers des rivières. On en trouve beaucoup dans le loëss du
Rhin et de ses principaux tributaires, mais, sauf peut-être les
derniers de ceux-ci, on ne les a pas encore rencontrés dans les
tourbières. Ils ne se trouvent jamais dans les kjökkenmöddings, les habitations lacustres ou les tumuli, et il n'existe
dans l'Europe occidentale aucune tradition rappelant, même
de la façon la plus obscure, un souvenir de ces gigantesques
mammifères.

Les *chevaux sauvages* qui habitaient anciennement l'Europe,

(1) Owen, *loc. cit.*, p. 465

différaient quelque peu de la race actuelle et ont été décrits par le professeur Owen comme races séparées, sous le nom d'*Equus fossilis* et *Equus spelæus*. Les anciens habitants de la caverne de Bruniquel dans la Dordogne (1) se servaient beaucoup de cette espèce pour leur alimentation. Cette espèce était assez petite et semble avoir ressemblé plutôt au vrai cheval qu'à l'âne. Quelques naturalistes sont, en somme, disposés à croire que l'Europe contenait deux espèces sauvages du genre *Equus* pendant l'époque quaternaire. Cependant cette opinion semble basée surtout sur une différence de taille plutôt que sur une différence de forme et nous savons que les variétés du cheval diffèrent beaucoup en grandeur.

Ekkehard, dans les « *Benedictiones ad mensas Ekkehardi monachi Sangellensis* », mentionne les « *ferales equi* » comme existant en Suisse au xie siècle. Lucas David (*Reuss. Chronik*. Bd. II. s. 121) fait aussi allusion au cheval sauvage comme existant en Russie en 1240. Au commencement même du xviie siècle, Herberstein dit expressément : « *Feras habet Lithuania, præter eas, quæ in Germania referuntur, bisontes, uros, alces, equos sylvestres*, etc. »

Peut-être, cependant, ces chevaux sauvages n'étaient-ils que des chevaux domestiques qui s'étaient échappés et s'étaient reproduits à l'état sauvage dans les immenses forêts de l'Europe centrale. En un mot, l'histoire du cheval en Europe semble ressembler beaucoup à celle de cette race en Amérique.

Dans un pays comme dans l'autre, les chevaux sauvages étaient, à une époque, en nombre très considérable et on en trouve des restes nombreux. Cependant les conquérants espagnols ne trouvèrent ni trace ni tradition du cheval à l'époque de la découverte de l'Amérique ; de même aussi le cheval est inconnu, ou tout au moins extrêmement rare dans les amas coquilliers du Danemark ou dans les villages lacustres les plus anciens. Puis, par degrés, il devient plus abondant, soit comme cheval domestique, soit comme cheval sauvage ; jusqu'à ce qu'enfin, la population augmentant, le cheval sauvage

---

(1) Owen, *Philosophical Transactions*, 1859, p. 535. Voir aussi Rütimeyer. *Beiträge zur Kenntniss der fossilen Pferden*.

disparut définitivement de l'Europe, de même qu'il semble destiné à disparaître prochainement de l'Amérique (1).

Le *renne* existe encore dans l'Europe septentrionale, en Sibérie et dans l'Amérique du Nord ; on l'a rencontré dans toutes les régions arctiques que l'homme a visitées jusqu'à présent. Au temps de Pallas, on le rencontrait encore sur les sommets boisés des monts Ourals et même dans le Caucase. Dans l'Europe occidentale, le renne est aujourd'hui une espèce éteinte, bien qu'il ait été, à une époque, extrêmement abondant en Angleterre et en France ; il est inutile d'ajouter qu'il a disparu depuis longtemps. M. Lartet n'en a trouvé aucune trace dans les cavernes espagnoles explorées par lui ; et il n'a pas été clairement prouvé que le renne ait fait partie de la faune de l'Italie.

Aujourd'hui, le renne comme le Lapon se retire graduellement vers le nord, incapables qu'ils sont de résister à la pression de la civilisation qui s'avance. Il n'y a pas dix ans encore, on pouvait trouver quelques familles de Lapons dans le voisinage de Nystuen, au sommet du Fillefjeld et dans quelques autres localités du sud de la Norwège : aujourd'hui, on n'en rencontre plus au sud de la rivière Namsen. Le renne se trouve aujourd'hui à l'état sauvage, mais en petit nombre, sur les fjelds norwégiens les plus élevés et les plus sauvages, encore est-il protégé par de sévères lois sur la chasse, sans quoi il aurait probablement cessé d'exister depuis longtemps.

Cette espèce a dû être fort répandue en Grande-Bretagne, car le colonel Wood a découvert plus de mille bois de rennes dans quelques cavernes du pays de Galles.

Autant que nous pouvons en juger par les documents rassemblés jusqu'à présent, l'apparition du renne en Europe coïncide avec celle du mammouth et eut lieu à une période plus récente que celle de l'ours des cavernes ou de l'élan irlandais. On le trouve ordinairement partout où on rencontre le mammouth et le rhinocéros à poils de laine. D'un autre côté, comme on trouve en abondance les ossements du renne dans quelques cavernes où ceux des grands pachydermes ne se rencontrent

---

(1) Voir pour de plus amples détails Brandt, *Zoographische und Palæontologische Beiträge*, p. 176.

pas, il est probable qu'il a habité l'Europe plus longtemps
qu'eux. On n'a trouvé, cependant, le renne, ni dans les kjökkenmöddings du Danemark, ni dans les tumuli de l'Angleterre, de
la France et de l'Allemagne. Il fait aussi défaut dans les villages lacustres de la Suisse, bien que nous sachions qu'il a, à
une certaine époque, habité ce pays, car on a retrouvé ses ossements mêlés à des silex travaillés, à des cendres et à des
restes de bœuf et de cheval, dans une caverne à l'Échelle, entre
le grand et le petit Salène, près de Genève.

Ainsi qu'on pouvait naturellement s'y attendre, on a quelquefois trouvé le renne dans les tourbières de la Suède, de
l'Écosse et de l'Angleterre. Il n'est cependant représenté sur
aucune pièce de monnaie soit de la Grande-Bretagne, soit de
la Gaule. César dit qu'il existait encore de son temps dans la
grande forêt Hercynienne, mais la description qu'il en fait est
à la fois incorrecte et imparfaite. Il semble n'en avoir entendu
parler que par ouï-dire et n'avoir jamais rencontré quelqu'un
qui ait vu un de ces animaux. Il ne semble pas avoir jamais
figuré dans le cirque romain.

Buffon constate, sur l'autorité de Gaston, comte de Foix, que
dans son temps (1331 à 1390) le renne vivait encore dans le
sud de la France. Mais Cuvier, après avoir examiné un ancien
manuscrit envoyé par Gaston lui-même à Philippe le Hardi,
pense que, bien que l'expression soit un peu ambiguë, Gaston
voulait dire exactement le contraire; voici d'ailleurs ce qu'il
écrit :

« J'en ay veu en Nourvegne et Xuedene et en ha oultre mer,
mes en romain pays en ay je peu veu (1). »

On a trouvé des restes du renne en Écosse, dans des couches
de marne et aussi, quoique très rarement, dans la tourbe (2).
Le docteur Hibbert (3), Brandt (4), Dawkins, J. A. Smith et
nombre d'autorités pensent qu'il a survécu dans l'extrême nord
de l'Écosse jusqu'au XIIe siècle. Ils se basent sur un passage de
Torfæus disant que les Norwégiens des Orkneys avaient l'ha-

(1) *Recherches sur les ossements fossiles*, vol. VI, p. 125.
(2) Voir Dawkins, *Popular science review*, janv. 1868; Smith, *Proc. Soc. Ant. Scott.*, 1869, p. 186.
(3) *Edinburgh journal of science*, 1831.
(4) *Zoogeogr. und Palæont. Beiträge*, 1867, p. 62, 562.

bitude de faire des incursions à Caithness, dans le but de chasser
le renne (*hreina*) et d'autre gibier (1).

Tout en m'inclinant devant la haute autorité de Torfæus, je
ne puis admettre qu'une énonciation aussi superficielle décide
une telle question; j'ajouterai, d'ailleurs, que le docteur Dasent,
qui fait autorité sur toutes les questions qui se rattachent à la
littérature scandinave, est convaincu que le renne n'habitait
plus l'Écosse au XIIᵉ siècle. Il est bon de remarquer aussi qu'on
a essayé bien des fois d'acclimater le renne en Écosse et qu'on
n'a jamais réussi, les animaux y meurent sans aucune raison
apparente, tandis qu'ils sont devenus fort nombreux en Islande.
J'admets que ces expériences sont loin d'être concluantes; mais,
d'un autre côté, le cerf en Scandinavie est, dit-on, beaucoup
plus grand à mesure que l'on avance vers le nord, et c'est au
Spitzberg que se trouvent les plus magnifiques spécimens.

Si Torfæus avait dit positivement que le renne existait au
XIIᵉ siècle dans l'Écosse septentrionale, le cas eût été tout différent; mais le passage dont il s'agit peut à peine être considéré
comme une preuve, d'autant qu'on n'a encore retrouvé aucune
trace de rennes dans les ruines antiques si abondantes de cette
région. D'un autre côté, depuis la dernière édition de cet ouvrage, M. J. A. Smith a examiné avec soin les cornes et les
ossements trouvés dans les ruines des tours curieuses connues
sous le nom de *Brochs* ou *Burghs*, et a prouvé que quelques-
uns de ces ossements, tout au moins, proviennent certainement
du renne (2). Des fragments de bois de rennes ont été recueillis
par M. Joass dans les ruines du Cill-Trölla Broch, sur la ferme
de Kintradwell, près de Bora, sur le bord de la mer, dans le
Sutherlandshire. M. Smith, en examinant avec soin les restes
de cerf trouvés par M. Laing à Keiss, dans les Caithness, s'est
aperçu qu'ils n'appartiennent pas tous au cerf comme on le
supposait d'abord, mais que quelques-uns appartiennent au
renne. Enfin, des restes de cette espèce ont été trouvés par
M. Anderson dans les ruines du Yarhouse Broch, dans le même
comté. Il est d'ailleurs fort probable que, dans d'autres cas,
des restes de rennes ont été incorrectement attribués au cerf.

(1) *Rerum Orcadensium Hist.*, 1, 36.
(2) *Proc. Soc. Ant. Scot.*, 1869, vol. VIII, p. 186.

Nous ne savons malheureusement pas à quelle époque remonte la construction de ces Burghs ou Brochs; mais nous savons positivement que quelques-uns servaient encore d'habitations au xiie siècle (voir *ante*, pp. 53, 54).

Il faut admettre que ces observations viennent singulièrement corroborer les conclusions qu'on a tirées de la phrase de Torfaeus, et nous avons maintenant, je ne dirai pas des preuves certaines, mais de fortes présomptions pour penser que le renne a habité l'Écosse septentrionale jusqu'à une époque comparativement récente.

Le *glouton* de l'Europe septentrionale, le wolverenne des trappeurs de l'Amérique du Nord, a été trouvé dans trois cavernes en Angleterre; il est très abondant dans celles de la Belgique.

L'*aurochs*, ou bison européen, paraît avoir été abondant dans l'Europe occidentale. On l'a trouvé en Écosse, en Angleterre, en France, en Allemagne, en Danemark, en Suède, en Pologne et en Italie aussi bien qu'en Russie. On trouve les ossements de cet animal dans les graviers des rivières, dans les cavernes, dans les villages lacustres de la Suisse et dans les tourbières; jusqu'à présent on n'en a pas trouvé dans les amas de coquilles du Danemark ni, autant que je sache, dans les tourbières ou les tumuli de l'Angleterre. M. Lartet pense qu'il est représenté sur une pièce de monnaie des Santones que lui a montrée M. de Saulcy. Pline et Sénèque affirment qu'il existait de leur temps, ainsi que l'urus, dans les grandes forêts de l'Allemagne. César n'en parle pas; mais les *Niebelungen Lied* font allusion à cet animal, et on dit qu'il a existé en Prusse jusqu'en 1775. Selon Nordmann et Von Baer, il existe encore dans quelques parties de l'Asie occidentale.

L'empereur de Russie fait conserver l'aurochs dans les forêts impériales de la Lithuanie, où, toutefois, son existence semble fort précaire. En 1830, la horde se composait de 711 individus sur lesquels 115 furent tués pendant la révolution polonaise en 1831. Depuis cette époque la horde s'augmenta jusqu'en 1857, elle comptait alors 1898 individus. Mais ce nombre se trouva réduit à 874 pendant la dernière insurrection polonaise. Depuis 1863 on n'a publié aucune statistique nouvelle.

Selon Rütimeyer, et il est impossible de citer une autorité

plus compétente sur une question semblable, notre antique bison (*bos oriscus*) est identique au bison américain actuel. On peut, toutefois, reconstituer toutes les transitions entre la forme fossile de l'aurochs et ceux qui existent aujourd'hui, de telle sorte qu'il est impossible de les séparer spécifiquement. Brandt partage aussi cette opinion. Il semblerait donc que la forme américaine du bison est la plus antique des deux. Nous avons là, en outre, un exemple frappant de deux espèces aujourd'hui distinctes reliées l'une à l'autre par leurs restes fossiles.

L'*urus*, ou *bos primigenius*, ne pénétra pas jusqu'en Amérique, et je ne sache pas non plus qu'on l'ait découvert dans le nord-est de l'Asie. Cependant on en trouve les restes dans toute l'Europe, en Angleterre, en Écosse, au Danemark et dans la Suède méridionale, en France et en Allemagne; au delà des Alpes et des Pyrénées, en Italie et en Espagne, et même, selon M. Gervais, dans l'Afrique septentrionale. Dans le musée de Lund se trouve un squelette appartenant à cette espèce, squelette dont l'une des vertèbres porte encore la trace d'une blessure faite, selon le professeur Nilsson, par une flèche en silex. On a trouvé des ossements de cette espèce d'animaux dans les anciens tumuli, aussi bien que dans les habitations lacustres et les kjökkenmöddings.

César affirme que l'urus habitait à son époque la grande forêt Hercynienne; les *Niebelungen Lied* y font allusion, et, selon Herberstein, il existait encore en Allemagne au commencement du XVIe siècle. Fitz-Stephen, dans sa *Vie de Thomas Becket*, parle de taureaux sauvages en Angleterre, taureaux qui, au XIIe siècle, se rencontraient encore dans les environs de Londres. Il n'est pas prouvé, cependant, que ce fussent des urus. Les paléontologues considèrent généralement que les célèbres bestiaux sauvages de Chillingham et quelques-unes de nos races domestiques descendent des anciens urus.

M. Dawkins exprime l'opinion que le *Machairodus latidens*, un des carnivores pliocènes les plus remarquables, survécut aussi à l'époque glaciale. Mac-Enery l'a trouvé dans le Trou de Kent, mais jusqu'à présent on ne l'a pas trouvé dans les nouvelles fouilles faites dans cette intéressante caverne. On ne l'a pas découvert non plus dans nos cavernes ou dans nos graviers des rivières avec des restes de mammifères de l'époque post-glaciale.

L'*élan norwégien*, qui est identique à l'élan américain, a habité aussi l'Angleterre, mais a disparu depuis fort longtemps, de même que dans toute l'Europe occidentale. En Prusse même on dit qu'il n'en reste qu'environ 226 (1). Le Dr Blackmore a découvert le lemming dans les graviers des rivières à Fisherton, près de Salisbury. Le professeur Owen a retrouvé le Lagomys, ou lièvre sans queue, genre relégué aujourd'hui dans l'Himalaya, la Sibérie et les régions les plus froides de l'Amérique du Nord, au milieu des ossements de la caverne de Kent; le Dr Falconer l'a découvert aussi au milieu de creux de la caverne de Brixham. Un autre genre glacial, celui des marmottes, est représenté par deux espèces, dont l'une ressemble beaucoup à celle vivant aujourd'hui en Sibérie. Enfin, on peut observer que les restes du grand hibou blanc (*strix nivea*) ont été récemment découverts en France.

Les graviers des rivières contiennent aussi trente-six espèces de coquillages dont trente-quatre vivent encore en Suède (2) et vingt-neuf en Lombardie. Ces dernières, cependant, sont principalement des espèces ayant un habitat fort considérable: nous verrons encore plus clairement que la forme mollusque tend à s'avancer vers le nord, si nous nous rappelons que, sur soixante-dix-sept espèces de la Finlande, trente et une ont été retrouvées dans les graviers supérieurs, tandis que, sur cent quatre-vingt-treize espèces lombardes, vingt-neuf seulement ont été trouvées jusqu'à présent.

Un autre point fort intéressant à propos de cette faune quaternaire est la façon dont elle relie des espèces aujourd'hui complètement distinctes. Les adversaires de la théorie de M. Darwin demandent souvent d'un air triomphant où sont les chaînons qui réunissent deux espèces quelconques. En fait, cependant, chaque espèce constitue un chaînon entre d'autres formes alliées. D'ailleurs, aussi longtemps qu'il y aura des variétés non décrites, il y aura des lacunes: lacunes qui existent dans nos connaissances et non dans la nature. En outre, cha-

---

(1) Voir le rapport des ambassadeurs de Sa Majesté la Reine d'Angleterre relativement aux lois sur la chasse, présenté au parlement, 1871.

(2) *Proc. Roy. Soc.*, 1862, p. 44.

cun admet aujourd'hui qu'il y a des espèces variables, c'est-à-
dire des espèces qui présentent deux ou plusieurs formes
extrêmes, avec des gradations intermédiaires. Or nous serions
en droit de demander à ceux qui affirment que deux espèces
ne sont jamais réunies par des chaînons intermédiaires, où ils
placeraient la ligne de démarcation entre les animaux variables
(ce qu'ils admettent dans la nature) et ceux qui, disent-ils, ne
peuvent pas l'être. Si nous pouvions nous procurer demain
tous les chaînons intermédiaires existant entre deux espèces
considérées aujourd'hui comme distinctes, personne ne peut
douter que ces deux espèces n'en feraient immédiatement plus
qu'une, laquelle serait désormais classée comme une espèce
variable. En un mot, donc, on commence par unir en une espèce toutes les formes, quelque différentes qu'elles puissent
être, entre lesquelles une série complète se trouve comprise,
puis on plaide en faveur de la permanence des espèces, parce
que deux d'entre elles ne sont pas unies par des liens intermédiaires.

En outre, si les espèces étaient, en réalité, parfaitement distinctes les unes des autres, il en résulterait nécessairement que
nos connaissances sur un groupe augmentant, les séparations
entre les différentes espèces deviendraient de plus en plus tranchées. Il est, au contraire, un fait bien connu, c'est que les
genres douteux deviennent de plus en plus douteux à mesure
qu'on les étudie avec plus de soin. Il est vrai que si nous considérons seulement les formes existantes, les distinctions
entre le plus grand nombre des espèces sont bien tranchées,
et personne ne s'attend à trouver entre elles une série vivante
de chaînons intermédiaires. Les formes intermédiaires ont
vécu aux époques tertiaires ou quaternaires. Aussi, dès que
nous commençons à étudier les formes éteintes, toutes les
lignes de séparation diminuent graduellement. Les grandes espèces de mammifères, par exemple, sont, à présent, dans la
plupart des cas, bien distinctes; mais il devient beaucoup plus
difficile de les isoler d'une façon satisfaisante les unes des
autres, quand nous considérons les spécimens fossiles aussi
bien que les spécimens vivants. Ainsi, pour ne prendre que
deux cas dans le groupe des mammifères quaternaires, nous
avons vu que, selon Rütimeyer, le bison européen et le bison

américain, aujourd'hui absolument distincts, sont reliés par
le *bison priscus;* en outre, on a découvert au milieu des nombreux fossiles de nos cavernes une série de chaînons entre
notre ours brun et l'ours gris des montagnes Rocheuses.

Quelque immense que soit l'intérêt qui s'attache à l'existence de l'homme à une époque si considérablement plus ancienne que celle attribuée jusqu'ici à sa présence sur la terre,
il y a quelque chose qui, pour bien des esprits, paraîtra encore
plus intéressant dans la présence d'une faune telle que je viens
de la décrire si brièvement. Il faut, en effet, regarder aujour-
d'hui comme un fait bien prouvé, que, même pendant la période humaine, les vallées si charmantes de l'Angleterre et de
la France ont été habitées par le gigantesque élan irlandais,
deux espèces d'éléphant et trois espèces de rhinocéros, outre
le renne, un grand ours ressemblant beaucoup à l'ours gris des
montagnes Rocheuses, un bison à peine différent de celui des
prairies américaines, le bœuf musqué de l'Amérique arctique,
le lemming des steppes de Sibérie, le lion des tropiques, l'hyène
du Cap et un hippopotame presque semblable à celui des
grands fleuves africains.

M. d'Archiac, tenant principalement compte de la présence
des grands pachydermes et particulièrement de l'hippopotame,
est disposé à penser que le climat de la période quaternaire
était plus chaud que le nôtre (1), tandis que M. Lartet (2) suggère que le climat était sans doute semblable à celui de Chili,
où, comme M. Darwin l'a fait remarquer, les glaciers descendent aujourd'hui jusqu'au niveau de la mer dans des lati-
tudes correspondant à celles de nos côtes méridionales et des
provinces septentrionales de la France.

Sous d'autres rapports, cependant, la faune des dépôts quaternaires indique un climat plus rude. La présence du renne
et du bœuf musqué, du lemming et de la marmotte, corroborée, comme nous le verrons dans un prochain chapitre, par
des preuves physiques, nous laissent peu de doutes à ce sujet.
En outre, nous devons nous rappeler que le *rhinoceros tichorhinus* et le mammouth étaient non seulement protégés contre le

---

(1) *Leçons sur la faune quaternaire*, pp. 15, 16.
(2) Lartet, *Ann. des sciences nat.*, 1867, p. 37.

froid, mais qu'on les a retrouvés enveloppés dans les glaces
et les boues glacées des rivières de la Sibérie, où ils ont été
déposés si peu de temps après leur mort, que leur chair n'avait
pas eu le temps de se putréfier. Il ne faut pas oublier non plus
les preuves importantes que nous fournissent la présence des
petits quadrupèdes, le lemming et le lagomys, par exemple.

Cependant, je comprends parfaitement que quelques espèces, et particulièrement l'hippopotame, indiquent un climat
plus chaud. En admettant même qu'il ait été protégé par une
fourrure, comme le suppose M. Prestwich, cet animal ne pourrait pas vivre dans un pays où les fleuves seraient congelés
pendant l'hiver. Dans le golfe de Penas, sur la côte occidentale de l'Amérique du Sud, par 47° de latitude sud, M. Darwin
a fait remarquer que les glaciers descendent aujourd'hui jusqu'à la mer, à une distance de moins de neuf degrés de latitude
d'endroits où croissent les palmiers, à moins de deux degrés
et demi d'endroits où poussent les graminées arborescentes, à
moins de deux degrés d'orchidées parasites, et à un seul degré
de fougères arborescentes (1). Le renne fait en Amérique, nous
le savons, des migrations annuelles d'une immense étendue,
mais un animal aussi lourd que l'hippopotame ne pourrait entreprendre de semblables voyages. Je suis donc assez disposé
à croire que la présence de l'hippopotame, de l'*equus antiquus*
et du *rhinoceros leptorhinus*, indique que le climat de la période
quaternaire n'a pas été uniformément froid, mais a comporté
au moins un intervalle de chaleur.

Feu M. Morlot, excellent et soigneux observateur, s'est assuré qu'il y a eu en Suisse deux périodes de grande extension
des glaciers, séparées par une époque de chaleur comparative.

M. Croll (2) et M. Geikie ont donné de fortes preuves géologiques pour prouver l'existence de plusieurs périodes chaudes
interglaciaires analogues.

Je suis donc, en somme, disposé à diviser la faune quaternaire en deux groupes distincts appartenant à différentes périodes et à deux conditions différentes de climat, l'une plus
chaude, l'autre plus froide qu'à notre époque. Cette question,

(1) *Voyage d'un naturaliste autour du monde*, p. 285.
(2) *Climate and Time*, p. 236.
(3) *Great In Age*, p. 196.

cependant, en même temps qu'elle offre un grand intérêt, est
très difficile à résoudre. Sur bien des points, il nous faut suspendre nos conclusions, mais nous pouvons tout au moins
considérer comme prouvé que, depuis l'apparition de l'homme,
il y a eu de nombreux changements dans la faune de l'Europe
occidentale, faune qui comprenait alors plusieurs espèces importantes, aujourd'hui complétement éteintes, ou n'existant
plus que dans des parties du monde fort éloignées de nous.

FIN DU TOME PREMIER

TABLE DES MATIÈRES

DU TOME PREMIER

CHAPITRE VI.

LES ANCIENNES HABITATIONS LACUSTRES DE LA SUISSE.

CHAPITRE VII.

LES KJÖKENMÖDDINGS OU AMAS DE COQUILLES AU DANEMARK

EXPLICATION DES FIGURES

DU TOME PREMIER

EXPLICATION DES FIGURES.

LIBRAIRIE FÉLIX ALCAN
108, BOULEVARD SAINT-GERMAIN, PARIS

BIBLIOTHÈQUE
SCIENTIFIQUE INTERNATIONALE
Publiée sous la direction de M. Émile ALGLAVE

VOLUMES IN-8, CARTONNÉS A L'ANGLAISE, A 6 FRANCS

Les mêmes en demi-reliure veau, avec coins, tranche supérieure dorée,
non rognés. . . . . 10 francs

LISTE DES OUVRAGES PAR ORDRE D'APPARITION (64 volumes publiés)

1. J. TYNDALL. **Les glaciers et les transformations de l'eau**, avec figures. 1 vol. in-8. 5ᵉ édition. . . . . 6 fr.
2. BAGEHOT. **Lois scientifiques du développement des nations** dans leurs rapports avec les principes de la sélection naturelle et de l'hérédité. 1 vol. in-8. 4ᵉ édition. . . . . 6 fr.
3. MAREY. **La machine animale,** locomotion terrestre et aérienne, avec de nombreuses fig. 1 vol. in-8. 4ᵉ édition augmentée. . . . . 6 fr.
4. BAIN. **L'esprit et le corps.** 1 vol. in-8. 4ᵉ édition. . . . . 6 fr.
5. PETTIGREW. **La locomotion chez les animaux,** marche, natation. 1 vol. in-8, avec figures. 2ᵉ édition. . . . . 6 fr.
6. HERBERT SPENCER. **La science sociale.** 1 vol. in-8. 8ᵉ édition. . . 6 fr.
7. SCHMIDT (O.). **La descendance de l'homme et le darwinisme.** 1 vol. in-8, avec fig. 5ᵉ édition. . . . . 6 fr.
8. MAUDSLEY. **Le crime et la folie.** 1 vol. in-8. 5ᵉ édition. . . . . . 6 fr.
9. VAN BENEDEN. **Les commensaux et les parasites dans le règne animal.** 1 vol. in-8, avec figures. 3ᵉ édition. . . . . 6 fr.
10. BALFOUR STEWART. **La conservation de l'énergie,** suivi d'une étude sur la *nature de la force,* par *M. P. de Saint-Robert,* avec figures. 1 vol. in-8. 4ᵉ édition. . . . . 6 fr.
11. DRAPER. **Les conflits de la science et de la religion.** 1 vol. in-8. 8ᵉ édition. . . . . 6 fr.
12. L. DUMONT. **Théorie scientifique de la sensibilité.** 1 vol. in-8. 3ᵉ édition. . . . . 6 fr.
13. SCHUTZENBERGER. **Les fermentations.** 1 vol. in-8, avec fig. 4ᵉ éd. 6 fr.
14. WHITNEY. **La vie du langage.** 1 vol. in-8. 3ᵉ édition. . . . . . . 6 fr.
15. COOKE et BERKELEY. **Les champignons.** 1 vol. in-8, avec figures. 3ᵉ édition. . . . . 6 fr.
16. BERNSTEIN. **Les sens.** 1 vol. in-8, avec 91 fig. 4ᵉ édition. . . . . 6 fr.
17. BERTHELOT. **La synthèse chimique.** 1 vol. in-8. 6ᵉ édition. . . . 6 fr.
18. VOGEL. **La photographie et la chimie de la lumière,** avec 95 figures. 1 vol. in-8. 4ᵉ édition. . . . . 6 fr.
19. LUYS. **Le cerveau et ses fonctions,** avec figures. 1 vol. in-8, 5ᵉ éd. 6 fr.
20. STANLEY JEVONS. **La monnaie et le mécanisme de l'échange.** 1 vol. in-8. 4ᵉ édition. . . . . 6 fr.
21. FUCHS. **Les volcans et les tremblements de terre.** 1 vol. in-8, avec figures et une carte en couleur. 5ᵉ édition. . . . . 6 fr.
22. GÉNÉRAL BRIALMONT. **Les camps retranchés et leur rôle dans la défense des États,** avec fig. dans le texte et 2 planches hors texte. 3ᵉ édition. . . . . 6 fr.
23. DE QUATREFAGES. **L'espèce humaine.** 1 vol. in-8. 9ᵉ édition. . . 6 fr.
24. BLASERNA et HELMHOLTZ. **Le son et la musique.** 1 vol. in-8, avec figures. 4ᵉ édition. . . . . 6 fr.
25. ROSENTHAL. **Les nerfs et les muscles.** 1 vol. in-8, avec 75 figures. 3ᵉ édition. . . . . 6 fr.

Paris. — Typographie G. Chamerot, 19, rue des Saints-Pères. — 22306.

www.ingramcontent.com/pod-product-compliance
Lightning Source LLC
Chambersburg PA
CBHW050509270326
41927CB00009B/1958